藏 古拙 简素 格物 内观

宋明哲学的本质

宋明哲学の本質

[日] 冈田武彦 著
连凡 译

重庆出版集团
重庆出版社

版贸核渝字（2022）第272号

图书在版编目（CIP）数据

宋明哲学的本质/（日）冈田武彦著；连凡译. —重庆：重庆出版社，2023.7
ISBN 978-7-229-17520-7

Ⅰ.①宋… Ⅱ.①冈… ②连… Ⅲ.①哲学史－研究－中国－宋代②哲学史－研究－中国－明代 Ⅳ.①B2

中国国家版本馆CIP数据核字（2023）第025283号

宋明哲学的本质
SONG-MING ZHEXUE DE BENZHI
[日]冈田武彦 著　连凡 译

出　　品：华章同人
出版监制：徐宪江　秦　琥
特约策划：卓文天语
责任编辑：李　翔
特约编辑：邓艳娟
营销编辑：史青苗
责任校对：陈　丽
责任印制：白　珂
书籍设计：潘振宇 774038217@qq.com

重庆出版集团 出版
重庆出版社

（重庆市南岸区南滨路162号1幢）
天津旭丰源印刷有限公司　印刷
重庆出版集团图书发行公司　发行
邮购电话：010-85869375
全国新华书店经销
开本：889mm×1194mm　1/32　印张：13.5　字数：243千
2023年7月第1版　2023年7月第1次印刷
定价：88.00元

如有印装问题，请致电023-68706683
版权所有　侵权必究

推荐序一

日本九州大学名誉教授冈田武彦先生在国际上早就享有盛誉，为陈荣捷、狄百瑞、张岱年、杜维明、郭齐勇、陈来等国内外著名学者所推重，在日本国内也受到社会各界的广泛尊崇，成为继安冈正笃之后跨越日本精英社会与市民社会的最重要的代表性学者之一。近年来，冈田武彦先生的一些中译作品又为中国大陆读者所喜爱，成为畅销书，其中尤以《王阳明大传：知行合一的心学智慧》为著。

冈田先生的一些中译作品之所以会成为畅销书，首先与当代中国社会的快速发展有关。从心理学上说，当衣食住行等物质需求已不再占有人们的主要时间和开销的时候，各种读书会、研学游等精神文化方面的需求就会像雨后春笋般爆发出来。人应该如何安身立命的问题从来没有像今天这样变得如此真切。传统文化中的智慧启迪和精神受用能给我们的日常生活带来怎样的变化，自然成了普遍关心的问题。其次与当下社会野蛮生长的碎片化思维、断点式思考、弹幕式从众、娱乐式人生等现实状况有关。阅读经典、回归内心、返璞归真，无疑已成为改变这种浮躁生活方式的一剂良药。最后还与冈田先生的研究兴趣和著述方式有关。冈田先生为学的基本特征，就是在虔诚践行阳明精神的基础上，把中国传统哲学中的"体认"方式加以充实和完善，并结合日本传统的神道教而使之进一步体系化和理论化，进而彰显以"体认之学"为核心的"东洋之道"的致思取向和为学宗旨。所以，他对学生的教诲也基本上采用了身体力行、寓智于情、行胜于言式的体验教学法，即使是在日常讲学中，也并不停留在知识层面上，而是更多地教人如何做人，怎样与古代圣哲进行心灵的沟通和对话，在"追体认"中领悟东方先哲的情思和感怀。由此而形成的简易化、通俗化的著书风格，是非常适合于大众口味的。正因为此，近年来冈田先生的著作会被大量译成中文，在中国大陆多次印刷，一版再版。

据笔者所知，二十余年来，中国大陆已出版由笔者独译、合译或由其他学者翻译的冈田武彦先生的著作主要有以下几种：《王阳明与明末儒学》(上海古籍出版社2000年初版，34万字，吴光、钱明、屠承先译；重庆出版社2016年修订版，钱明校译)、《王阳明大传：知行合一的心学智慧》(重庆出版社2015年初版，2018年修订版，88万字，杨田等译，钱明校译)、《简素：日本文化的根本》(社会科学文献出版社2016年初版，2022年修订版，30万字，钱明译。按：2000年此书曾以《简素的精神：日本文化的根本》为名，由杭州西泠印社出版社出版过"内销"本)、《日本人与阳明学》(台海出版社2017年初版，35万字，钱明编译)、《〈孙子兵法〉新解——王阳明兵学智慧的源头》(重庆出版社2018年初版，27万字，钱明、徐修竹译)、《崇物·简素·兼和——冈田武彦与张岱年的世纪对话》(黄山书社2018年初版，16万字，钱明、难波征男编译)、《明代哲学的本质》(山东人民出版社2019年初版，18万字，焦堃译)、《王阳明纪行》(浙江人民出版社2022年初版，21万字，徐修竹译)。可以毫不夸张地说，冈田武彦先生是中文世界中被翻译出版学术论著最多的当代日本学者之一。

此次由我的学弟同时也是日本九州学派在中国大陆的重要传人、九州大学文学博士连凡教授翻译的《宋明哲学的本质》，是即将在中国大陆出版的冈田武彦先生的第九种书，也是冈田先生的代表作之一。据《冈田武彦全集》主编森山文彦先生介绍，本书是在昭和五十二年(1977)五月十五日文言社初版的《宋明哲学序说》与昭和五十二年(1977)十一月一日文言社初版的《宋明艺术序说》的基础上增补修订而成，于昭和五十九年(1984)十一月二十日由木耳社初版发行。冈田先生去世后，本书被收入2008年明德出版社出版的《冈田武彦全集》第17册。此次中译本即据《全集》本翻译。因此，本书在内容上虽与《宋明哲学序说》和《宋明艺术序说》有部分重合，但却是这两本书的提炼和升华。

然而，过了差不多四十年后的今天，本书还有其翻译、出版价值吗？我曾就此询问过连凡先生。连先生的回答是："完全必要！"这是因为，连先生近年在武汉大学哲学院哲学专业讲授宋明理学课程时，虽手头有不少前人时贤的著作作为参考文献，但是冈田先生这本著作是这个领域最经典的著作之一。这本书带有明显的教科书兼学术专著的性质，作为宋明理学的教材其体系非常完备，篇幅适中，内容言约意丰，深入浅出，不同于目前学界流行的动辄几十万乃至百万字的高头讲章。同时，这本书又是冈田先生毕生研究宋明理学的理论总结（如其中阳明学部分的内容就是《王阳明与明末儒学》的修订和压缩，其他内容也基本都是冈田先生在此书之前发表或出版的宋明理学研究论著的修订和整合），兼有学术论著的性质。总之，这本书既可供非专业的普通读者作为入门书，以了解宋明理学的精神实质、哲学要义、学派体系及其发展脉络，也可供专业研究者参考使用。冈田先生关于宋明理学研究的论著，这本书可以说是总结性的一本，之前已翻译出版的《王阳明与明末儒学》《日本人与阳明学》《王阳明大传：知行合一的心学智慧》《王阳明纪行》《明代哲学的本质》等，都是专论阳明学的著作，而这本著作则是通贯朱子学与阳明学乃至整个宋明时代文化精神的一本通论性著作，此后出版的一些宋明理学的通论性著作，都跟这本书有一定的关联。

除此之外，连先生还讲了如下理由：随着海外中国学和汉学研究、交流的兴盛，基础性的翻译工作必须先行，名家名著的翻译引进更有其迫切性。如江苏人民出版社自上世纪80年代以来一直不间断地出版由刘东先生组织翻译的"海外中国研究丛书"，以及2010年代以来由阎纯德先生和吴志良先生主编的"汉学研究大系"，至今已出版了数百种海外汉学名著，其中虽包括如岛田虔次等日本学者的论著，但绝大部分是欧美汉学家的著作，而且主要是文学和史学研究论著，日本儒学专家的论著只是其中很小一部分。对于连先生讲的这两条理由，我也颇有同感。这也是本人非常愿意与日本方面联络并落实此书的中文版版权转让以及国内出版单位的重要原因之一。

本书中文版的出版，我们得到了九州学派的重要传人、福冈女学院大学名誉教授、大阪咸生书院院长难波征男先生的大力支持，他亲自出面与冈田武彦著作权继承人、冈田先生长子冈田靖彦先生联系，取得了他的书面授权。在联系出版过程中，又得到了北京卓文天语文化有限公司邓东文先生的鼎力支持。同时，我们也得到了承接本书中文版出版发行的重庆出版社的领导与责任编辑的支持与审读。在此，我谨以冈田武彦先生弟子、著作权继承人冈田靖彦先生和难波征男先生之代表的名义向所有支持和资助本书中文版出版的个人、机构与公司致以最诚挚的感谢！

值此恩师冈田武彦先生又一名著即将在中国大陆出版之际，承蒙连凡兄信任，要我写几句话。我除了借此文袒露一点自己的心扉并表达对译者连凡兄的由衷谢意和衷心祝贺外，还非常愿意将此书推荐给大陆的学界同道，以共襄盛宴。谨是为序。

浙江省稽山王阳明研究院　钱明
壬寅年八月十五日中秋夜于心闲斋

推荐序二

从历史的"后见之明"来看，唐宋之间的嬗变似乎与中国历史上一般的所谓改朝换代不同，而实质上标志了一场深刻的思想-文化变革。唐代的大气开放、浑厚涵融，凝聚为一种无前的文化自信，而展开为落落大方的雍容典雅。但宋代似乎从一开始就充满忧患意识，这既与北方游牧民族崛起而构成空间关系格局的变动有关，又与承继唐代之外向张扬的风气，而需要重新会聚精神以支撑其宏大体魄有关。因此相较于唐代，宋代体现出更为显著的内敛倾向，它需要通过历史的反思来实现主体重建，从而重新彰显中国传统文化在历史绵延过程中的主体地位及其自身价值。唐代虽"以孝治天下"而事实上却三教并重，甚至对佛、道的鼓励与支持更甚于儒这样的一种思想-文化局面，在宋代就理所当然地受到理性本身体系化的深度质审。儒学的体系化重建转变为一种时代思潮，重新追回以儒学为典范的中国本原文化的主体性则成为一种时代共识，并逐渐形成以周敦颐、二程、张载为主要代表的体系化建构的不同形态或模型。不论"北宋五子"的具体主张有何不同，必欲以人的主体性的自我建立与挺立为前提，从而在人的经验生存中充分实现其全域的存在意义与价值，则是全然一致的，这也正是周敦颐"主静立人极"之说、程颐"性即理"说以及张载"心统性情"之说的命意所在。尽管从这些基源性观点所引导出来的具体理论结构是各不相同的，但这些基源性观点都深刻地把人的本原性实在与宇宙的终极原在融为一体，并必欲依此而建构起属于个体的神圣人生，则实质上并无不同。

北宋这一重建主体的思想文化运动，到了12世纪中叶的南宋时代，最终荟萃为三种不同的学理体系结构：以朱熹为代表的理学、以陆九渊为代表的心学、以吕祖谦为代表的历史哲学。三种结构不同，亦即代表了三种不同的世界观以及关于人的理解。若依理学，则包含人、物在内的世界全体皆本原于唯一之道，道通过天地万物之全体的实现而实现其本身，因此道之实在的唯一是普遍地存在于一切万物，并且事实上成为一切物之类别的本质的，即为性。人之性，即道之在人者，是为人之本质。正因此故，"性即理"，即是人之所以为人的先天实况，而人的经验存在的根本任务，便是复归或还原这一先天原在实性的本然实况。以后天而复归先天，以经验活动而还原先验价值，大抵可以概括为理学的基本路向。若依心学，则性固为人的先天，但这一先天是全体而略无遗余地体现于人的现世存在的，本心既是先天本性的现实承担者，又是经验生活之所以可能的真实使动者。也即是说，心体是先天与后天、先验与经验、形上与形下之所以可能实现其终极统一的本原，唯心体才是人实现其全域性存在的真实依据。基于真实无妄、诚意毋欺而实现本心的自觉建立，则经验中的一切所言所行，皆为先天本体的真实显现，是为即后天而即先天、即工夫而即本体的一贯之道。简言之，心体之真己的流出，即是人之本然真实的全域性存在的当下实现。若依历史哲学，则人的存在不仅具有历史性，并且只有在历史绵延的空时架构之中才可能真实展开其存在之全域的。从历史绵延这一维度来对现实世界进行观审，那么毫无疑问,现实原本是作为历史绵延的一种当前状态而存在的,因此生活于现实世界中的个体,在他意识到绵延本身的实在性之前,他仅仅只是获得了某种"非历史的"生存,却不能实现存在本身,因为存在是必须以"历史的"姿态而进入历史绵延本身才可能真正实现的。由于现实是"过去"与"未来"的当前共相,它既是"过去"的赓续,又是"未来"的开端,因此处于现实中的人,他不是以"形上-形下"或"先天-后天"之结构而展开其存在全域,而是以"过去-现在-未来"之空时结构的历史绵延来展开其存在全域的。正因此故,人的现实存在即是历史存在,现实的实践活动即是历史活动,即是实现历史绵延的方式。过去的学术界往往把以吕祖谦为代表的"浙学"或"浙东学术"视为"事功学派"甚或是"功利主义",实为皮相之见。所谓"事功",不过是关于现实行为所实现的价值需要在历史绵延的维度之下展示其真实有效性的一种要求罢了。

上面所略及的三种理论体系,总体上看,均为主体重建的不同理论形态,也是关于人的存在及其价值实现境域的不同建构。同时,作为宋学的代表形态,我们正可从中反观当时思想界的活跃、奔放与自由,更体现了一种求取真理、实践真理的务实精神。正是在这种求实精神的主导之下,被重铸而实现了原始儒学之精神更生的"新儒学",便为其代表人物标揭为"实学"。如朱熹曰:"须于自家身己上理会,方是实学。"在朱熹那里,这一"实学"是要求被转换为格物致知之"真积力久"的实功以及日常道德践履的切实工夫的。陆九渊认为,真明了圣人之学的人，必是能讲明"唐虞三代实学"的人，"必一意实学，不事空言，然后可以谓之讲明。若谓口耳之学为讲明，则又非圣人之徒矣。"因此他认为"千虚不博一实"，"吾平生学问无他，只是一实"。吕祖谦则坚持"不为俗学所汩者必能求实学，不为腐儒之所眩者必能用真儒"，然则"真儒"之学即是"实学"。以上表明，虽三家自名为"实学"则同，但所以为"实学"者则恐未必全同，因此不论是"朱陈之辩"还是"朱陆之辩"，其相互质疑乃至于相互嘲讽，无不以空疏无实为言。然不管如何，"实学"的倡导成为一种时代风气，并且被标举为宋学的精神，却是最具有思想史意义的一个"事件"。

历史表明，朱熹理学因种种时节因缘而成为"官学"。元延祐元年（1314）重开科考，规定以朱熹《四书集注》为考试内容，明代科举则无论乡试、会试，第一场皆以四书为内容，其义理阐释则须以朱熹的集注为主。也许正是由于朱熹思想必须适应于这种全然程式化的考试之需求，因此在获得其前所未有之广泛传播的同时，其义理表达也渐趋僵硬，不仅逐渐被程式化而成为一种常规的俗套，并且在很大程度上流为口耳之学。曾经的"实学"成了脱离生命之切身实践的空疏，"于身己上理会"的日用伦常之道，同样在很大程度上仅为流于口头与纸面的高议，而丧失了其本应显现于生活实践的活泼泼的自然天真。及明代中叶，阳明子崛起于世，为挽救朱学末流于颓风弊俗之中，故仍以"实学"为倡导。无论"知行合一"还是"致良知"，在王阳明的语境当中，皆为实现人之"真己"的切实途径，是在生存的当下情境中直接开显其存在之全域中的全人格的即本体工夫，是为心身一元的"实学"。全人格之存在实性的现实体现与表达，显然不尽是道德活动，而是包括日常生存过程中的全部经验活动在内的，故凡民人社稷、簿书讼狱、钱谷兵甲、搬柴运水、患难忧苦等等，皆"莫非实学"，唯此"实学"才真实体现了圣人之学之所以为生活之常道，因此"致良知"就必须于"事上磨练"，必须在"人情事变上做工夫"。这一点同时也就表明，人们通常只把良知理解为德性，把"致良知"理解为先验道德的经验实现，其实是狭隘的，并不全然合乎王阳明的本来阐释的。但有意思的是，王阳明"致良知"的"实学""实功"，经数代传承，到晚明时代，尤其在王龙溪与泰州王艮的传人那里，竟又废弃践履之实，转向高谈阔论，而蜕变为一种任情适意的自我慰藉，风气所及，遂不得不显现其凌空蹈虚之弊。

宋明学术之渊源流变及其学风虚实之与时递迤，不仅与士林风气关系甚为密切，并且最能体现思想学术与时代风貌的表里关系。日本著名学者冈田武彦先生的这部《宋明哲学的本质》，与通常撰述的不同之处，恰在于他摆脱了单纯的思想史叙述和学术观点的哲学分析，采取了把时代之风貌气韵与哲学思想之原质底蕴融为一体的观审维度，从而展现了宋明思想与时代交相互动历史的波澜壮阔。把不同时代的艺术风格纳入思想史的叙述，则尤其体现了作者的独特眼界，因为绘画、书法等艺术样式以及陶瓷器的形制与风格等，确乎与一个时代的精神底蕴及其气质相关。或许是基于这一整体观念，冈田武彦先生展开了关于宋明不同时代之学术精神的概括性论述。比如，他认为宋代的学术精神是"内观的""知思的""唯理的"，而明学的精神在"内观"方面虽较宋代为"稀薄"，但"唯心的""主观的"方面则较宋代为显著，并因此而改变了宋代的"古典主义"而转向"自由主义"。他进一步认为，"宋明理学家在经学上的批判精神和自由精神，启发了儒家精神的意蕴并加以发扬，为其发展作出了巨大贡献。然而到了清朝，作为其反动，汉学勃兴，理学衰落。"这一宏观的描述虽不无"主观的"面向，但至少清楚体现了作者关于时代的精神风貌乃为其思想学术之本质的外观，并且内在地遵循历史本身的逻辑而展开其运行的观点。盖亦正以此故，作者对宋明学术以及不同学派之间"虚实的纠葛"也有独到关注。显然可见，冈田武彦先生是试图把中国唐宋以降的思想史纳入某种历史过程的逻辑叙述的，并且对这种逻辑本身做了富有意义的探索。

明学的代表形态无疑是阳明学。阳明心学在明代中期的崛起，不仅代表了一种学术价值的新取向，同时也代表了一种更为精审而深刻的思想洞察以及更为浑厚而广袤的精神境界。作为日本阳明学研究的著名代表之一，冈田武彦先生在本书中同样对阳明学及其学派着墨甚多，并且把阳明后学区分为修证派、现成派、归寂派三派。众所周知，这一区分在《王阳明与明末儒学》这部名著中，作者展开了更为完整而又系统的进一步论述，但就本书所展开的实际论述来看，作者实质上是把阳明学派置于宋代以来学风嬗变的历史脉络之中来加以叙述的，里面包含了作者关于中国思想史的某种"原逻辑"建构。

这部《宋明哲学的本质》的出版，我相信一定会如冈田武彦先生的其他著作那样，很快得到中国学术界的重视，并对宋明哲学的研究起到独特的推动作用。本书的译者武汉大学连凡先生是日本九州大学中国哲学史专业的博士，以宋明理学为专业学术研究对象，近年来已经翻译了不少日本著名学者的有关论著，如业已出版的楠本正继先生的名著《宋明时代儒学思想之研究》。正因译者有可靠的日语功底以及较为丰富的翻译经验，故本书译文明白晓畅，达意清晰准确，而略无艰涩之感，则为本书在翻译上的显著特色。在本书出版之际，连凡博士嘱我为本书作序。顾予何人，序则吾岂敢？辞不获已，遂略陈一得之见，弁于卷首，以为同道批评之的云。

董　平

2022年11月20日于浙江大学哲学学院

原序

宋明理学，是自孟子死后至五代，约一千几百年间，在地下萌动，逐渐在地上诞生的新儒学，直到它在地面上出现，儒学才超越了经过百年在大地上构筑巨大的殿堂、君临千万人之上而吸引他们心灵的老庄、佛教的神秘主义哲学思想，并付出了非同寻常的努力和苦心。宋明儒者，面对这个开陈了高远形而上世界、深邃心灵世界的哲学思想，深刻自我反省，自觉到儒家思想中有一个不亚于老庄佛的广大深奥的世界，从而开发出其中的奥秘，以此来纠正老庄佛的不合理。这种革新运动不仅在思想界，也在文艺和陶艺的世界进行着，二者浑然一体，并形成了新的精神文化。这是从事物深处的根本精神开始，事物才具有其存在的意义和价值的思考方式。为此，必须在物心一如的境界中才能感受到这种精神的气息和鼓动。这在理学的场合下也是一样的。如果忘记了这种物心一如的境界，对理学的理解可能会变得缺乏滋味。只是专修理学的人，往往容易出现这种倾向。为了

原序

避免这种倾向，努力接触具有相同精神基础的当时的文艺和陶艺被认为是捷径。尽管本书是哲学书，但插入绘画和陶瓷图录的理由就在这里。尽管甘愿接受对本书的批评，但如果能理解作者的这一意图，对作者来说是再好不过的事情了。

本书于昭和五十二年(1977)由文言社作为《宋明哲学序说》发行，这次由于文言社的好意，修订版将由木耳社发行。在此深表谢意。修订版的图录比初版多出了约三倍，如果读者能进一步理解作者这么做的微意，对作者来说，没有比这更幸福的事了。不过，就绘画图录而言，未必全部都是真迹，其中可能也有后世的临摹或伪托，但我决定对真假一概不提。之所以这么说，是因为本书不是专业的美术书。

昭和五十九年(1984)六月

作者　在福冈

日文版凡例

一、本卷收录了《宋明哲学的本质》(昭和五十九年十一月二十日初版，木耳社)的全文。该书是《宋明哲学序说》(昭和五十二年五月十五日初版，文言社)的修订增订版，此外还发行了《宋明艺术序说》(昭和五十二年十一月一日初版，文言社)，作为《宋明哲学序说》的讲义用抄录版。但是，原本所收录的图录中彩色照片的部分，由于印刷的原因，在本卷中不得不变更为黑白照片。(变更部分为本卷22—29页的陶瓷32张及60—62页的绘画12张)

二、前面提到的《宋明哲学的本质》第四章《经学中的新古典主义与自由主义》，是载于《问题与研究》杂志(昭和五十一年三月号)的同名论文；第五章《宋明的实学》曾以论文《宋明的实学及其背景》发表《西南学院大学文理论集》第十七卷第二号）(昭和五十一年十二月)。由于这两篇论文都是经过重新讨论的，所以都没有收录到本卷中。

三、但是，前面提到的第五章的内容在《中国思想中的现实与理想》(昭和五十八年九月十日初版，木耳社)所收的《实学与虚学的纠葛》(唐君毅博士追悼论文)中有了大幅度的增补，因此本卷第五章

《宋明的实学》的内容以上面《实学与虚学的纠葛》进行了替换。主要增补的地方是新补了第五至八节，以代替《宋明的实学》第四节《宋明理学与实的思想》的最后两段。另外，这些节与前面提到的《宋明的实学》不同，没有记载节名，因此新标注了节名。

四、附录一《明代儒学的展望》(昭和二十六年六月，在山口大学中国学会上口头发表)及附录二《明末儒教的动向》(昭和三十五年三月，九州大学文学部宋明思想研究室出版)均为前面提到的《中国思想中的现实与理想》所收。另外，附录三《明代思想的动向》为九州大学教养部哲学科纪要《理论》第十辑(昭和四十一年十二月二十八日)所收。

五、此外，在作者生前的了解下，原本用本字、旧假名书写的地方(诗文除外)改为新字、新假名，对原本的错字等进行了修改。另外，考虑到读者诸贤的方便，在人名等难读字上加上注音假名，在文中引用的原汉文中附加了下注文。

后学　森山文彦

图片说明

本书翻译所依据的日文原书（2008年出版的《冈田武彦全集》第17册）中收录有人物肖像、陶瓷器、绘画、书法等与本书内容相关的大量图片，但由于原书为黑白印刷，再加上排版时将图片弄得非常小，导致图片看起来不是很清晰。为了弥补这一缺憾，我们尽可能找到原书中每张图片所对应的高清彩色图片。由于原书中个别书法图片在正文中没有具体引用，我们在找不到原图的情况下使用该书法家的同类风格作品（如同为连绵草）的彩色高清图片进行了替换，相信这样处理不会对本书内容造成损害。另外，原书中有几张人物图片系直接来自上世纪80年代山东齐鲁书社出版的《中国古代著名哲学家评传》中的插图，因涉及版权问题，且与本书内容关系不大，所以予以了删除，除此之外的原书所有图片均已收录到译本之中。

本书作为一部宋明哲学思想史著作，除了收录有朱熹与王阳明的几幅画像之外，还附有大量陶瓷、绘画、书法等艺术作品图片，大多是收藏在海内外各大博物馆中的艺术精品。这在一般的哲学类著作中是非常罕见的。之所以这样处理，是因为冈田先生认为时代精神贯穿于该时代的哲学思想以及文学艺术作品之中，尤其陶瓷器这类较少体现个人风格的工艺品更能反映时代的一般精神。因此，冈田先生专门在第二章中系统梳理了唐、宋、元、明四个时代的陶瓷器特点及其所反映的时代精神，并且附上了大量相关图片。此外在行文中随处可见结合哲学思想与文艺作品的分析，如在第三章论述宋明哲学精神内观、格物、简素、古拙、藏的五个特点，尤其格物论及其背景时结合绘画、书法等文艺作品加以分析，并配上了大量图录。总之，本书广泛讨论了陶瓷、绘画、书法等艺术文化领域所反映的宋明时代精神，而这种时代精神同样贯穿于哲学思想之中，从而将哲学思想与社会文化的分析结合了起来，这也是本书不同于一般哲学思想史著作的突出特点。

目录

第一章
宋明时代精神的概观

一、唐代精神 /031

二、宋代精神 /032

三、元代精神 /035

四、明代精神 /037

第二章
陶瓷器的精神

一、陶瓷器与时代精神 /041

二、唐三彩与唐代精神 /043

三、宋瓷与宋代精神 /045

四、元瓷与元代精神 /049

五、明瓷与明代精神 /051

第四章
经学中的新古典主义与自由主义

一、汉唐的经学 /093
二、新古典主义 /095
三、自由主义 /104

第三章
宋明学的精神

一、内观的精神 /055
二、格物论及其背景 /062
三、简素的精神 /075
四、古拙 /085
五、藏的精神 /088

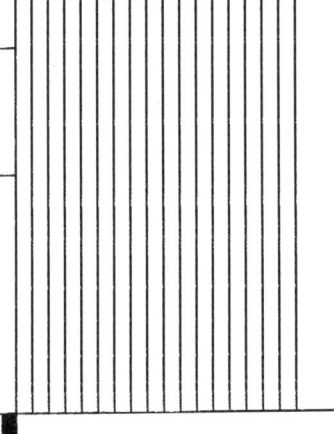

第五章
宋明的实学

一、儒家与异学异端 /111
二、道家与虚实的思想 /113
三、佛家与虚实的思想 /120
四、宋明理学与实的思想 /125
五、朱子学末流虚弊的救正 /141
六、王门三派间虚实的纠葛 /145
七、挽救虚弊的新朱子学的建立 /148
八、事功派与唯气派的实学 /152

第六章

宋学的精神——唯理的思想

一、周、程的思想 /155

二、邵、张的思想 /166

三、程门及其后继者的思想 /173

四、湖南学派的思想 /178

五、朱子之父与师的思想 /187

六、朱子的思想 /192

七、朱子讲友的思想 /200

　　附录　事功学派的精神 /203

八、宋末朱子学派的思想 /206

九、元代朱子学派的思想 /214

十、明代朱子学派的思想 /217

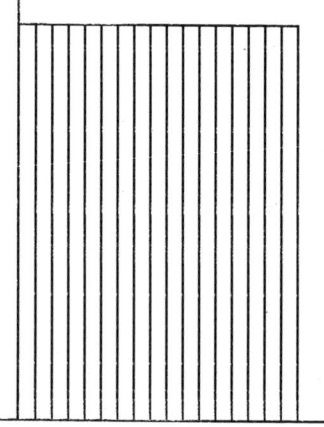

第七章

明学的精神——唯心的思想

一、陆学的先驱 /235

二、陆象山的思想 /237

三、陆门的思想 /245

四、朱陆同异论 /250

五、明初的心学 /255

六、王阳明的思想 /261

七、现成派的思想 /272

八、归寂派的思想 /278

九、修证派的思想 /280

十、刘念台的思想 /283

第八章
反宋明学（复古学）的精神——唯气的思想

一、唯气论的源流 /289

二、王浚川的思想 /291

三、吴苏原的思想 /296

四、郝楚望的思想 /302

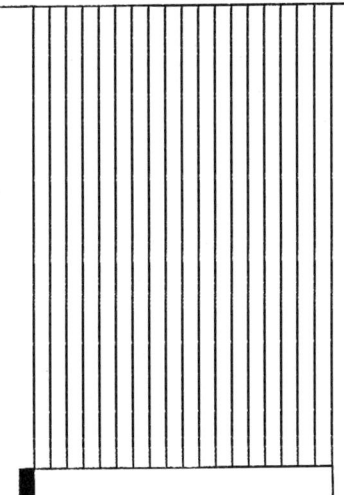

附录

附录一　明代儒学的展望 /313

附录二　明末儒教的动向 /324

附录三　明代思想的动向 /344

译者的话 /362

第一章 宋明时代精神的概观

一、唐代精神

隋朝（581—618）是一个仅存在了不到四十年就灭亡的极短王朝，但它的存在意义在于统一了长期以来南北分裂的国土，建立了汉朝灭亡后又一个强大的统一国家，为唐朝（618—907）的大一统奠定了基础。隋朝开启了南北两朝文化融合统一的进程，唐朝不仅完成了这一统合事业，而且取得了飞跃性的发展。但这种统合是以六朝文化为基调的，所以唐代精神是绚烂华丽的。唐朝形成了一个国际性的文化大国家，唐文化向亚洲各国广泛传播，成为亚洲文化圈的主轴。因此，唐代精神在各个方面都是外观、包容的，具有充满温暖而丰富情感的豁达。外观性和包容性正是唐代精神的特色。为什么会产生这样的精神呢？第一，因为文化形成的主体是贵族阶级，适合其趣向性质的东西兴盛起来；第二，因为国力充实，政治体制完善，和平持续了很长时间；第三，因为国力扩张，压制塞外民族，从高祖经太宗到高宗时期，成为拥有东到朝鲜半岛、西到中亚、北到俄罗斯（西伯利亚）南部、南到东南亚（中南半岛）的广大地域的国家，所以西域各地的各种文化被接受，这些是其主要原因吧。

外观、包容的东西，如果其内容变得丰富，而其质量不提高的话，枢纽就会松弛，容易陷入支离散漫。唐代也从中叶开始逐渐产生这种弊病。到了宋朝（960—1279），对唐代精神进行了批判和反省，创造了内观、知思的时代精神。金原省吾先生这样说道：

唐代在政治、外交、学术等方面都是包容的。一切因存在而有了存在的理由。这个包容的时代，如果不进行质的调整的话就会混乱。包容是集合，集合不久就是分裂。对这个集团进行批判地整肃是宋代的主要文化努力。批判是内在的，所以其精神性质会明显地变得内观。在美术方面，唐朝的包容宽厚，到了宋朝则变成了批判沉着，温暖变成了清凉，芳醇变得清瘦了。那里有内省的深度。（《东洋画概论》三四九页）

二、宋代精神

所谓时代精神，与时代环境有着不可分割的关系，这一点毋庸赘言，但笼统地说是环境，却绝不是简单的东西。如果从国家对外势力的角度来比较唐宋两代，就会发现唐朝是向外扩张的时代，而宋朝则是向内退缩的时代。从文化形成主体的角度来看，在唐朝官僚贵族阶级是其核心，在宋朝官僚知识阶级是其核心。进一步从文化传承的角度考虑，一般可分为继承发展型和反动批判型两大类，唐朝属于前者，宋朝属于后者。从中国的精神史上来看，宋朝正值大变革时期，如果探讨其内容的话，我认为宋朝可以说是中国的文艺复兴时代。

宋朝从太祖到太宗的时代，分立的各国被合并，国家的政治体制也确立了，但看到唐末五代混乱的主要原因在于藩镇的跋扈、将兵的专横，于是摒弃武断政治，推行文治政策。为此，科举制度也进行了改革，广泛地从庶民阶级中选拔能干的人担任官吏，但被录用的多是地方地主阶级的子弟。就这样，宋代的官僚政治体制得以确立。到了这个时代，产业又迅速发展，城市繁荣，市民生活水平因而提高，变得豪华；技术也有了长足的进步；朝廷也推崇学问文艺，人们自觉努力学习，养成较高的修养。因此，宋代文化有了飞跃性的提高。据了解，宋代人是世界上罕见的文化人。他们创造的文化是清纯高洁、宁静而深刻的、内观的、知思的文化，而这正是对丰满华美的、外观的、情绪的文化的批判和反省。为什么会变成这样呢？其主要原因是宋代人的精神结构较为内向。这当然与这个时代的政治经济情况有密切关系，但也不能忽略，宋朝对外关系所带来的国势畏缩是其重要原因。

宋朝与唐朝相反，经常受到塞外民族的压迫。最初遭受辽、西夏的入侵，接着被灭亡了辽的金占领了华北地区，于是不得不依靠江南地区重建国家，最终还是走向被灭亡了金的蒙古（元）所灭亡的命运。因此，宋代人的精神结构不得不变得自我内向，其结果是他们在内观、知思的文化中看到了价值和意义；唐代人的精神结构是外向的，因此他们在外观、情绪的文化中看到了价值和意义，两者是相反的。从发散到收敛，从外向到内向，这就是唐代精神向宋代精神的发展。一言以蔽之，宋代精神是内观的。宋代的精神文化是多么具有划时代的意义，值得大书特书，只要看一眼这一时代的绘画和瓷器就能清楚地看到，宋代人在精神深度上创造了其他时代的人和其他国家的民族都无法企及的、具有世界价值的文化。

上面所述的宋代精神也不是突然产生的。唐朝也是在王朝建立后的一百多年，即玄宗开元、天宝时期开始，逐渐出现了革新的趋势。根据《新唐书·文艺传序》（卷二〇一）中记载：

> 玄宗好经术，群臣稍厌雕琢，索理致，崇雅黜浮，气益雄浑。

可以知道这个。这里所说的革新性是指改变了以往的外观的东西，转向了内观的东西。虽说是内观的，但内容很复杂，概观而言，宋代精神可以看作是对唐末萌动的内观精神的继承和发展。宋代文人第一人苏东坡的以下这句话很好地传达了这一信息。

> 故诗至于杜子美，文至于韩退之，书至于颜鲁公，画至于吴道子，而古今之变，天下之能事毕矣。（《东坡前集》卷二二，《书吴道子画后》）

上述四人，从唐代精神的主流来看都是革新的文化人，都是重视内观精神的人。东坡接着说：

> 知（智）者创物，能者述焉，非一人而成也。君子之于学，百工之于技，自三代历汉至唐而备矣。（同上）

仿佛他们继承和发展了传统精神，从而创造出了这种内观的文化，但我们不能忘记，唐代精神的主流仍然是外观的。

唐朝到了八世纪下半叶，发生了安禄山、史思明之乱，接着九世纪下半叶，发生了黄巢之乱，于是贵族阶级没落，藩镇横行，因此唐大帝国也终于不得不走向崩溃。唐朝灭亡后半个世纪又持续了五代（907—959）的分裂混乱时代，因此，从唐末到五代，文化走向衰退。在五代时期，只有江南的南唐和四川的后蜀治理相对稳定，因此这些地区的文化得以保留，并在宋初得以传承。

在唐末五代之间萌生出的内观精神，大致可分为知思的和抒情的两种，如果说前者是客观的，后者则是主观的，但是在这个时代，这两者开始了浑然一体地运动。纵观宋明的时代精神，都是内观的，但如果仔细观察，宋代精神是知思的，明代精神则是抒情的。如果对宋代精神进行详细观察，就会发现北宋与南宋在性质上多少有些不同。这与两代的地理环境和民族意识等有密切关系。从总体上看，北宋精神具有理智、客观的倾向，气象静深、遒劲、雄浑，而到了南宋，却变得有点稀薄，形成了一些情绪、主观的倾向，这种气象，也不是没有纤细奢华而走向奇巧的一面。

三、元代精神

元代介于宋明之间，原本是一个文化不振的时代，但它的存在意义在于转化宋代精神，将其传到明代，建立明代精神形成的基础。宋代的文治政策不但消除了唐朝末年以来武断政治的积弊，而且促进了文运的进步发展，在形成灿烂的内观精神文化上功不可没；但另一方面，对外政策却变得消极，最终导致国内各地被蒙古军蹂躏。蒙古大军如怒涛般入侵，肆虐江南各地，正如乐雷发所唱的"杀人如麻兮流血成湖"，在各地肆无忌惮地进行杀戮，使得高傲的宋代人文化遭到了破坏。当时的很多读书人和知识分子，对于这样的国难都束手无策，实在是无能，但宋代盛行崇尚义理的儒学，因此在国家灭亡之际，持节的人也不在少数。其中也有像陆秀夫那样的人，他在与元军的战斗中失败逃到崖山，终于用尽生命背负帝昺投身于海中，但在亡国流离的过程中，犹在船上讲述修身、齐家、治国、平天下之道的《大学》。(《宋史》列传，卷二一〇) 他的死仿佛真的象征着宋代精神的命运。

元 (1271—1368) 不仅是第一个异族统治的大一统王朝，而且建立了拥有多种族和跨越欧亚的世界历史上前所未有的大帝国。在元朝身份阶级的差别很严格，人民被分为蒙古人、色目人 (西域诸民族)、汉人 (原金国治下的诸民族)、南人 (原南宋治下的居民) 四个阶级，蒙古人是统治阶级，拥有最高文化的南方人是最低等级，受到冷遇。当时有一句谚语叫"八娼九儒十丐"，可以说是知识分子、文化人之代表的儒者的地位在妓女之下、乞丐之上。当然，在宋元交替之际，宋朝的知识人、文化人大多不得不隐而不仕，所以知思性的宋代精神也不得不自我转为野逸性的。

如前所述，元是占领有古今未曾有过的庞大土地的大帝国，因此其中包含了多种多样的异质文化，但与唐代不同的是粗糙且缺乏统一性。但是野蛮的蒙古人成为压迫汉族文化人的统治阶级，庶民文化就此兴起了。因此，宋代的知思精神转变为抒情倾向，这成为明代精神形成的先驱。

由于元朝是一个过于庞大的帝国，统治不得不散漫。散漫的东西容易崩溃。元朝建国以来，依靠强大的武力统治维持了国政，但是从建国后半世纪开始，武断政治的机构开始松弛，与此同时产生了各种矛盾，四汗国从元朝的宗主权下独立，内政外交上也有失败，宗教叛乱勃兴，汉民族的反抗也变得激烈，终于走向崩溃，被汉族的明朝（1368—1644）灭亡。明朝鉴于前代的弊端，完善了专制的政治体制，但也没有值得大书特书的清新雄伟的构想和对外政策。而且从十六世纪中期明朝就开始面临北虏南倭之祸，而国内，宦官专横跋扈，政治斗争不断，因此国运走向衰退，最终被清朝（1636—1911）灭亡。

四、明代精神

明朝在建国之际采取了"复古主义"政策，但前期并未摆脱陈规，没有什么值得刮目相看的。但是，从中期开始经济大发展，庶民生活变得非常富裕，社会风气发生了很大变化，以庶民阶级为背景的抒情精神也变得兴盛，主观性也被极力强调。这样的精神也不是突然产生的，如前所述，其萌动始于元代，上溯可追溯至唐宋，只要读一下下面所示的明代文人两大家之一、南宗派的巨匠董其昌的"南北两宗论"就明白了。

禅家有南北二宗，唐时始分；画之南北二宗，亦唐时分也，但其人非南北耳。北宗则李思训父子著色山水，流传而为宋之赵幹、赵伯驹、伯骕以至马（远）、夏（圭）辈；南宗则王摩诘（维）始用渲淡，一变钩斫之法，其传为张璪、荆（浩）、关（仝）、董（源）、巨（然）、郭忠恕、米家父子（米芾、米友仁），以至元之四大家（黄公望、吴镇、倪瓒、王蒙），亦如六祖（慧能）之后，有马驹（马祖道一）、云门、临济儿孙之盛，而北宗微矣。要之，摩诘所谓云峰石迹，迥出天机；笔意纵横，参

乎造化者。东坡赞吴道子、王维画壁亦云："吾于维也无间然。"知言哉！（《容台别集》卷四，《画旨》）

虽然明代精神与宋代精神并不是完全相反，但从另一种观点来看，它可以说是南宋精神经过庶民化的元代精神而展开的，也可以说是通过宋代精神的唐代外观精神的再现。明代精神与宋代精神相比，其内观性虽然稀薄了，但与唐朝、清朝的时代精神相比，依然是内观的。明代精神烂熟的结果，流于浅薄空疏，到了清朝，对此产生了反动、批判、反省，最终宋朝以来的内观精神走向衰退。毋庸置疑，清朝的文教政策是其中一个原因。

第二章 陶瓷器的精神

一、陶瓷器与时代精神

正如《礼记·乐记篇》中记载：

> 凡音者，生人心者也。情动于中，故形于声，声成文谓之音。是故治世之音安以乐，其政和；乱世之音怨以怒，其政乖；亡国之音哀以思，其民困。声音之道，与政通矣。

音乐往往能反映一个时代的政治形势和人心的动向，而陶瓷也是如此。因此，裘曰修在朱琰《陶说》"序"中说"因器以知政"。像这样，不仅可以通过陶瓷来了解一个时代的政治形势和人心动向，而且它也成为了解那个时代精神的有力线索；通过它来了解该民族的民族性及其精神文化特色，也不是不可能的。因此，例如，也可以通过日、中的陶瓷来比较两国的民族性和精神文化。试着将代表中国陶瓷的宋代青瓷、白瓷、青白瓷和明代的万历赤绘，以及代表日本陶瓷的备前、唐津、志野、乐等陶瓷器进行比较，两国的民族性和精神文化的差异一看就明白了。一直以来，中日两民族都是同文同种的，但看了他们的陶瓷，就会发现两者无论在民族性还是精神文化方面，都有着各自显著不同的性质。

时代精神，不仅反映在那个时代的陶瓷上，当然也反映在那个时代的思想文艺和其他工艺等各个部门上。当然，虽说是时代精神，但其内容并不单纯，而是复杂多样。即使从本质上被认为是相同的东西，根据部门的不同，反映的方式也会有所不同。即使是同一部门，也有质的不同的情况，相应地反映的方式也不同。以思想文艺和工艺为例。在前者的情况下，知识阶级是其主体，且由每个人掌握，所以往往会加入个人的主观；而在后者的情况下，往往是无名工匠参与其制作，大量生产，顺应时代的潮流而创造，往往能真实地反映时代精神。前者反映的内容丰富且复杂，后者则更简洁。只是，反映越简洁，这种精神的本质就越容易直观地理解。这样想来，要想最清楚地把握时代精神的本质，陶瓷器等是最合适的。

宋代精神是理智的、知思的，其中荡漾着静深严肃的气象。这是因为宋代人提出了高远的理想，对事物的纯粹性和客观性有着严格的追求。因此，在绘画上，比起情趣更重视哲理，试图表现宇宙大生命和气韵等静深严肃的形而上精神。宋学有代表性的儒学学者朱子，他在宇宙论上，既以事物成立的根本实在为理，又将这个作为与事物的质料的气不可分的存在；但是在价值上讲理先于气，阐述了具有二元思维结构的唯理思想。这大概就是以这样的时代精神为背景的。经过元代，到了明代，这种宋代精神变得稀薄，转向抒情、流动、充满生命的东西，比起理智更注重理情一致，所以形成了重感兴、贵主观的倾向。这是因为，明代人认为宋代人高远的理想主义是压迫人生命的东西，使人的生命枯萎，而理想必须立足于人本来的性情去追求。因此，在绘画方面，比起技巧更注重将个人的感兴情趣直率地表现出来的文人画很流行。明学的代表性儒者王阳明，之所以提出致良知说，阐述具有一元思维结构的唯心思想，正是基于这样的时代精神。

二、唐三彩与唐代精神

形成唐代文化的主体是贵族阶级。他们继承了南朝的华丽文化，并将其很好地整顿和发展。在这个时代，不仅在政治外交、学术文化等各个方面都得到了很好的统一管理，而且还很包容。这种华丽、包容是唐代精神的特色，这在唐三彩中得到了很好的反映。到了唐代，陶瓷的制作繁荣起来，各地都建起了窑，其中以北方邢州窑的白瓷和南方越州窑的青瓷最为著名。但是，要说最能反映唐代精神的，就必须首先列举唐三彩。据说这种陶瓷是在八世纪，即盛唐时期在长安、洛阳的郊外烧制的，是一种在白底上配以黄、褐、绿、红或蓝的具有华丽色彩的软陶。但这与邢州窑、越州窑等烧制的器物不同，并非日常生活中使用的器物，而是墓葬中的随葬品，即明器。在这个时代，日常生活中使用的陶瓷还没有在精神史上占有一席之地。直到宋代以后，人们才意识到"洒扫应对便是形而上"（《和刻二程全书》卷一六），日常生活中存在着深刻的形而上的精神世界。

唐三彩是一种色彩鲜明华丽的陶瓷器，其中像三彩宝相花纹盘（腾缬文盘，朝日新闻社编《东洋美术》四，图版十），是一种用精巧而有分量感的贴花文做成的豪华绚烂的陶瓷器；像蓝彩贴花共盖壶那样，具备典雅韵味的陶瓷器；像贴花钹那样，给人以厚重、庄重感觉的东西；或是三彩花文盘(小山富士夫编《东洋古陶瓷》，汉唐，图版一九)那样的形状和花纹都很大，表现了豁达的精神。唐器中有例如受到波斯风格工艺影响的刑州窑白瓷凤首(《东洋美术》四，图版十七)，模仿西方罗马玻璃系玻璃器的有龙耳的白瓷兽耳瓶(同上，图版八)、唐三彩贴花龙耳瓶(同上，图版十一)。在唐三彩中，有许多奖章式花纹的器皿，并且像胡人、骆驼等立像一样，有许多异国情调的器皿也是这个时代的特色。这种现象在重视传统，提倡复古主义、民族主义、国粹主义倾向强烈的宋代陶瓷中是看不到的，在这里也可以窥见唐代精神的包容性。

唐三彩的种类非常多，其中加入五谷陪葬、祈祷死者灵魂不灭的万年罐和女立俑也充分反映出时代精神。万年罐的色彩、花纹、设计都富于变化，但一般来说，它的躯干圆滚滚的，非常丰满。这种躯干线的膨胀是唐器的一般特征，例如邢州窑白瓷水注(《东洋古陶瓷》，汉唐，图版二)等也能看到。一看那肥美躯干线的万年罐，就会觉得里面没有一点固执、拒绝的精神，洋溢着温暖地包容一切的丰满、宽容的精神。(《东洋美术》四，图版九、一一、十四)女立俑一般眉毛画得又红又小，面颊丰盈而富有女人味，肉体丰满美丽，洋溢着丰富的情感。(《东洋古陶瓷》，汉唐，图版十七。《中国的陶瓷》，图版一、八一至八四)与这种风姿接触，有种坐在荡漾的春风中的感觉。唐朝是三彩瓷器的黄金时代，它可以说是丰满华丽的、外观的、情绪的唐代精神的象征。

三、宋瓷与宋代精神

宋朝的文治政策招致北方塞外民族的强压和侵寇，使宋朝最终蒙受了灭亡的噩运；但另一方面，学术文艺大为振兴，普及到平民百姓，工业技术进步，商业贸易发达，商人的社会地位提高，生活豪华奢侈。在这个时代，以自我验证为宗的禅普及并深入人心，另一方面，倡导严肃道德哲学的新儒学兴起并普及开来，人们也因此而养成了很高的修养，人们的趣味、生活也变得深厚而细腻。随着社会生活的进步和工艺技术的进步，陶瓷也迅速发展起来，这一时期，从东南亚到欧洲的海外贸易变得繁荣起来，这又促进了宋窑的发展。宋瓷充分反映了这一时代的文化主角——官僚知识阶层的教养情趣，由此可以清楚地看出，其中存在着与唐代精神不同的东西。现在，我们通过宋瓷的色彩、纹样、形体、风格等来探究宋代精神的特色。

到了宋代，像唐三彩那样感性的、丰富多彩的陶瓷衰退了，大量制作非色彩的、白色或者蓝色、黑色、褐色的瓷器。这一时代也有被称为"宋三彩"的瓷器，以及使用赤绘等色彩的瓷器，这是以往没有的绘画技法。宋三彩和唐三彩不同，不是明器而是实用品，但没有唐三彩那么华丽，是生硬的。另外，据说其装饰图案大部分不是像唐三彩那样使用贴付浮文和模子刻线图案的模子，而是自由使用线雕手法的。（《中国的陶瓷》，解说，二十页）据此，我们可以窥见以意为主的宋代精神之一端。据说宋代的赤绘是由磁州系的窑制作的。这里所使用的上绘法是一种新技术，尽管如此，赤绘在宋代并没有发扬光大，其兴盛不得不等到明代。这是为什么呢？恐怕是因为赤绘不适合厌恶华丽外饰、追求高尚内在精神的宋代人的情趣。不过，宋代的赤绘和浓穆的明代赤绘不同，给人一种朴素、清纯的感觉（《东洋古陶瓷》，宋，图版五），这也是时代精神的反映。

宋代人崇尚内观的精神，这个时代的瓷器多为纯白、漆黑、青色的事实充分说明了这一点。如上所述，唐代盛行的彩陶到了宋代就衰退了，相反，白瓷和青瓷到了宋代迅速发展起来。那是因为这些是宋代人最喜欢的。宋朝的白瓷在北支的定窑、磁州窑等地进行了烧制，前者是官窑，后者是民窑。南支的官窑景德镇窑里烧制了青白瓷（影青），如果将其作为白瓷的话，烧白瓷的主窑就有三窑，有官民之分，南北之分，呈现出相应的特色。而北宋的代表性瓷器应该是定窑的白瓷和景德镇窑的青白瓷。

定窑的器物也有漆黑的，但以白瓷最为精美。说到定窑的代表性器物，当属白瓷，其器形美观大方，崇高端正，气质高雅；种类以盘、钵、碗之类的东西最多，质地坚硬，敲击时会发出金属声。钵等瓶身的曲线，不像唐三彩万年罐那样丰满大方，遒劲近于直线，棱锐利如刃，触指可伤，整体给人一种理智冷峻的感觉。（《东方美术》四，图版一七。《中国的陶瓷》，图版三八、三九，一五〇——五四）白瓷和青白瓷一样多为无文字的东西，这是当时漆器和金属工艺的普遍倾向（《博物馆》一七四号)，也是宋代人内观精神的反映。白瓷图案有线刻式的划花、片刻式的雕刻、模子浮文式的绣花三种图案，少见锈釉或金彩图案。在这里列举的三种样式中，前两者是手绘的，它们的花纹十分流畅犀利，可以说是没有装饰的装饰、无文之文，给人一种理智的感觉，反映了宋代人的知思精神。从磁州窑的瓷器上也能窥见宋代人雄健俊英的气象。定窑和磁州窑的瓷器一般简质遒劲，极具北支风气；景德镇窑的青白瓷则极具南支风气，质地纤薄透明，用精妙的技术刻出的图案流畅锐利，器形端正，加上淡淡的水色釉，真有一种清净之美。(《东方美术》四，图版一九、二十。《中国的陶瓷》，图版三)

青瓷是宋瓷的代表性器物之一，产自汝窑、钧窑、修内司窑、郊坛窑、龙泉窑等，其中后三者始设于南宋时期，三者中前两者为官窑。汝窑出产的瓷器据说是北宋中期的瓷器，颜色是沉稳雅致的橄榄色(《东洋美术》四，图版一八)，或是近乎天蓝色的蓝色(《故宫瓷器选粹》，图版二、三)。纹样是片切彫，雄健严肃，充分反映了北宋深邃遒劲的精神。(《东洋美术》四，图版十八。《东洋古陶瓷》，宋，图版一二、三) 钧窑青瓷与其他窑青瓷不同，为半瓷质，厚厚地涂有失透性的沉淀的蓝色釉，常有辰砂发出的红、紫或铜色斑点图案，色泽比较丰富，作为宋瓷来说是稍显特色的东西。钧窑的青瓷制作从北宋持续到元代，北宋的青瓷色彩秀丽，器形格调高雅。(《东洋美术》四，图版二一、二三。《东洋古陶瓷》，宋，图版二)

中国的青瓷发展到南宋达到顶峰。其中最具代表性的是修内司窑、龙泉窑制作的粉青色青瓷，也就是日本所说的砧青瓷，以及涂有厚粉青色、具有装饰性双重贯人的郊坛青瓷。至此，青瓷也达到了优雅的极致。颜色具有由内在的光辉所散发出的美，有一种深邃的味道。郊坛窑的东西特别有厚重感。一般来说，南宋青瓷器形规整，格调温雅有品位，纹样优美；但从青白瓷可以看出，到南宋末年，它没有鼎盛时期那样格调高雅而显得纤弱，因此很难窥见北宋瓷器所体现出的简洁清纯、雄健峻严和智慧敏锐。(《东洋美术》四，图版二九、三〇、三一、三二、三四。《中国的陶瓷》，图版五、五七。《东洋古陶瓷》，宋，图版六) 另外，对于同一窑的烧造品，如果将北宋和南宋进行比较，其差异就会更加明显。例如，磁州窑和钧窑的产品，北宋精薄紧密，做工精细，而南宋则粗厚粗糙。即使是景德镇的青白瓷，北宋薄而硬，器形紧致，纹样强而尖锐，而南宋做工粗糙，纹样也没有北宋明洁，格调卑弱。这大概反映了江南风气和国力薄弱。(参见《东洋古陶瓷》，《宋瓷概说》)

要了解南宋陶瓷的精神，就不能忘记漆黑瓷。它盛产于建窑和吉州窑。建窑制作精良的天目茶碗，器形规整，内外均施有光泽的漆黑釉，釉色厚重，色泽充满苍古幽玄的情趣。其中也有被称为曜变、釉滴、禾目的自然形成的釉彩，为漆黑瓷增添了一种情趣。这种瓷器虽然没有北宋器物的清纯和高洁，但却有南宋器物的情趣。(《东洋美术》四，图版三五、三六、三七) 吉州窑的器物和建窑的器物不同，釉调富于变化，但多数是有着温暖触感的被称为玳玻天目的茶碗；纹样与建窑的不同，是技巧性的，放眼望去，全幅是梨地风格的黄褐色，上面用黑褐色画有梅花纹、飞凤纹、莲花纹等，在涩味中增添了华丽。纹样虽然不尖锐，但有技巧性苦心的痕迹，所谓木叶天目就很好地体现了这一特色。吉州窑的器物体形不固定，但不像建窑的器物那样紧致。因此，我认为这种器物比建窑器物更能反映南宋的时代精神。（《东洋美术》四，图版三八、三九、四〇）

比较唐宋陶瓷所反映的时代精神，由唐至宋，华丽丰满、温和宽容成为简朴清瘦、险峻遒劲，豪华清新、优美温雅成为幽玄苍古、冷彻崇高。简而言之，感性的东西变成了理智的，外观的东西变成了内观的。另外，异国风情的东西消失变成国粹的，也是值得注意的现象。

四、元瓷与元代精神

元的兴起使汉民族受到压制，因此官僚知识阶级大量下野，他们所创造的自豪的宋代精神也走向衰落，取而代之的是庶民精神开始勃兴。元代是工艺陶瓷的黑暗时代。这一时期，作为宋窑核心的官窑已经消亡，只剩下民窑，由于知识阶层的没落，以观赏为主的宋代器物不再适应时代的需求，转而生产适合庶民的实用器物。其结果，作品格调低下，器形失去紧密度，胎土浑厚，色调粗野。因此，在这一时代的器物中，看不到宋代器物那样险峻端庄的器形和高洁幽邃的釉彩。从龙泉窑的青瓷就可以看出，在元代并没有见到雍容华贵的砧青瓷，而是暗褐色的被称为天龙寺手的青瓷。这种青瓷是元代青瓷的代表，但格调不及宋代。只是与明代以后的东西相比，可以说有着更高的格调。

元瓷中值得一提的是染付。染付是在这个时代才开始生产的。据小山富士夫先生说，即使是被称为宋赤绘、宋三彩的东西，实际上也多为元代的作品。（《东洋古陶瓷》，元明清）如果是这样的话，应该说，比起宋代知识阶层所喜欢的象征内在精神的高洁典雅的白瓷或青瓷等非装饰性器物，元代人更倾向于喜欢装饰性器物。话虽如此，在这个时代，并没有看到喜欢唐三彩那样绚烂华美的东西的风气。因为这种东西不符合当时庶民的口味。即使有色彩的志向，也只有通过宋代非色彩的陶瓷精神而出现的新倾向，才能结出丰硕的果实。但是在元代这种东西没有来得及固定下来。在这个时代，即使多少有些变化，宋代的精神仍被认为是最底层的存在，而且元代是庶民兴起、新奇的精神文化开始抬头的时代，所以这个时代可以说是人们对色彩的东西的志向与喜欢无色彩事物的底层精神浑然一体的时代。碰巧与西域的交通打开，波斯的青花被输入，所以元代开始制作染付，这也是由于上述时代精神的背景吧。虽说染付是色彩性的瓷器，但其色彩并不像红、黄、绿那样华美，而是一种沉静的色彩，这似乎与当时的时代精神相适应。元代瓷器在色调上虽不如明代瓷器那般鲜艳美丽，但较为浓密，器形稳重有力，花纹充实，整体上具有元大帝国瓷器的风格。

关于元代染付必须注意的一点是，在纹样之外还施有以往没有的绘画性图案。因此，瓷器制作者把精力放在图案上而不是器形上，其结果是，元代瓷器逐渐失去了非装饰性色调的宋代陶瓷作品所具有的紧密感。

五、明瓷与明代精神

染付直到明代才进入黄金时代，这是因为在这个时代，以官窑景德镇窑为中心的大窑都在生产。这种染付作为新兴艺术作品，也是弘扬明代建国精神的象征。初期还生产了赤绘，但没有染付那么受重视，所以不及染付兴盛。景德镇窑也有赤绘，但作为俗气的东西似乎不太受待见。为什么明代盛行染付呢？染付是在白色表面上画出美丽的青色花纹，给人以清楚明洁的感觉，符合明初复古精神，底样具有丰富的绘画情感，适合逐渐抒情的时代潮流，以及美丽的青花从西域输入等是其主要原因。

从纹样上比较宋瓷和明染付，宋瓷用线刻表现立体感，因此陷入了样式化，而明染付，颜色的浓淡与水墨画的浓淡相一致，富有绘画性。从造型工艺上比较两者的话，宋瓷因为想要超越色彩，比起纹样，更倾向于在造型上下功夫，而明染付则是在底样上下了功夫，在造型上很难看到宋瓷那样紧密的作品。因此，林屋晴三先生认为，宋瓷是雕刻性的，明瓷是绘画性的，而宋瓷中第二义的装饰性，在明染付中是第一义的，在宋瓷中是第一义的造型，在明染付中是第二义的。(《中国的陶瓷》，"元明的染付"，九一、九二页)这是至理名言。染付具有绘画性，在底样上绘画就很好地说明了这一点，这种技艺的流行与明代文人画的流行有着密切的关系。

明染付也因时代的变迁而有所改变。据说，明初至永乐时期的器物稚嫩拙劣，回青的发色也偏黑，不够鲜明。宣德至成化时期是染付的鼎盛时期，宣德时期生产出了最优秀的染付。

这时国家体制也最为完善。宣德的染付在明代陶瓷中被称为第一，肌肤美丽，回青鲜明，纹样富于变化，浓淡错综，给人一种欣赏美丽水墨画的感觉。（《东方美术》四，图版五四。《故宫瓷器选粹》，卷首图版）成化的染付与宣德的相比，色泽浅白浑厚，器体生动，花纹纤细轻盈。（《东洋古陶瓷》，元明清。《故宫瓷器选粹》，图版二五）

嘉靖万历时期的染付与宣德成化时期稍有不同，回青浓艳。（《故宫瓷器选粹》，图版三六、三七）这一时期，自宣德成化时代起，日渐抬头的赤绘和彩色瓷器开始与染付并行（《东洋美术》四，图版五五。《故宫瓷器选粹》，图版二十七），黄地红彩、黄地染付、红地绿彩、绿地红彩、黄地紫彩、红地染付、紫地黄彩等前所未有的丰富多彩的瓷器被生产出来（《故宫瓷器选粹》，图版三三），其中还有豪华绚烂的金襕手（《东洋美术》四，图版五八、五九、六十）。赤绘在万历时期成熟，到了末期则已经变得颓废。在万历时期的作品中，所谓万历赤绘很有名。这是一种在染付上实施红、绿，再加上黄颜色的瓷器，色彩艳丽，嘉靖时期的端庄销声匿迹，纹样也比嘉靖时期的要繁琐。（《东洋美术》四，图案六一、六二）关于染付也可以说是同样的道理。（《故宫瓷器选粹》，图版三六）总而言之，万历时期是明代陶艺的成熟期，将这一时期的瓷器与北宋瓷器进行比较，宋明的时代精神将是相对抗性的。据此可以清楚地看出，从宋至明，简素的东西变成繁琐的，理智的东西变成抒情的过程。这又和从宋学到明学的发展轨迹相吻合。

嘉靖万历时期赤绘的流行，意味着染付的衰落。这也表明，色彩沉静的东西代替了华美的东西，雅致的东西变成了浓穆的东西。为什么会变成这样呢？这个时候，阳明心学极盛，普及到一般庶民的同时也变得颓废，因此自我被极力强调，讴歌人的欲望，以自然的性情为善，形成了厌恶传统和规范的束缚、提倡从中解放出来的风潮，另一方面随着贸易的繁荣，庶民生活水平急剧提高，政界堕落，社会的纲纪也松弛了。万历赤绘就是在这种社会风潮和时代精神的背景下诞生的。万历赤绘与明末王学左派的思想、性灵派的诗情、南宗派的率意画、连绵草的书风具有相同的精神基础。

天启崇祯时期是明代瓷器的衰退期，日本人把这一时期的染付称为古染付，把赤绘称为古赤绘，非常受重视。我认为，其一，虽然已经发生了变化，但其中仍有宋以来内观精神的余韵。这时候的瓷器虽然与前代相比质量有所下降，但在绘画、图案上却有飘逸之处，粗犷的笔调妙趣，充满着野趣盎然的庶民情怀，让人感到亲切。(《东洋古陶瓷》，元明清，图版一八—二二) 这又勾起了好事者的心吧。

明瓷中最具明代精神特色的是华丽浓烈、色彩缤纷的万历赤绘。与唐三彩相比，虽然同样是感性的，但唐三彩更情绪化，万历赤绘更抒情。因此，这种赤绘虽然华丽，但与清朝瓷器的华丽不同，这里感受不到人工的冰冷。到了清朝的瓷器就完全堕落成了技巧。因此，与之接触的话，不仅会发现技巧变样了，而且明瓷所传达的内观精神的余韵完全消失了。这当然也是时代精神的反映。考虑到清朝考证学的兴起、哲学思想的衰退，清朝的瓷器变成这样也是理所当然的。

第三章 宋明学的精神

一、内观的精神

所谓内观的精神，是指与认为事物的存在本身具有价值和意义的外观的精神相反，认为只有在使其存在成立的内在本质，即宋代所谓理的基础上，才有其价值和意义的思考方式。要体会这种精神，必须沉潜于身心，静虑深思。因此，内观的精神也可称为内在的精神。宋代人推崇这种精神。朱子所谓"木晦"很好地说明了这一点。朱子十四岁的时候父亲韦斋去世，之后作为师父侍奉的学者中就有刘屏山。屏山为朱子命字"元晦"，并将记载其由来的"字词"送给朱子，其中写道：

木晦于根，春容（一作睿）晔敷。
人晦于身，神明内腴。

朱子将此教诲作为"木晦"终生遵守。（《朱子文集》卷七八，《名堂室记》）屏山与兄长彦修一同跟随看话禅，即公案禅的提倡者、临济宗杰出僧人大慧宗杲学禅，但他原本是儒者，所以主张以儒为主的儒释和合论。但由于他在风景名胜之地默坐澄心，被大慧告诫不要陷入宏智的枯禅。（《大慧书》上，《答刘通判》一、二，《答刘宝学》）另外从他将《易》的"复卦"作为"易"之门而加以重视，在"复卦象传"所谓"复其见天地之心乎"的解释中，说"静以见天地之心"，承认魏王弼以老庄之虚静作为易解的说法这点来考察的话（《屏山文集》卷一，《圣传论》），虽然他是一位儒者，但在他的思想中，有与以静虚为宗旨的道家、默照禅一脉相通的东西。所以他阐述深刻的内观要点也是理所当然的。

南宋罗大经《鹤林玉露》(卷十八)中记载的尼姑《悟道诗》，象征性地表明了宋代人在认识到外观的空虚后，自我反省，最终还是要靠自我证悟。罗大经引用了孔子的名言"道不远人"和孟子的名言"道在迩而求诸远"，之后记录了这首诗：

尽日寻春不见春，

芒鞋踏遍陇头云。

归来笑捻梅花嗅，

春在枝头已十分。(注：或说这是戴益的《探春诗》，第三句是"归来试把梅梢看"。)

罗大经评价这首诗说："脱洒可喜。"这首诗具有宋诗的"理趣"特色，宋代的诗人也同样需要内观的精神。虽然有种种的评价，但严羽把禅道和诗道作为一体，"诗道亦在妙悟"(《萤雪轩丛书》,《沧浪诗话校释》卷四)，就很好地传达了这一消息。这种内观的精神，如果只是排除外在，面向内在，忘记了对每个事物内在本质的追求，而只在自己的心性内寻求，也许就会陷入以超脱为宗旨的禅的心法。宋代儒者对此予以谴责。因此，张南轩说："今世学者，慕高远而忽卑近之病为多。"(《南轩文集》卷二五,《寄吕伯恭二》)对于前面提到的孔子语中的"人"的解释，也排除将其理解为"人心"而认为是"人身"。(同上, 卷二三,《答朱元晦十三》)

内观的精神，从内观这一点来说，是主观的，而且是贯穿主客体的更高层次的东西，但其中宋代的东西，无论如何都是客观的。然而，经过元代，到了明代，它变得主观起来，宋代的客观立场反而作为外观性的东西而加以排斥了。所谓：

人人自有定盘针，
万化根源总在心。
却笑从前颠倒见，
枝枝叶叶外头寻。

的王阳明之诗（《王文成公全书》卷二十，《咏良知四首示诸生》），叙述了从以往的客观立场转变为主观的内观时的心境。

所谓内观，如前所述，就是观察事物的本质，也就是理，但是要想观察它，必须使能看到的东西和所看到的东西成为一体，否则是不可能的。所以，观察物之理，也可以直接观察所看到的东西的理；观察所看到的东西的理，也可以直接观察能看到的东西的理。总之，主客融合使观理成为可能。因此，事物的理常常通过事物的心境、精神等词语来说明，也正是暗示了这一情况。

《易·说卦传》中有"穷理尽性以至命"之句，宋儒以来说理的人都以此为宗旨。那就是，穷尽事物的理，就是尽事物本源的性，尽性自然就会领悟到这是天命所赐，但这三者并不是各自不同的东西，实际上是浑然一体的东西。（《二程全书》卷一二）

因此朱子必须在事物的准则,即所当然的规则上下功夫,尽其根本始原——所以然之故,而知道这是自然性所造成的。(《大学或问》)简而言之,理既是规律的东西,又是生命的东西,通过悟出这一点,理就会变成真理。宋儒认为,穷理离不开人的性情的陶冶和心性的涵养。这是因为如上所述,理是事物的始原本质,是生命的东西。如果能自得这样的理,就可以达到造化之理,得到天地之心,达到"宇宙在手,万化生身"的境界。如果说穷理离不开心性的涵养,那么穷理尽性也是尽己之性,尽己之性也是尽物之性。程子之所以说"性不可以内外言"(《二程全书》卷四),原因就在这里。

这种内观的精神,在宋代的文艺中,即绘画中被认为是不可或缺的。这可以从据认为是北宋书法的王维的《山水诀》中记载的"夫画道之中,水墨最为上。肇自然之性,成造化之功"来推测。徽宗时期院体派的韩拙,是一位被张怀评价为蕴涵古今之妙、顺造化之源、得天地之纯全的画家,他说:"造乎理者能画物之妙,昧乎理则失物之真。"(《画论丛刊》上卷,《山水纯全集》)明代唐志契说:"大抵以明理为主。若理不明,纵使墨色烟润,笔法遒劲,终不能令后世可法可传"(同上,《绘事微言》),认为"画要明理。"与文同并称为墨竹画家的苏轼,讲述了形似之失尚可原谅,但常理(不变之理)之失则完全不足取的意思,而且说世上也有能尽形于曲者,但至于这个理,如果不是高人逸才的话是无法做到的。(《东坡前集》卷三一,《净因院画记》)因此甚至极端地说:

> 论画以形似，见与儿童邻。(同上，卷一七，《书鄢陵王主薄所画折枝》)

这也是他作诗的途径。他所谓：

> 善画者，画意不画形；善诗者，道意不道名。(《诗人玉屑》卷五引)

的写意之论也与此相同。

如果穷理不能尽性至命，就不能得其真，那么最终如果我们的心不能与造化之理冥合一致的话，就无法达成这一目标。为此儒者讲无欲主静、主一无适、默坐澄心、深潜缜密、优柔厌饫等心的功夫，画家也以守神专一、精思澄虑、潜心密虑、去欲脱尘等心法为宗旨。北宋范宽终日坐在山林之间，纵观四周，求其意趣，即便是雪月之际，也必徘徊凝览，思虑其意。高克明也常到郊野间去，观察山林的情趣，终日危坐享受，归则沉思于静室，使神游于物外。

北宋郭熙、郭思父子是山水画的集大成者，在他们的画论集《林泉高致集》中记载的心法，阐述了作画时的心法，可以说这真的与程、朱等人的心法是血脉相同的。

他们当然以守神专一为要，但正如程、朱在严肃居敬的同时又以拘迫为非，既需要工夫的自然性，又以"如见大宾"(《论语·颜渊》)那样虔诚肃穆的心法为要，同时也要像"解衣般礴"(《庄子·田子方》)那样，以胸臆舒畅为宗旨，意思豁达，思想不受百虑阻碍，像杜甫说的"十日画一水，五日画一石"(《戏题王宰画山水图歌》)那样，说不要陷入急迫。

内观的世界如上所述，是主客一体的世界，是心与理浑然融释的境界，那么以此为要的思想和文艺，当然是与人格密不可分的。因此，在思想界和文艺界，都把人品与思想文艺等同，甚至比思想文艺更高。

例如，宋代的绘画讲究人品高洁，人品优秀的人往往比画技优秀的职业画家得到更高的评价。这种风潮始于唐代，定型于宋代。所以郭若虚说：

> 人品既已高矣，气韵不得不高；气韵既已高矣，生动不得不至。所谓神之又神而能精焉。(《图画见闻志》)

如果人品成为作画的重要因素，那么人品不提高，绘画的发展也就无从期待了。

在文人画中尤其注重人品，从元代到明代，这种倾向更加明显，与此同时，其内容也发生了变化。

作诗和绘画一样，"人高则诗亦高，人俗则诗亦俗"(《萤雪轩丛书》,《徐而庵诗话》)，"诗之辞气由人品"(同上,《谈艺录》)，比起诗法，对人品的评价更高。因此，在苏、黄等人的努力下，唐以前评价不怎么高的陶诗突然受到重视，大量的和陶诗被创作出来，也不是没有理由的。南宋朱子说：

> 诗者，志之所之。岂有工拙哉！亦观其志之高下如何耳。是以古之君子，德足以求其志，必出于高明纯一之地。其于诗，固不学而能之。至于格律之精粗，用韵属对、比事遣词之善否，今以魏晋以来诸贤之作考之，盖未有用意于其间者。(《鹤林玉露》卷七,《朱文公论诗》)

因此，他阐述了在作诗中"洗心"的重要，针对"欲漱六艺之芳润以求真澹"者，说道：

> 然亦须先识得古今体制、雅俗向背，仍更洗涤得尽肠胃间夙生荤血脂膏，然后此语方有所措。如其未然，窃恐秽浊为主，芳润入不得也。近世诗人，只缘不曾透得此关，而规规于近局，故其所就皆不满人意，无足深论。(同上)

据说他曾经向学者显示过这样的一首诗：

> 孤灯耿寒焰，
> 照此一窗幽。
> 卧听檐前雨，
> 浪浪殊未休。

说"此虽眼前语，然非心源澄静者不能道"。"有源头活水"，诗才妙，这正是朱子的立场。(同上)在文章方面，朱子也说："理精

后文字自典实。"(《朱子语类》卷一三九)认为苏轼气豪善文，但难免疏漏，似乎是因为在这方面有所欠缺。(同上)

在书法上，晋贵韵，唐贵法，宋贵意，贵意的宋代书法重视人品也是理所当然的。可以说，人品掩盖技巧是宋代书法的特色。这在文艺领域也是如此。在哲学思想上也重视人品，认为一个思想家的人品气象与他的思想是密不可分的。黄庭坚评价周濂溪人品的"洒落"一词，在朱子的老师李延平那里认为是体现了事理融释的境界。由此我们也可以推断出这一点：思想家的人品气象，说得极端一点，可以说体现了他思想的真正境界。即使在以内观的精神为宗旨、以深切体认为要点的宋明理学中，如果忽略这一点，其理解也会变得浅薄，缺乏滋味。

二、格物论及其背景

以"格物"作为学问的门户而加以重视，是从宋代开始的。格物是《大学》的八条目之一。虽然《大学》和《中庸》一样只不过是《礼记》中的一篇，但它被从《礼记》中取出来作为一本书进行注解，比《中庸》要晚得多。宋司马光作《大学广义》并将《大学》从《礼记》中取出来进行了表彰，此后，程子将其作为初学入门书与《论语》《孟子》《中庸》相配，总称之为《四书》，朱子尊崇并将其分为《经》一章、《传》十章进行注解，从此风行于世。朱子在《四书》中最重视《大学》，说道：

> 我平生精力尽在此书……某于《大学》用工甚多，温公作《通鉴》，言："臣平生精力尽在此书。"某于《大学》亦然，《论》《孟》《中庸》却不费力。(《朱子语类》卷一一四)

在《大学》中，最重视"格物"二字，这是程子以来的事。

朱子按照程子的说法，以格物为穷格（至）物之理，与《易》的"穷理"(《说卦传》)并称为"格物穷理"。而穷理不如在事物上穷格，否则，即使穷理，理也会变成虚的，无法变成实的。在朱子看来，佛氏的穷理是寻求理的影子而不知理的实体，因此事物上的穷理是必要的。朱子之所以不单举穷理而与格物并举，原因就在这里。朱子认为，佛氏主张理事无碍，认为理内在于事物中，但却把万事会归于一理，不理解万理错综之处，结果其理是空体，因此失去经世致用之道。(《朱子语类》卷一二六)从宋儒的立场来看，佛家说理一而不知道分殊，因此宋儒提出理一分殊，主张在分殊上用力也是理所当然的。

朱子针对将万物会归于自身心性而专以心法为事而万事尽了的佛氏，指出：

> 《大学》始教，必使学者即凡天下之物，莫不因其已知之理而益穷之，以求至乎其极。至于用力之久，而一旦豁然贯通焉，则众物之表里精粗无不到，而吾心之全体大用无不明矣。此谓物格，此谓知之至也。(《大学章句补传》)

提出了所谓"全体大用论"。宋儒不求格一物即通众理，大至天地之高厚，小至一草一木之理，对每一事物都穷尽其理，积累之后豁然开朗，达于理一，穷尽众理。所以程子也说：

> 若只格一物便通众理，虽颜子亦不敢如此道。须是今日格一件，明日又格一件，积习既多，然后脱然自有贯通处。(《二程全书》卷一九)

这也是宋儒所说的"下学上达"之论。而宋儒格物论的根本，则在上面提到的程子之说中被明确指出。

程子认为理是事物的所以然，朱子则认为理有所当然之则与所以然之故，由所当然之则至所以然之故而理尽。朱子又遵循周子，以万物生成的根原为太极，从它具有无限性、绝对性出发，以之为无极。太极是造化之理，但它内在于各个事物，这叫各具之太极。与此相对，作为万物生成之根原的太极被称为统体之太极。两者当然是同一个理。但是，根原于太极的万物的生成，并不是机械的、必然的，其中存在着宇宙的目的，即生物之意，称之为天地之心。他们把通过格物穷理，尽物之性，达于造化之理、天地之心作为学问的终极。

宋儒也认为众理会归心性，这一点与佛氏相同，只是不像佛氏那样以为明心见性就万事了结。这是因为如前所述，宋儒认为理是实理，穷理必须建立在事物之上，而以格物为要，有无格物是儒、佛的区别。宋儒也如朱子所说，认为心是虚灵不昧、具众理以应万事的灵活作用的东西，但如果穷尽心之理的话，则会像佛家的观心说那样陷入二心纠结的矛盾中；如上述全体大用论那样，认为对事物一一穷尽其理，使其心性得以穷尽，并主张像邵康节所谓"反观说"那样，不以心观物，而以物观物的客观格物论。这就是宋儒唯理的格物论。但到了明代，阳明提倡唯心的格物论，众所周知，其渊源在于宋代陆子的心即理说。阳明认为作为先天道德感知的良知即是天理，致之于事事物物，至事事物物始得理，这就是所谓的格物。所以这个格物论是主观的。总之，宋儒的格物论是唯理的、客观的，明儒的格物论是唯心的、主观的。因此前者是理智的，后者是感性的。

格物思想不仅存在于宋明儒学之中，只要仔细理解其根本精神，就会发现它也构成了当时文艺思想的基础。特别是在绘画方面，这一点尤为明显，我们可以通过下面所述清代张庚的绘画论来推测。

> 画虽艺事，亦有下学上达之工夫。下学者，山石水木有当然之法。始则求其山石水木之当然，不敢率意妄作，不敢师心立异，循循乎古人规矩之中，不失毫芒，久之而得其当然之故矣，又久之而得其所以然之故矣。得其所以然而化可几焉。至于能化，则虽犹是山石水木，而识者视之，必曰艺也，进乎道矣。此上达也。(《画论丛刊》上卷，《浦山论画·论功夫》)

宋代以写实派的画为主流，如果列举这一画派中具有代表性的两种观点，那就是与程子同时代的院体派画家北宋郭熙在《林泉高致集》中所阐述的画论。

郭熙说，画花，必须把一株花放在深坑里，从上面俯瞰，看到花的四面。画竹，必须取一枝竹子，月夜在白壁上映出它的影子，以求得它的真容。画山水时，山水因时间地点而形态变化无穷，所以必须实地观察它，以熟悉其性、势、质及意态。而且，由于远望近看的缘故，情态也会随之兴起，所以必须实地穷究它。另外，以缺乏画意的培养而陷入形式、观察不够纯熟、实地观察和古今学习比较少，取材选择不够精粹这些为病，告诫画家。(《林泉高致集·山水训》)

郭熙等人的格物是如何客观的、经验的、合理的、理智的、完备的，由此可知。郭熙要求画学与书学一样，广泛地学习古今之法，广识博考，自成一家。他们的思想与穷一草一木之理，积累事物上的穷理而求豁然贯通，或者切论读书穷理之要的程朱等人的格物思想是一脉相通的。总之，如此尽物之性而得造化之理、天地之心，至此，一石一水皆造化之理、天地之心无不显现。又以一石一水观造化之理、知天地之心，可以说是穷其理尽其性。郭熙等人对自然的观察是多么透彻呢？正如郭熙所说：

石者，天地之骨也，骨贵坚深而不浅露；水者，天地之血也，血贵周流而不凝滞。(同上)

就可以知道这个了。

宋代写实派的山水画，不只是客观细致地描写自然山水的形象，而是经常借助精致的形象，描写穷其理尽其性而达到的造化之理、天地之心。因此，所谓写实是指画家将自然的山水之理、山水之性在理性上穷尽描绘的主体作用，也就是画所谓"胸中丘壑"。在这种情况下，如果将自然物作为画家理想形象成立的触发物，蔑视其形状，一味地描绘自己的"胸中丘壑"，那就成了写意。如果穷山水之理、山水之性而达于造化之理、天地之心，自然就会在心中培育出符合其理、表现其心的山水，这就是"胸中丘壑"。

结果，宋代画家的立场是，像苏轼那样认为以形似与否来论画是与儿童同样见识是极端的议论，即使是精致的写实画，如果没有理趣的话，也是不足以成为有价值的东西。例如徽宗皇帝的《桃鸠图》《水仙鹑图》、据传为李安忠作品的《鹑图》，描写准确，其克明精致的笔致足以写实精巧著称，但值得一提的是，它们充满着温雅或悠远的理趣，神韵恰到好处，因为看到这些画就会感觉到生命的真谛。不管是山水画还是花鸟画，从这些写实派的绘画中可以看出，宋代人通过格物追求的是一个有着严肃、遒劲、深渊、悠远、苍古气象的世界。

不用说，宋代画家所追求的理想形象，即使以写实为要点，也未必与自然一致。因此，要描绘"胸中丘壑"，需要与之相适应的技法。例如到唐代为止，作为物象描写的背景，几乎毫无意义地保留下来的留白空间，到了宋代，通过适合表现理趣和精神的技法，就好像无产生了有一样，成为有意义的东西，作为重要的画题进入了画家的意识。除此之外，《林泉高致集》(山水训)中所述的"三远论""三大论"，山水的"高远论"，徽宗皇帝的"折枝"画法，南宋的马远、夏圭的"边角""残山残水"等，都是最适合理趣和精神描写的。当时画家在如何表达理趣上下了很大功夫，有时会做出一些违背物理的描写。相传为马远之作的《寒江独钓图》中水流与钓线的关系就是最适当的例子。如果拘泥于物理，画就会失去协调，神韵消失。如果过于重视这种技法，最重要的理趣理解就会变得浅薄，恐怕会产生形式化和固定化的弊端。马、夏的山水画在理智上充分运用了这种技巧，但似乎也隐含着上述流弊。恰如门人陈北溪用清晰的逻辑很好地整理了朱子广阔精微的哲学，将朱子学训诂化，并将其引导为形式的、固定的东西。

郭熙的画论，继承了唐末画家荆浩的《笔法记》中记载的画论。这本书似乎不是荆浩的亲笔，而是北宋初期的著作，其中揭示了重要的荆浩画论。荆浩认为画有气、韵、思、景、笔、墨"六要"，并且说：

> 画者，画也。度物象而取其真。物之华取其华，物之实取其实，不可执华为实。

"六要"发展了南朝齐谢赫的"六法"，但比较两者时，注意到荆浩发现理的世界，即精神层面比谢赫更为精致，加上六法所没有的"思"这一心法，一般来说，精神方面比谢赫的场合更受重视。另外，在"华实论"中，荆浩阐述了绘画中严肃的格物穷理思想，需要注意的是，这里明示了宋代的写实主义精神。此外，在荆浩的画论中需要注意的是，以张璪的水墨画作为例示，排除彩色画，明言水墨画的绝妙之处，确立了水墨画的地位，奠定了山水画论的基础，摆脱了人物画中心的传统，为山水画吐出了巨大的气焰。这主要是因为在人物画中叙述的气韵，即精神性广泛地考虑到自然界的物象，使之普遍化的缘故。因此，可以说荆浩很好地认识到了绘画中内观精神的重要性，并且意识到这是来自广阔深渊的宇宙大精神。现在，在看到据传为荆浩之作的山水画，以及继承其体系的五代画家所作的山水画，思考据传为荆浩之著的上述《笔法记》的画论时，可知宋儒理智、客观、唯理的格物思想，在精神史上的唐末五代之间已经基本建立起来了。

荆浩理智、写实的山水画风由五代的关仝、李成继承，又传于北宋的范宽、许道宁、郭熙，南宋的李唐、马远、夏圭继承其后。在这个系统中也有稍微带有写意倾向的画家。五代的董源、巨然、赵幹等人就是这样。宋朝的米芾、米友仁父子也可以说是属于这一派的画家。

宋代画坛的主流是以院体派为中心的理智、客观的写实派，另一方面，所谓文人画和禅理画开始兴起，出现了抒情、主观的写意派。写实派与写意派的关系，可以比作主张唯理、客观哲学思想的朱子与主张唯心、主观哲学思想的陆子之间的关系。无论是文人画还是禅理画，都不是出自专业画家之手，而是出自士大夫或禅僧之手，他们比起技巧更重视精神，排斥写实派的画法，以直率地表现自己的情意和理趣为要。文人画是因与程子等同时代的非专业画家苏轼等文人兴起的，自元至明大为流行，在明代成为画坛的主流。文人画以直率表达自己的情意和理趣为宗旨，虽然形式不同，但当时的诗也以此为要旨，由此产生了诗画一致论，见证了题画文学的兴起。郭熙虽然是写实派的画家，但他把古人的句子"诗是无形画，画是有形诗"作为自己的老师，劝人品读古人的诗，以培养画意。(《林泉高致集·画意》)徽宗以最严密的写生为宗旨，但也提出古诗的句子，让人以其意为题作画。(《画继》)即使是写实派画家也有追求诗趣的倾向，所以文人主张"画为无声诗，诗乃有声画"(王冕《梅谱》)，主张诗画一致也是理所当然的。这句话随着文人画的流行而流行。

文人画的特色如上所述在于写意。当时，苏轼作为墨竹画家而成名，他的画就像黄庭坚吟诵的"东坡老人翰林公，醉时吐出胸中墨"(《山谷内集》卷十五，《题子瞻画竹石》)那样，采用了将心中的竹石直率地描绘出来的写意手法。但苏轼认为，首先要胸中得成竹，然后将其表露出来进行绘画，只是把竹子的枝叶细致地描绘出来的就不是竹子。也就是说，悟竹理而胸有成竹，即得到竹的理想像，这才是作画的第一义。(《东坡前集》卷三三，《文与可画筼筜谷偃竹记》)写实派也一样以胸有成竹为宗旨，但根据穷理是主观的还是客观的，也就产生了写意和写实的差异。苏轼的画竹被评价为"妙而不真"(释惠洪《冷斋夜话》卷十，《画竹评》)，这充分说明了比起形似其更重精神的写意主义特色。简而言之，如果说写实主义的穷理是渐修的，那么写意主义的穷理则是顿悟的。

如前所述，宋代提倡诗画一致，这是因为诗画都以理趣为要。然而，宋代禅宗盛行，士大夫普遍把禅作为修养来学习。由此出现严羽这样提倡诗禅一致的人也是理所当然的。因此，宋代出现了以禅林为中心的画家，也可以称其为想要画那种境界的禅理派。他们想用非常简洁的笔法表现禅机和禅意的理趣，所以主观、写意的倾向很强。

文人画在元代得到继承，但与此同时，崇尚画家意识的直率表现、轻视外形的风气越来越强烈。元代的汤垕说：

> 画梅，谓之写梅；画竹，谓之写竹；画兰，谓之写兰。何哉？盖花之至清，画者当以意写之，不在形似耳。（《画论丛刊》上卷，《画论》）

以写意为宗旨，排除写形，以形似主义为"俗子之见"（同上）。堪称元代文人画的代表人物、四大家之一的倪瓒说：

> 余之竹聊以写胸中逸气耳。岂复较其似与非，叶之繁与疏，枝之斜与直哉！或涂抹久之，他人视以为麻、为芦，仆亦不能强辩为竹。（《清閟阁全集》卷九，《跋画竹》）

这里所说的逸气是指超脱的气象，他的画以描绘胸中的逸气作为绘画的终结，充满了潇洒高逸的气象，笔法构图都很淡简，具有脱离写实的倾向。元代四大家为明代文人画家所效法，其中倪瓒是最具文人画特色的画家。明代吴派继承并发展了他们的画风，堪称其领袖的沈周被誉为明代文人画的鼻祖。他画薄墨淡色的画，进一步发展了元代文人画淡逸的格调，成为中国文人画的典范。据《冷斋夜话》(卷十,《评画竹》)中记载，沈周长于山水画，画竹认为是短处，他自嘲说，老夫画竹丑陋，小儿旁观，岂不称之为杨柳。因此，他的画有时不把形似放在眼里，笔法比元代四大家更加省略，形象的描写看似拙劣实则具有无限情趣。总之，这就是林良所谓"写意不事巧"(中村不折《西洋画及中国画》引)。当时顾凝远也说，若不求巧而自出新意，则称拙而又巧，称巧而又拙。(《画论丛刊》上卷,《画引》)因此，他们强调感兴的重要性，认为画作必须乘兴而作，兴不起来则不能运臂。(沈周《论画山水》。顾凝远《画引》)

以倪瓒、沈周等人的文人画为范本，将唐以来的画系分为南北两宗，大体上，以写实派为北宗派，以写意派为南宗派，并提倡褒南贬北论，将南宗派作为正统派，确立南画权威的是董其昌。董其昌被称为艺林百世之师，他认为尊重人的自然性情，并将其直率地表现出来才是艺术。因此，以苏轼的"诗不求工字不奇，天真烂漫是吾师"(《画禅室随笔》卷四)之语为丹髓。因此，他的画比起技巧，更看重性情的自然。这很好地体现了明末文艺界的特色。王世贞在《艺苑卮言》中说，现在的人很重视写直意以气韵为宗的倪瓒和高彦敬等人的画风，宋体(院体画)因此而改变了。性灵派诗人袁宏道认为情趣从自然中获得的深，从学问中获得的浅，比起技巧和知识，率真心灵的自然流露更为重要。(《袁中郎全集》卷十，《叙陈正甫会心集》)据说弟弟中道也谈性灵，不拘泥于格套，如果不从自己的胸臆中流出，就不敢下笔。(同上，卷十，《叙小修诗》)不仅是这些公安派诗人，竟陵派的钟惺也认为，诗法是从笔中自然产生的，诗趣并非能作的东西，诗词产生于情感的迫近，诗才产生于念虑(谭元春《诗归序》)，"不泥古学，不蹈前良。自然之性，一往奔诣"(《钟伯敬小品》卷一，《先师雷何思太史集序》)，阐述灵心之要而排除古人的模仿。明末书画家张瑞图在我国(日本)颇有影响，据说他作诗也是"情动而作，情达而止"。明末除他之外，还有王铎、倪元璐、傅山等书法家，书法奔放自如，随心所欲地挥笔疾书，喜欢使用连绵草这种书体。(见《书道全集》，《中国·明清篇》)

崇尚性情自然的明末艺术家，不受传统格法的束缚，自由奔放地发挥个性，以自己心的主体活动为绝对，重创意求新奇。所以袁宏道在文章论上，没有固定的格式，只是要发挥他人所不能发挥的东西，句法、字法、调法都要从自己的心中流出来，他说这才是真正的新奇。(《袁中郎全集》卷二三，《答李元善》)还有当时的著名诗人，擅长绘画，能画破天荒打破常规的花卉画的徐渭认为，笔是死物，手的支节也是死物，运者全在于气，气之精而熟者为神。所以如果气不精则会杂乱，一杂乱就松弛，不杂乱不松弛时精，常精而熟则为神。他说，用精神运死物，死物才会活起来。(杉村勇造《徐文长、石涛、赵之谦》引《玄抄类稿序》)

思想界也和前面一样，讴歌人的性情自然，强调个人自我。就禅而言，需要清扫烦恼后进入悟境的如来禅衰微，遵从人心现在的状态、顺应时机进入悟境的祖师禅流行，经典也特别重视尊重人的立场的《楞严经》。

儒学中也流行阳明的良知现成论，占支配地位的是将自我性情的自然和个人自我视为绝对的风潮。明末文人中，有不少以才气自高，不循前人故辙而另立己见以求胜之，故意求新奇而陷于奇僻，反而伤自然之气象、大雅之调。因此，太宰春台慨叹明季文章的衰落《春台文集》卷一五，《对客论文》，尾藤二洲批评说，他们失去了本来应该是风雅的自然本色。《正学指掌》绘画方面也受到了"明末画中有习气"的批评。《画论丛刊》上卷，《溪山卧游录》卷一

以上，概略叙述了从宋到明末文人画的特色。文人画的特色在于，不在笔墨上求画之理，而认为其在于绘画的画家的心中。但在北宋的文人画中，从喜欢画枯木这一点就可以看出，在心中追求画理时既严格又深刻，而从宋末到元以后，则倾向于根据性情的自然来追求。但在元代，这也与风格奔放、个性强烈、带有习气和奇僻的明末风潮略有不同，有一种洒脱的气象。总之，到了元代以后，绘画与保持理趣的宋代不同，变得抒情直率；而到了明末，唯心和主观性更加强烈，产生了反传统的革新风潮。这种风气，使人想起与同样是摆脱传统、发挥强烈个性的狂颠书法家怀素、张旭，以及创造泼墨山水画、画打破常规画的逸品画家张璪、韦偃、王墨、张志和、李灵省等人出

现的唐末风气。这些逸品画家以极端的写意为宗旨。例如，张璪的画法是用秃笔画的手抚摸着丝布画的，他双手拿着笔同时画，一只手画的变成枯枝，另一只手画的变成了生枝。有人问这种狂逸画风的老师时，他回答说："外师造化，中得心源。"

这句话可以说是叙述了画必须是主客统合、形心一体的东西，其中外以师造化为宗旨就成为写实的绘画，内以得心源为宗旨就成为写意的绘画。宋元明的绘画中的两种格物思想，追溯其源头，可以认为是由此产生的。只是，张璪是一位内得心源并以此作画的画家。五代时期虽然没有出现像张璪那样的狂噪画家，但需要注意的是，出现了描写禅理的写意画家石恪。不管怎么说，根据荆浩的画论，我们可以知道，唐末五代确立了写实的画法。相传五代（后）唐郭崇韬夫人李氏曾画月夜竹影，以描写竹之生意，由此可见，在绘画方面，宋代客观格物穷理的思想已经在这时确立了。

三、简素的精神

在冈田让先生题为《宋代无文漆器》的论文中有这么一段话：

值得注意的是，被视为宋代遗物的器物仅限于黑漆或朱漆的无文器物，这也可以看作是宋代漆器的一种倾向。这与定窑白瓷、景德镇青白瓷中无文瓷的流行，以及四川省德阳县出土银器中含有大量无文器物的事实所说明的宋朝金属工艺的倾向可以说是一脉相承的。这也体现了宋代工艺的特色，即从唐代工艺的多彩装饰之美转变为清新简洁之美。(《博物馆》第一七四期)

这段话明快地说明了宋代工艺的特色。

如上述文中所示，宋瓷中无文的东西很多，即使有花纹，也是应该称之为线刻、片切雕等非装饰性的"无文之文"，与唐朝华丽的装饰性花纹相比，它也可以称为无文。这是否定繁琐的外在装饰，以显示内在精神的简朴装饰为装饰，以无文作为其终极。这一时代制造出冠绝世界的白瓷、青白瓷的事实，更能说明这一点。这当然也是宋代人崇尚清新、纯粹、清冽等简素精神的缘故。

白色似乎自古以来就受到尊崇，《周易》"贲卦上九"中也有"白贲"一词。白贲就是白色的贲，可以说是无色的装饰。王弼注解白贲，说："处饰之终，饰终反素，故任其质素，不劳文饰。"伊藤东涯说："贲极反本，以素为饰。"(《周易通解》)《论语·八佾》《周礼·考工记》中有记载，画的完成使用的是白色颜料，这里也有以白色是颜色的极致的想法。像这样把白色作为文饰的极致，也就是说把没有文饰的文饰作为其终极的想法是传统的。白色之所以可贵，从上面王弼和东涯的话中也可以看出，因为白色是简素的颜色。但在古代，人们并没有意识到这种简素就是艺术的极致。意识到这一点是在宋代以后。这是因为简素被认为是使物象成为精神的东西，表现越单纯，其内在精神的紧张、高涨和深化就越明显。宋代人重视物象深处的精神。宋瓷除白瓷外，多为青瓷、漆黑瓷等一色，这体现了以简素为宗旨的宋代精神。这种精神不仅体现在色彩图案上，也体现在器形和做工上。这只要看到宋瓷端正威严的形体、锐利遒劲的腰线和棱，就自然会明白这一点。

崇尚简素的精神孕育了水墨画。宋代人成就了水墨画，这是理所当然的。一提到水墨画就会联想到宋代，所以要想了解宋代精神，理解水墨画是一条捷径。水墨画为什么能体现简素的精神呢？正如唐末荆浩所说，水墨画兴起于唐（《笔法记》）。据张彦远《历代名画记》（卷九）记载，七世纪末，则天武后时期，有一位叫殷仲容的肖像画家，用墨作画，画中似乎兼有五采。据此可知，当时人们已经意识到墨笔中有五色。八世纪后期，出现了张璪、张志和、王墨、李灵省这样的狂噪画家，即前卫画家，描绘了泼墨山水。他们认为所谓气韵生动不是自然的对象，而是专门在自己的心中寻求，所以排除形态相似，画出了狂噪画。这说明水墨画完全是精神主义的画，水墨最适合表现精神性。水墨画，正如人们所说的"水晕墨章"，是以线条和明暗（浓淡）为本的绘画。线是面的凝缩，墨是色彩的终局。因此，以除去外华而内实、除去繁琐而简素为宗旨的就是水墨。它怎样适合表示精神的内涵，上述的狂噪画家的画作很好地说明了这点。只是他们之所以成为狂噪画家，是因为他们极度崇尚写意，摒弃传统的形似主义，在自己内心寻求事物的精神并直接摹写之。如果想以形似的方式表现这种精神,就成了写实主义。当然,这与以往的形似主义不同,是精神主义的东西。

水墨画后来越来越盛行。李宗谔为五代(后)蜀黄筌的画竹作序说:

> 以墨染竹,独得意于寂寞间,顾彩绘皆外物,鄙而不施。(《圣朝名画评》)

相传五代(后)唐郭崇韬夫人李氏,曾摹画月夜竹影,次日视之生意十足,所以世人仿效之。到了五代,水墨画就这样受到重视。唐代张彦远不承认泼墨山水画,不以泼墨山水画为画,但到了朱景元,则大致按照传统将逸品置于神、妙、能三品之后,并列上了上述狂噪画家的名字,由此可见水墨画在唐末终于被世人认可了。而到了宋初的黄休复,则将逸品置于神、能、妙三品之上,使之成为绘画的最高境界。被认为是宋初作品的《画学秘诀》中有云:"夫画道之中,水墨最为上。"综上所述,我们可以知道水墨画在自五代以后走向兴盛,至宋初而大成。

宋代人把水墨画作为画道的第一要义,是因为比起外观的世界更注重其深处的内观世界,即比起现象界更注重本体界的表现。色彩画并不是完全无视内观世界、本体世界的表现,但在其性质上,以本于平浅的印象、直感的表面上华丽的物象的描写为主,其深处的实在、精神等东西的描写不如水墨画。色彩画以外向的感觉印象为本,而水墨画则以内向的理性认识为本。因此，水墨画不仅仅是描绘物象的形态，更是描绘它的精神意向。这不是重视物象的姿态和形态的态度，而是重视使其存在的精神和生命的态度。这也可以说是一种不是画物象的外在而是画其内在的本质，不是画外观而是画理致的态度。但是不能简单地认为水墨画是否定色彩的。为什么这么说呢？因为像上面所说的墨被认为兼有五采。因此墨色可以说是将色彩简素化了的东西。在这里使用墨笔来简化色彩，无非是想深刻地表现色彩深处的东西。因此，这不是轻视色彩，而是善于把握色彩的意向，进而提高加深色彩。对色彩的繁缛进行统合、集约、简易，以丰富有力地表现其深处的本质。明代的王阳明说：

> 凡工夫只是要简易真切，愈真切愈简易，愈简易愈真切。（《王文成公全书》卷六，《寄安福诸同志》）

此外，宋代的罗豫章在山中静坐久了，才得以充分理解《春秋》（《延平答问》）。据此，我们就可以知道简易的方法是如何切至、丰富心灵的。

水墨是色彩简素化的产物。因此，越简素，色彩深处的精神就越能切实丰富地表现出来。水墨画被称为"心画"的理由就在这里。书法虽然也以精神的表现为宗旨，但与水墨画相比，所表现的精神内容却极为狭隘。

简素化就是技术上的单纯化。但虽说是简素化，如果里面没有复杂深远的精神性，那也是没有价值的。宋代人为了表现复杂深远的精神，以简素为宗旨，由此可见水墨画的成立。但是，水墨画的简素不仅体现在色彩上，还体现在用笔、墨调、构图等方面。因此，水墨画的精神性得到了淋漓尽致的发挥。金原省吾先生通过与原始素画的比较来说明水墨画的精神性，如下所述，确实值得倾听。

> 如果将宋水墨画与原始素画相比较，就会发现其震撼力和支撑力一致，而精神内涵却有显著差异。也就是说，在本质上的震撼力、支撑力以及震撼力的丰富程度上有明显的差异。正因为重视其内在意义的丰富，才要求与诗接近。自六朝以来，包容地使之丰熟的形似及其手法，到宋代取这个作为要求，作为事情加以舍弃。从画面上除去，作为意向保留了下来。而且，如果根据那个时代的特质，即内省的性质来深化和提高，画面就会变得显著地简素，与此相反，要求就会变得显著地复杂。宋代文化上的批判方法是，在绘画上纠正事情的纯驳，摒弃杂，即附加的东西，即去华附实。通过舍弃其形似，执着于绘画的形像，依靠内心的震撼力和支撑力，代替了去除色彩形体所带来的缺陷。

（《东洋画概论》）

如果用一句话来概括上述的主旨，可以说是"迹简意淡，笔少意长"。五代（后）唐画家李成被称为"惜墨如金"，这大概是因为他充分理解了这种简素的精神吧。

如上所述，以简素为宗旨是宋代画的特色，但它并不局限于色彩。即使是色彩画，例如徽宗《桃鸠图》那样，描绘的对象虽然简素，其精神却充满了诗情。虽说简素，但精神内容并不一律，有理智的，也有抒情的；有充满力量感的，也有温雅的；有生意勃勃的，也有苍茫淡远的；有峻严雄伟的气象，也有飘逸闲散的气象；既有豪放活泼的气象，又有秀眉清雅的气象；既有深远遒劲的气象，也有平远洒脱的气象，不一而足。概括来看，宋代的以理趣为主，明代的以情趣为主。

宋瓷中之所以有很多无文的东西，不是因为否定了文，而是因为超越了感性的文，将其作为精神上的东西。因此，如上所述，这也可以称为"无文之文"。绘画也是如此。也就是说，宋代画家将留白空间视为有意义的东西，并将其纳入绘画的主题之中。画面越简略，留白空间就越大。水墨画的特色是描绘的物象相对较少，相反留白空间较多。在这种情况下，留白空间与物象有机地联系在一起，成为有意义的东西，而且起到了将物象塑造成超越形似的精神层面的作用。这与宋代白瓷的白并非单纯的白色，而是具有精神意义是一样的。这种现象在唐代以前是没有的。这是宋代人以简素为宗旨努力的结晶。如果把简素分成简和素来考虑的话，可以说形象的描写是简，留白的空间是素，两者浑然一体，由此产生了精神艺术和象征艺术。宋代绘画中的留白空间对这种艺术的形成起了怎样巨大的作用呢？如果看了上述《桃鸠图》以及传说为夏圭作品的《山水图》，传说为马远作品的《风雨山水图》《寒江独钓图》,传说为牧溪作品的《潇湘八景图》,玉涧的《庐山图》等就会明白了。另外,说到留白空间的赋予意义和精神化,也有自然空间的维度问题,并不单纯,那是从北宋末开始就受到重视,为此开始讲究"折枝""残山剩水""边角""一角"等描写上的技巧。在宋代,正如无中生有一样,留白空间具有精神上的意义,与宋学从现象界的观察进一步发展形成形而上的世界观,并不是完全没有关系,两者之间存在着有机的关系。

崇尚简素的精神在诗文方面也没有改变。众所周知,宋人在文章方面继承了唐代韩柳的复古文,并加以发展。韩愈说非三代、西汉之书不敢看,柳宗元说殷周之前文章简而理,魏晋以后荡而靡,提倡古文复古。继承其后的欧阳修崇尚文章的简质。据《朱子语类》(卷一三九)记载,欧阳修在写《醉翁亭记》一文时,最初用数十字来记滁州四面的小山,后来改订为"环滁皆山也"五个字。他过于重视古文的简质,推崇《周礼·考工记》等枯燥无味的记录文。苏轼也喜欢《论语》《礼记》中的文字简淡。就连不以议论为非的哲学家、南宋的朱子,虽然称赞当时的经解中,推测甚广,议论甚多,但也认为这不是古人的意思。后来他所著的《周易本义》《诗集传》的言辞极其简练。(《鹤林玉露》卷一)因此,宋代推称陶渊明是理所当然的。因为渊明的诗"外枯中膏,似淡实美"(《萤雪轩丛书》,《东坡诗话》)、"质而实绮,癯而实腴"(《东坡诗集》卷三),词简质瘦而意味深长。黄彻举出渊明的诗句"衰荣无定在",说"有诗人以来无此句,词简而意足"(《萤雪轩丛书》,

《碧溪诗话》,严羽将谢康乐的"池塘生春草"和渊明的"采菊东篱下,悠然见南山"作为佳句,说:

> 谢所以不及陶者,康乐之诗精工,渊明之诗质而自然耳。(《沧浪诗话》)

并称赞其诗具有天成的品质。渊明在唐以前并不受重视,但到了宋代,特别受到推崇,有句话叫"渊明文名,至宋而极",当时的士大夫都喜欢学习他的作诗。

清代画家恽寿平说:

> 妙在平淡而奇不能过也。妙在浅近而远不能过也。妙在一水一石而千崖万壑不能过也。妙在一笔而众家服习不能过也。(《瓯香馆画跋》)

但在绘画上以简素为贵,以淡泊为宗旨是宋代以来的事。

如果简素的话,自然就不得不变得平淡枯淡。因此,宋代文人讲平淡枯淡之要,惧怕因为刻意寻求新奇奇险的词语,留下斧凿的痕迹而伤害天成的含蓄。但是他们所说的平淡枯淡,里面藏着无限的深意、自然的命意,才被认为是真正的东西。

苏轼曾说过"发纤秾于简古,寄至味于澹泊"(《东坡后集》卷九,《书黄子思诗集后》),这大概是充分表现简素平淡的真意的东西吧。所以即使使用"平淡""枯淡"之语,如果其中没有深意,也会丧失诗意。获得"平淡"真意的诗人没有比渊明更优秀的了。宋人周紫芝慨叹当时士大夫学习陶渊明作诗，有喜欢使用陶渊明"平淡"之字的风气，但只是学其语而不得其妙。(《萤雪轩丛书》,《竹坡老人诗话》)所以姜夔以此为戒，说"断不容作邯郸步"(同上,《白石道人诗说》)。如果在作诗中以工为精，玩弄新奇发挥创意的话，自己就会失去"平淡"的宗旨，反而会犯下使"浑沌"死亡的过失，因此苏轼以"好奇务新乃诗之病"(同上,《东坡诗话》)为戒。苏轼自不必说，黄山谷也创作和陶诗，笃学陶诗，但黄山谷的诗之所以被魏泰指责缺乏浑厚之气，是因为他专门讲述古人未曾说过的事，并点缀一两个奇字作诗以求新奇。(同上,《临汉隐居诗话》)

朱子也强调作诗中的平淡之要，反驳了有人说的"平淡二字，误尽天下诗人"的观点。(《朱子文集》卷六四,《答巩仲至》)朱子的《斋居感兴诗序》中也有"思致平凡"一语。朱子不仅在作诗中，在经解中也要求体会圣人的平淡，他说：

> 圣贤之言平铺放着，自有无穷之味。于此从容潜玩，默识而心通焉，则学之根本于是乎立，而其用可得而推矣。患在立说贵于新奇，推类欲其广博，是以反失圣言平淡之真味，而徒为学者口耳之末习。(同上,卷二五,《答张敬夫》)

以简素平淡为宗旨的诗文风气，到了元末变得稀薄，到了明中叶以后，公安派、竟陵派兴起，发生了很大变化，以率意达意为宗旨，喜欢新奇，以至于败坏了雅致。

四、古拙

宋代以后，思想界和文艺界开始谈论"拙"。拙是与巧相对的词语，从是古人之道这一点来说，称之为拙古、古拙；从以质朴为本这一点来说，称之为朴拙；从稚拙这一点来说，称之为生拙。拙是与技巧主义相对的遵从精神主义的态度。拙的思想源于老、庄、列子。《老子》（四十五章）有"大巧若拙"，《庄子》（胠箧）解释了《老子》的这个意思，《列子》（说符）中也有"圣人恃道化而不恃智巧""大道以多岐亡羊，学者以多方丧生"。这些道家所说的拙，主要是以超越主义为根本的贵生养生为目的。然而宋儒将其升华发扬为理想主义。例如，南宋初期的儒者张南轩，在《拙斋记》（《南轩文集》卷一二）中，慨叹当时的士人以"不拙"为病，夸示文采，追求名声，讲究智术，竞争机巧，风俗淡薄，并讲述了以鲁（钝）传孔子之道的曾子那样的反省之要，由此可以推测出儒者所说的"拙"是怎样的。被称为宋学鼻祖周濂溪的"拙"的思想明确地表明，儒者所说的"拙"，基本上与道家不同。他以巧为耻，以拙为宗旨，作《拙赋》（《周子全书》卷四）说：

> 巧者言，拙者默；巧者劳，拙者逸；巧者贼，拙者德；巧者凶，拙者吉。呜呼！天下拙，刑政彻，上安下顺，风清弊绝。

这种拙的思想，摒弃了以功利为主的现实主义的智巧，专门遵循纯守道德的精神主义，其特色在于它能带来理想的经世、教化。因此，周子的立场也是以拙作为真正的巧，但巧的意义与道家不同，这一点显而易见。排除世俗巧智之私，维护道义之公的态度不能不是拙。所以朱子说董仲舒所谓"正其谊不谋其利，明其道不计其功"的道是"拙而已"。(《朱子文集》卷七八，《拙斋记》)因此，陶渊明所说的"守拙归园田"(《陶渊明集》,《归园田居》其一)，退居而守"固节"，也是拙之道吧。

追求深远理致的宋代人，将拙作为文艺上的重要理念来阐述其要诀，也是理所当然的。拙本来是技术性的概念，他们所说的拙，是指精神紧张而将其以超技巧的技巧表现出来的东西。因此，这是超越技巧而获得的，可以说是精神主义的东西。在宋代文艺中，重视这种拙，大概是从元祐派的苏轼、黄山谷开始的。与绍述派的王安石等人以修辞婉妍为宗旨而陷入技巧主义不同，他们以气格达意为宗旨，想要学习古人的拙。苏轼的诗(《鹤林玉露》卷二引)中说：

穷家净扫地，
贫女巧梳头。
下士晚闻道，
聊以拙自修。

他嘲笑绘画囿于技巧，拘泥于格式。

黄山谷也贵拙速而不贵巧迟。(《冷斋诗话》卷三)受山谷诗风影

响的陈师道说:

> 宁拙毋巧,宁朴毋华,宁粗毋弱,宁僻毋俗,诗文皆然。(《后山诗话》)

如前所述,"拙"是统合巧拙的高阶概念,可以说是巧的极致。因此,人们理所当然地认为拙比巧更难。由此,山谷评论渊明的诗说:"巧于斧斤者,多疑其拙;窘于检括者,辄病其放。"(《苕溪渔隐丛话前集》卷三引)渊明的拙与放,对于不理解的人是不能说的。罗大经也说:

> 作诗必以巧进,以拙成。故作字惟拙笔最难,作诗惟拙句最难。至于拙则浑然天全,工巧不足言矣。(《鹤林玉露》卷一五)

他提出杜甫"用拙存吾道"之语,说明了拙之至难的原因。在绘画方面也讲到了拙,明代顾凝远在《画引》中论述了"生拙",阐明了"生"是熟,"拙"是巧的极致,生则无莽气而为文,拙则无作气而为雅。据说这是雅人的深致。明代沈周的绘画可谓得"生拙"。

如果在拙中强调精神层面,就会产生轻视技巧的风潮。如果没有斧凿不留痕迹的天工之才,而一味强调精神层面,恐怕会失去拙所具有的本来的雅致。明末文艺是否有此流弊?拙本来是源于对六朝以来技巧主义的反动和内省,但又认为古人之道拙，以复古主义为本。而且，这与不执着于事物的形象和技法的外在，而追求内在的本源本质的精神主义运动有着密切的关系。为了说明拙，把"古"字加在上面，就很好地说明了这一情况。"古"既意味着历史性，也意味着哲学性。随着"拙"的思想成熟，具有这两义的"古"渐渐稀薄，终于摆脱传统的束缚，任凭性情的自然，自由发挥个性受到尊重，至此"拙"也达到了成熟的境界。以绘画来说，对形似的轻视变得露骨，"拙"摆脱了"古"，发挥出了其本来的特色。看样子，明末的绘画正是与此相符合的。这当然与阳明学的流行不无关系。

五、藏的精神

宋代的文人艺术家认为，与其追求表现描写的完整，不如极力抑制。因为他们知道，作为他们理想的广阔深邃的精神世界，越是想在形式上将一切完全表现出来，就越会失去真意。他们排斥呈露的原因就在这里。如果一切都暴露了，那就失去了韵致，也就没有了余韵。据说北宋画家喜欢画枯木寒林，这是因为认为其中藏着春生、夏长、秋实之意，即内藏着树的全部生命。总之，认为枯木中蕴藏着无限的生意。"枯淡"的"枯"中一定隐含着这样的意思。宋人吴可说，春华丽，夏茂实，秋冬收敛，所以秋冬外瘦枯内肥膏，其中包含春夏的华丽、茂实，文章要从华丽到平淡。意藏于内，才有逼近真的东西。

朱子提出"智藏"，也是出于同样的主旨。关于朱子的"智藏"，元明清的学者虽然没有论述过，但我国（日本）的山崎暗斋对此进行了绍述，其门人三宅尚斋继承了这点，幕府末期的朱子学者楠本端山又继承了这个意思，他们都对收藏之意有着深刻的体会。朱子说，仁、义、礼三德发用流行于恻隐、羞恶、恭敬，在那里，有运用事为这些可以看见的东西，至于智则只有是非之别，虽然有知觉，但却没有运用事为这些可以看见的东西，完全伏藏在里面。仁、义、礼、智之四德，从理的生意来看，仁是生之生，礼是生之长，义是生之收，智是生之藏，智是"元气归宿处"，以四季而言为冬之象，以阴阳动静而言为阴静之极，以一日而言为夜半子时。所以说，万物收藏，万象隐影，不留痕迹，这就是智藏。所以说"智是伏藏渊深的道理"。智的蕴涵越大，智就越深。其他宋儒虽然不像朱子那样议论智藏，但他们之所以经常静坐涵养，总之，可以说是为了寻求深智的涵养。朱子所说的智藏，若能显露出来，便会成为阳明的良知。宋代以藏为要，明代以露为要。这也适用于这个时代的文艺工艺。

从"藏"中看出深意的宋代诗人忌呈露。清代沈德潜说，浑融之意怕"露"，蹈厉之意怕"藏"。惧怕露的东西越黑暗越有味道，而惧怕藏的东西却意尽而无余情。（《说诗晬语》卷下）这总的来说是谴责文字暴露吧。文字之所以露骨，无非是文字之胜意。宋代释惠洪举出："一千里色中秋月，十万军声半夜潮。"（《冷斋夜话》卷一）一句作为例子，一览之下，看似秀整，但仔细一看却没有神气。据说那是因为字是露的。

在绘画中也忌露，以藏为宗旨。黄山谷说："凡书画当观韵。"他曾见李伯时为他画李广夺胡儿马的故事，深悟"画格"。这幅画描绘的是李广挟着胡儿奔驰，一边拿起胡儿的弓箭，拉满弓箭，瞄准追赶他的骑者，如果放箭，人马都会中箭。对此，李伯时说，如果是世俗画家，就会画出骑者中箭的情景。(《豫章黄先生文集》卷二七,《题摹燕郭尚父图》)在这种情况下，如果描写的是箭射中骑者的情景，恐怕会神气尽失，韵味消失。嘉泰年间，画院待诏的陈居中的《平原射鹿图》的绘画，在这类作品中应该是最出色的。它描绘了蕃族骑马在草原上狩猎的情景。画面右端画的是骑在奔驰的马上用箭拉弓的骑者，左端画的是追赶的野鹿，左下画的是山丘的一端。这幅画描绘了鹿的眼睛盯着人马，箭瞄准鹿的头部、正准备发射的紧张情景。

上述的两幅画都描绘了箭即将射出的紧张时刻，借此让人想象箭矢命中的精绝。宋代思想家在喜怒哀乐未发之体上下功夫，这是因为他们知道有使得用成为全体的、绝体的秘诀。不用说，宋儒的这种心态与排除呈露而以藏意为宗旨的画家的心态是一致的。

徽宗皇帝在画院中，举出古人的诗句，让人以此为画题作画。在让人给"野水无人渡，孤舟尽日横"这句诗作画的时候，描绘舟人卧于船尾、孤笛横亘之画，因画出有舟人而无旅人的闲散景象而成为第一名，自第二名以下的多是将空舟系于岸壁上、或使鹭停在船舷间、或是使鸦停在篷背上的画。(《画继》卷一)在"乱山藏古寺"这句中，画面上画着荒山，只是伸出幡竿就暗示那座山上有古寺的画排在第一名，第二名以下画的是塔尖、鸱吻或者殿堂。(同上)与徽宗有关的这样的故事，除此之外还有两三个，总之，可以说这表明了必须掌握形象背后的根本精神及其表现必须依靠暗示和象征才能得到。徽宗的"折枝"画法，马远、夏圭的"一角""边角""残山剩水"的画法，是描绘一部分让人想像全景、暗示向画外扩展的手法，这也可以说是遵从藏的精神的东西。宋代画家即使描绘一事一物，也不只是描绘其形似，而是要表现其内藏的造化之理、天地之心，这不是一种简单的技巧。他们知道通过抑制描写来表现其深意。

第四章 经学中的新古典主义与自由主义

一、汉唐的经学

民国周予同将经学分为西汉今文学、东汉古文学、宋学三大学派，如下说明：

> 今文学以孔子为政治家，以六经为孔子致治之说，所以偏重于"微言大义"，其特色为功利的，而其流弊为狂妄。古文学以孔子为史学家，以六经为孔子整理古代史料之书，所以偏重于"名物训诂"，其特色为考证的，而其流弊为烦琐。宋学以孔子为哲学家，以六经为孔子载道之具，所以偏重于心性理气，其特色为玄想的，而其流弊为空疏。总之，三派固各有其缺点，亦各有其优点。我们如果说，因经今文学的产生而后中国的社会哲学、政治哲学以明，因经古文学的产生而后中国的文字学、考古学以立，因宋学的产生而后中国的形而上学、伦理学以成，决不是什么武断或附会的话。（《经学历史》注释本，序）

这是对经学流派及其特色简明扼要的阐述。

今古文兴起的西汉是文献学、训诂学的兴盛时代，但到了魏晋，从王弼在《易注》中舍象数而专重义理，并依据老庄之义的一事也可以推测出，由于玄学的流行使汉经学衰微了。南北朝两朝对立，经学也相应分为南北两学，到隋朝开其统一的端绪，到唐代才有所成就。太宗贞观年间，孔颖达等人奉敕命编纂了《五经正义》，接着在高宗永徽年间，贾公彦同样奉敕命将《周礼义疏》《仪礼义疏》与之合编成《七经正义》，由此形成了所谓注疏之学。

南北朝时代，北方人质朴笃信汉学，南方人有好美辞、谈名理的风气。虽说隋时代有了两者统一起来的端绪，但其后如皮锡瑞所说，人情已经嫌弃旧的而喜欢新的，学术也华胜于实，形成了"有南学无北学"的倾向。(《经学历史》卷七，《经学统一时代》)参与《五经正义》编纂的学者也多为南学系的学者，虽然也不是没有偏弊，但其在经学史上的功绩是不应该被忘记的。在唐代以此作为举业的定本，课以帖经、墨义，所以经义大体上自始至终是训诂学，因此没有经义的发扬，终于使韩愈不得不慨叹道：

尧以是传之舜，舜以是传之禹，禹以是传之汤，汤以是传之文、武、周公，文、武、周公传之孔子，孔子传之孟轲，轲之死不得其传焉。(《韩昌黎全集》卷一一，杂著，《原道》)

唐代承袭南朝之流风，有喜华丽而好外饰的风气，自玄宗朝之时起，去华就实，崇尚发扬个性的风气逐渐兴起。这可以说是文艺复兴在中国的胎动，这时开始对传统进行反省和批判。这种风潮也反映在经学上。原本经传自汉朝以来就被认为是神圣而不可侵犯的东西，对其的批判被完全不允许的观念所支配，但到了八世纪，虽然只限于《春秋》，但是给予这种传统的固定观念以动摇的经解开始出现。那就是啖助及其门人赵匡、陆淳的春秋解。他们的春秋解是怎样的，从陆淳的《春秋啖赵传纂例》十卷、《春秋微旨》三卷、《春秋啖赵二先生集传辨疑》十卷可以得知。他们不固执于以《左氏》《谷梁》《公羊》中的任何一部为本寻求经义的传统经学，而是试图从批判的立场扬弃传统，直接寻求经义。春秋解中的这种革新倾向，在晋代范宁身上早已能看到。他不满足于《谷梁传》，终于沉思精审经义而作《集解》（《晋书》列传卷四五，本传），这成为啖助等人的先河。啖助等人的革新风潮在宋代被继承下来，对这个时代的经学产生了很大的影响，而韩愈的门人李翱则在《论语笔解》中打破何晏之说，提出异议，也可以说是唐代革新风潮的余韵。

二、新古典主义

宋自太祖至真宗的约六十余年间，对经书训注进行了整顿，科举也一如既往地施行帖经、墨义，所以宋初仍坚守注疏，崇尚师传，未能摆脱汉唐注疏学风的范围。然而，仁宗庆历年间，朝野贤人名儒辈出，风气急剧变化。当时，上面出了晏殊、范仲淹、杜衍、韩琦、富弼、欧阳修、蔡襄、文彦博等贤人，下面出了戚同文、胡瑗、孙复、石守道等名儒，接着又出了司马光、王安石等人，给长期被传注训诂之学所拘束、濒临枯死的儒学吹进了新风，孟子死后千有余年真正的古典主义复活了，在这里看到了新儒学勃兴的曙光。现在，我们来概观一下发挥宋学先驱作用的范仲淹、欧阳修、胡瑗、孙复、石守道的新古典主义。

范仲淹精通易道，根据《易》的阴阳消息的原理，形成了著名的先忧后乐之论(《范文正公全集》卷七,《岳阳楼记》)，又从《易》中矛盾的同一性原理，论述了光武帝与严子陵的关系(同上，卷七,《严先生祠堂记》)。欧阳修否定了理的形而上的存在，从实证的立场出发，以经验事实的法则作为理(《欧阳文忠公集》卷一二九,《笔说·物有常理说》)，因此在《春秋》中，也重视事实，从合理的立场提出了正闰论。例如，论述根据五行说以秦为闰而恶之，同时以魏梁为伪的，不是《春秋》之法，指出其不合理性。(《居士集》卷十六,《正统论》。《居士外集》卷十,《正统辨》。《居士集》卷十七,《魏梁解》)对于河图洛书、谶纬书的说法，他也认为这是欺诬怪妄而予以排斥。(楠本正继,《宋明时代儒学思想之研究》第二十页)他排斥佛教，认为只有用王政和礼仪来调节人的欲望，从而使之合乎人的性情，才是与之对抗之道。(《居士集》卷十七,《本论》)

胡瑗、孙复、石守道切论儒教伦理思想，从其立场出发对佛教进行了批判。胡瑗以经书为伦理及其实践之书，以经义探究人伦之体，以按照时务达其用为要旨，倡导明体适用之学，论述了人伦与政治的一体。(《宋名臣言行录》卷十,《家塾记》)孙复慨叹，自战国以来，杨墨、申韩、佛老之学扰乱了圣人之学，特别是尖锐地谴责了佛、老宣扬死生、祸福、虚无、应报，扰乱了提倡仁、义、礼、乐的圣人之教，给人民国家带来了灾祸，甚至说：

> 儒者不以仁义礼乐为心则已。若以为心，则得不鸣鼓

而攻之乎？(《孙明复小集》卷三，《儒辱》)

他又以义理辨别儒、佛，强调义，认为义是超越人己的普遍绝对之道，所以他的伦理思想是严肃的。而且，他认为这个义只能从六经中学习得到，排除了传注。(同上，卷二，《寄范天章书一》《信道堂记》)石守道是孙复的门人，根据《易》剥复的阴阳循环原理，认为长期以来被异端异学剥落的儒家也迎来了一阳来复的机会，以吕夷简被斥退，范仲淹、富弼、韩琦、欧阳修等众贤被举用为盛事，创作了《庆历圣德颂》，对此表示庆贺说：

众贤之进，如茅斯拔，大奸之去，如距斯脱。(《正谊堂全书》，《徂徕集》，《徂徕先生行实》《墓志》)

他继承老师之后，更激烈地攻击了佛、老(《徂徕集》，答欧阳永叔书。《徂徕先生小集》，《怪说》上、中、下)，欧阳修称赞他的勇气，吟道：

尤勇攻佛老，奋笔如挥戈。不量敌众寡，胆大身么么。
(《居士集》卷三，《古诗·读徂徕集》)

徂徕反驳了三教一致的观点，说古今"中国一教"是理所当然的。(《正谊堂全书》，《徂徕集》上，《上刘工部书》)此外，以三纲五常、礼乐作为国家社会的根基、道德和政治的要道，对此进行了切论，对扰乱其秩序的佛教加以攻击。(同上，《徂徕集》下，《去二画本记》；《怪说》

上)他就这样为儒教树立了旗帜,但和孙复一样排斥注疏,说:

> 其人能通明经术,不由注疏之说,其心与圣人之心自会。(同上,《徂徕集》上,《上范思远书》)

清钱大昕评孙复之学,说:

> 当宋盛时,谈经者墨守注疏,有记诵而无心得。有志之士,若欧阳氏、二苏氏、王氏、二程氏,各出新意解经,蕲以矫学究专己守残之陋,而先生实倡之。(《重刻孙明复小集》序)

但这也适用于上述诸儒。他们就这样打开了向经解提出新意的开端。

在经学方面,与正学的提倡相呼应,批判性、实证性的精神勃兴。宋初兴起此风的是刘敞,他著《七经小传》,怀疑古经有脱简达文,因此改其文移行次序。对于他的经说,后世有人批评他开南宋臆断之弊,改变了先儒淳实之风。(《四库提要》卷三三,《七经小传条》)在他的实证主义中,值得注意的一点是,他从应当以古器来证实古书的立场出发,开创了宋代金石学的先河。(《公是集》卷三六,《先秦古器记》;卷四九,《骊山十钟赞》)这种学风,为被称为金石录之祖的《集古录跋尾》的作者欧阳修所继承。欧阳修在刘敞等人的协助下,着手编纂《集古录》千卷,在各卷的末尾都加上

"跋"，并将其要点摘录下来做成《录目》[1]。刘敞也另外著有《先秦古器图》刊行，此后金石学盛行，有关金石学的宋代著作也多有流传。不过，金石学在元明时代却不怎么盛行，到了清朝才又兴盛起来。

金石学的勃兴与经学的实证研究，当然是密不可分的关系，但这种风气，自然助长了对传统经解的批判精神，养成了经验性、合理的学风也是理所当然的。例如，欧阳修在《易》中，不仅批判诸传，还批判了经本身，如前所述，企图排除一切形而上学和神怪。（《居士集》卷四十七，书，《答李诩第二书》；《笔说·物有常理说》）孙复认为汉魏以下的传注扰乱六经之旨，王弼、韩康伯的易说、《春秋》三传被斥为乱经。（《孙明复先生小集》卷二，《寄范天章书二》；附录，《墓志铭》）如前所述，门人石守道也不按注疏之说，而是根据经文直接领会圣人之心。王安石继承了欧阳修的学风，排除了传注，对经义提出了新说，并著有《三经新义》。三经是指《诗》《书》《周礼》，如今仅存《周官新义》。关于王安石的《新义》，也有评论说多是剽窃刘敞的学说。（晁公武，《郡斋读书志》卷四，经解类，《七经小传》五卷条）安石之时，科举也从唐朝以来的诗赋记诵改为以经义论策为主，废除帖经，只存墨义，而经义则专门依据《新义》。安石的新学，也受到元祐诸公的排挤，但这也成为刺激，像程伊川的《易传》那样，儒者开始探求经义的精微，结果，经义的义理得到大力弘扬，其奥秘得到启发，由此可见宋代理学的兴起。

---

[1] 《集古录目》实为欧阳修其子欧阳棐所编。——编者注

如上所述，到了宋代，以往那种对经传的神圣观变得稀薄，对经书传注的批判变得活跃起来，不仅要排除传注，甚至还出现了评论经书的风潮。这里试着记录一下其梗概。欧阳修关于《易》，不仅认为系辞以下的诸传并非圣人所作，是僭伪之书，而且对经本身也进行了批判。(《易童子问》卷三。《欧阳文忠公集》卷一百三十，《试笔·系辞说》。《居士集》卷四八，策问，《问进士策第一首》; 卷一八, 经旨，《易或问三首》) 又与苏轼、苏辙同样诋毁《周礼》。(《居士集》卷四八，策问，《问进士策第一首》。《东坡续集》卷九，策问，《天子六军之制》。《栾城后集》卷七，《历代论一·周公第三》) 李觏怀疑《孟子》(《旴江集》卷三二，《常语上》)，司马光也著《疑孟》，苏轼诋毁《书经》(《书传》卷六、一七)，晁说之也罢黜《诗序》(《景迂生集》卷十一，《诗序论》)。关于当时经学的状况，皮锡瑞已有详细解说。(《经学历史》卷八，《经学变古时代》) 这种经传批判论，在当时的举人中也广为传播，因此反而产生了流弊，司马光对此忧心忡忡，如下说道：

> 至有读《易》未识卦爻，已谓《十翼》非孔子之言；读《礼》未知篇数，已谓《周官》为战国之书；读《诗》未尽《周南》《召南》，已谓毛、郑为章句之学；读《春秋》未知十二公，已谓三《传》可束之高阁。循守注疏者，谓之腐儒；穿凿臆说者，谓之精义。(《传家集》卷四二，《论风俗札子》)

据司马光说，当时之所以产生这样的弊病，是因为受公卿大夫喜欢高谈阔论，喜诵老庄之言的影响，举人们述说执笔先

论性命，流荡忘返，终于进入老庄，纵虚无之谈，骋荒唐之辞，想要据此欺惑考官，获得名第。(同上)

宋儒之所以将批评的矛头指向经传、注疏，是因为痛感汉唐训诂之学所带来的弊端，想要直接恢复古经，明辨其真义，以致产生删改经、移易经文而成己说的风潮。(《经学历史》卷八,《经学变古时代》)但集宋理学之大成的朱子，指出宋初以来儒者重视注疏，并主张汉唐训诂不可轻视。因此，他对倾向于直接论道轻视注疏的二苏之学加以批判，说："注疏不可舍。"(《朱子语类》卷一二九、六四、八七)他看到当时治经书的人，不读经书的正文和先儒的传注、注疏，在举业上，也只是从经中取成为题目的语句，不努力正确理解经意，产生肆意遵从私意的弊端，对此感到慨叹。据朱子所说，当时的经学，仍有喜新奇的王安石末流之弊。因此，他提出尊重注疏也是理所当然的。为此，他又在诸经中广泛地阐述了根据先儒之说的必要性，但最终还是要将其得失反求于我心，精思明辨，领会义理之真。从这一立场出发，他一方面对汉代经学加以批判，认为汉儒有一种只想成为专门名家、固执师说而不喜欢改变的太过拘泥的态度(《朱子文集》卷六九,《学校贡举私议》)，还说他们以记诵为宗旨，执着于章句末事，把义理之学作为外学，怪异之学作为内学，努力学习内学，并对此进行了批判。(《朱子语类》,卷一三五)朱子对汉唐训诂之学，虽不吝尊重，却将《大学》的章句移易并将其分为经传而补删经文，因此被皮锡瑞批评说，他的经学终究免不了宋人的习气。(《经学历史》卷八,《经学变古时代》)

朱子虽然尊重汉唐训诂之学，但正如下所说：

> 经之于理，亦犹传之于经。传所以解经也，既通其经，则传亦可无；经所以明理也，若晓得理，则经虽无亦可。（《朱子语类》卷一〇三）

他也曾说过用经传只不过是权宜之计那样的说法。这样一来，其经学就会接近具有假借经书阐述自己观点倾向的陆王学派的经学。可以说，清朝汉学家痛斥宋朝理学的理由就在这里。孔广森慨叹道学起而儒林衰，性理兴而曲台（古礼）绝。（《国朝汉学师承记》卷六引《戴氏遗书序》）江藩叹道：

> 经术一坏于东西晋之清谈，再坏于南北宋之道学，元明以来，此道益晦。（《国朝汉学师承记》卷一）

而且，他认为宋朝的经学承袭唐朝的弊端，产生了蔑视经学的风潮，并对此进行了如下批判：

> 唐太宗……即位后，雠正《五经》，颁示天下，命诸儒萃章句为义疏，惜乎孔冲远、朱子奢之徒，妄出己见，去取失当，《易》用辅嗣（王弼）而废康成（郑玄），《书》去马、郑而信伪孔，《谷梁》退麋氏而进范宁，《论语》则专主平叔（何晏），弃尊彝而宝康瓠，舍珠玉而收瓦砾，不亦慎哉！宋初

承唐之弊，而邪说诡言乱经非圣殆有甚焉，如欧阳修之《诗》，孙明复之《春秋》，王安石之《新义》是已。至于濂洛关闽之学，不究礼乐之源，独标性命之旨，义疏诸书束置高阁，视如糟粕，弃等弁髦，盖率履则有余，考镜则不足也。(同上)

朱彝尊在《道传录序》(《曝书亭集》卷三五)中指责朱子学者在论道统时，排除汉唐诸儒，又在经学中专门依据朱子之书、朱子之论而排除了汉唐经学。钱大昕、戴震认为训诂是义理之所由来，所以明训诂方才明古经，攻击宋儒想要不根据训诂，直接求义理，将义理和训诂一分为二，终于将训诂排除在外，又说他们舍经废训诂，空任胸臆说理。(参见《汉学商兑》上、中之上、中之下)为宋儒辩护、为他们树立旗帜的是《汉学商兑》的作者方东树。他提到，在《朱子文集》中，朱子劝读汉魏诸儒注疏的文字有十几处，朱子的《四书集注》中收录了五十四家之说等，显示了朱子尊重训诂的根据，据此阐明宋儒一般以义理和训诂为一途，并没有将其二分而专求义理废训诂。他认为有时他们会废训诂，只不过是为了求义理之真而抛弃其失，而去除其谬误穿凿、迂曲不足信的东西。(同上)

大概以道问学为宗旨、阐述读书穷理之要的朱子，虽然不可能轻视训诂，但他把义理的终极之地归于自己的心性，所以有时会离开经去阐述义理，这也是理所当然的。只是明末的王学亚流，由于强调良知的现成，放纵蔑经之论，产生了猖狂的弊病，这就是明朝灭亡的原因之一，所以清朝汉学派将谴责的矛头指向作为明代理学源头的宋代理学也不是没有理由的。

三、自由主义

汉学的集大成者是东汉郑玄，宋学的集大成者是南宋朱子，与汉学一样，朱子学也在其后流行了数百年。只是元之经学虽以朱子学为本，但也不过是墨守朱子学，而明之经学又不过是墨守元之经学，所以元明时代经学衰微。元明的经学几乎没有值得一看的东西，朱子学成为了举业也是其原因之一吧。但从另一方面来说，正因为如此，朱子学才得以在社会上普及。明永乐年间，《大全》本出版，为举业所采用后，朱子学更加普及于世。成化年间，八股文制定以来，举业更加形式化了，不过，这些成为了经学发展之阻碍的事实，是无法否认的。因此，清初顾炎武慨叹八股盛行而古学被抛弃，《大全》问世而经学亡，也不是没有理由的。(《日知录》卷一八，《书传会选》)《明史》也有涉及明代经学衰微的内容，至于专门经训，二百七十余年间都没有因此而成名的。经学也没有汉唐那样的精专，性理也不过是袭宋元的糟粕，科举虽然很繁荣，但是儒术却衰退了。(《明史》卷二八二，《儒林传序》)

玄学清谈在魏晋的流行改变了汉代经学，王学在明代的流行加速了明代经学的衰微。阳明的心学，是开启陆象山心学之蕴而形成的，所以经学也承袭象山之流。如前所述，朱子学以道问学为宗旨，而象山之学则以尊德性为宗旨，所以更重视自身的体悟。因此，他的经学也很有特色。象山也大体上采取了尊重经注的态度，说：

> 后世看经书，须着看注疏及先儒解释，不然执己见议论，恐入自是之域。(《象山先生全集》卷三五，《语录》)

门人问他读六经应该读谁的注解，他回答说必须先读古注。(同上，卷三四，《语录》)但主张"此心本灵，此理本明"(同上，卷一〇，《与刘志甫》)的象山，说"先立乎其大者"(同上，卷四，《与邵叔谊》)，以发明本心作为学问之要(同上，卷四，《与潘文叔》)，终于到了"学苟知本，六经皆我注脚"(同上，卷三四，《语录》)、"六经注我，我注六经"(同上)的这种地步。这样的象山经学，像看了其门人杨慈湖的《己易》(《慈湖遗书》卷七)就能明白，诱导了认为吾心即经的思想，助长了蔑视经学的风潮。在排斥佛、老，以此为否定媒介扬弃古代儒教，从而追求新儒教理念的宋儒中，出现了被认为是扬弃了将圣人之书视为糟粕的庄子、或是杀佛诃祖师的临济等可以说是纯粹经验的陆子心学派，形成以体悟为宗、轻视经书的风潮，这也许是理所当然的。

陆子的心学在象山死后并不大兴盛，宋末到明初，只不过在象山的故乡江西保住了一点余命，但自从明朝中叶阳明出现以来，得到了再生的机会，心学的发展达到其顶点。阳明在经学上也继承象山，只要读一读《稽山书院尊经阁记》(《王文成公全

书》卷七)就会明白。他认为六经其实具备于我心中,指出:

> 《易》也者,志吾心之阴阳消息者也;《书》也者,志吾心之纪纲政事者也;《诗》也者,志吾心之歌咏性情者也;《礼》也者,志吾心之条理节文者也;《乐》也者,志吾心之欣喜和平者也;《春秋》也者,志吾心之诚伪邪正者也。

结果,直至将六经称为"吾心之常道""吾心之记籍"。

这样的王学一旦流行,古典主义就会崩溃,自由主义就会兴起,在经解方面也会产生不拘泥于传统而自由进行的风潮,这是显而易见的。众所周知,朱子的经解富有独创性,如前所述,他本人是在汉唐训诂之学的基础上完成这一工作的。只要看看阳明在《传习录》中的古典解释就会明白,到了阳明,这种风潮发生了改变。阳明对待古典的态度,与其说是循着古典主义,不如说是根据自由主义,或许更为贴切。据说这种学风是从王司舆那里得到的,但阳明自己是否意识到这一点值得怀疑。但其后学似乎意识到了这一点。例如,阳明门人季彭山著有《诗说解颐》四十卷,季彭山门人、私淑阳明的徐文长评价此书,说道:

> 其志正,其见远,其意悉本于经,而不泥于旧闻。是以其为说也,卓而专;其成书也,勇而敢。虽古诗人与吾相去数千载之上,诸家所注无虑数十百计,未可以必知其彼之

尽非而吾之尽是。至论取吾心之通以适于用，深有得于孔氏之遗者，先生一人而已。(《徐文长全集》卷二十,《诗说序(代)》)

总而言之，徐文长认为季彭山的经解在于"取吾心之通以适于用"。这也是徐文长本人的立场。据他说，过去在阅读曹操的《孙子略解》和《李卫公问对》时，虽然其所论很多不是孙子的本意，但两人的用兵论都是从经验中总结出来的，其功在孙子之上，据此所有记载在书中的东西，不必深知，也没有必要正确理解。所以他说，"其要在于取吾心之所通以求适于用而已"(同上)。

这样的经解，当然会造成轻视经学的风潮。随着王学的流行，其烂熟以及自由主义精神的讴歌，这种风潮越来越受到助长。到了隆庆万历时期，王学派，尤其是左派(现成派)的思想风靡一时，甚至波及到文艺界，思想界、文艺界都主张尊重人的自然性情，认为正是自然性情发露才是真实的，所以人们摆脱了旧传统的束缚，开始喜欢自由新奇的东西。袁中郎认为，诗以"不效颦于汉魏，不学步于盛唐，任性而发"者为佳(《袁中郎全集》卷十,《叙小修诗》)，评价弟弟小修(袁中道)的诗，说道：

大都独抒性灵不拘格套，非从自己胸臆流出不肯下笔。
(同上)

由此可以了解当时礼赞反古典主义的风潮。李卓吾对当时的思想界和文艺界产生了巨大影响，他高举"童心"将其视为绝假纯粹的真心,而闻见道理却反被认为是毁损"童心"的东西而加以排斥,所以对六经和《语》《孟》也进行了评议,认为其中所载,不是史官过分推崇的话语,就是臣子极度赞美的话语,如果不是那样的话,那就是迂阔的门徒和愚昧的弟子们记忆老师的说法,首尾不连贯地记录下来的。然而,后学却没有察觉到这一点,将其作为圣人口授的东西,将其视为经,没有注意到这大半都不是圣人的话。他说,即使这是圣人口授的话,也不过是出于某种意图而说的,因病而施药,应时而授法,以救迂阔愚昧的门弟子,最后直至以六经、《语》、《孟》为"道学之口实,假人之渊薮"。(《李氏焚书》卷三,《童心说》)明末的王学左派切论对自我现成的直信,放弃了人只有在经典的引导下才能成为圣人的传统看法,追求相信现成的自己就是圣人。这一派的大儒周海门与他的门生刘塙之间的问答,很好地传达了这一消息:

曰:"信得当下否?"
塙曰:"信得。"

> 先生曰："然则汝是圣人否？"
>
> 墙曰："也是圣人。"
>
> 先生喝之曰："圣人便是圣人，又多一也字。"（《明儒学案》卷三六，《泰州学案五·周海门传》）

看了这个问答，就不难看出明末蔑视经学是怎样一种状况了。对于这样的风潮，虽然一部分人发起了反动和批判，但也无法遏制这股横流。

宋明理学家在经学上的批判精神和自由精神，启发了儒家精神的意蕴并加以发扬，为其发展作出了巨大贡献。然而到了清朝，作为其反动，汉学勃兴，理学衰落。汉学家虽然在考据训诂方面留下了丰硕的业绩，但不得不承认其功过皆有。究其原因，产生了阻碍传统儒家精神弘扬和发展的弊端。清末以来，西欧思想如怒涛般涌入中国，而此后对传统思想的批判也日趋激烈，最终形成了像今天的批孔运动一样，彻底排斥传统思想的局面。如此一来，我们就不得不痛感清朝经学的功过了。

第五章

宋明的实学

一、儒家与异学异端

《论语》根据人的日常生活的实际情况阐述了做人之道，因此伊藤仁斋认为其学在于德行；(《论语古义》,《学而篇》) 到了《孟子》，则把做人之道归结于心性。正如陆象山所说，《论语》中有很多只讲工夫不讲本体的地方。(《陆象山先生全集》卷三四,《语录》) 到了《中庸》，则达到了讲本体源头的地步。明末湛学派大儒冯少墟认为，这是出于从工夫悟出本体，从现在到达源头的意图。(《明儒学案》卷四一,《甘泉学案五》,《疑思录》) 从《论语》到《孟子》，从《孟子》再到《中庸》，本来建立在实上的儒家也开始论及虚，与此同时，其"实"也变得真切精微。虽然论及虚，但这与佛、老那种舍弃实而专求虚的东西，在本质上是不同的。但是，《孟子》讲心性，《中庸》讲本体源头，也许是因为在某些地方与建立在虚上的道家有了接触，通过这种接触扬弃了自己。

儒学后来成为训诂学，训诂学成为汉唐儒学的中心，所以直到宋代新儒学兴起为止，大约一千几百年的时间里，思想上没有大的发展。在此期间，西汉淮南王刘安的《淮南子》、扬雄的《太玄》《法言》、东汉王充的《论衡》、隋王通的《文中子》等都多少能看到发展的痕迹，但其中也有一些道家的东西杂乱无章地混融在一起，所以和从《论语》到《孟子》、从《孟子》到《中庸》的思想发展指向稍有不同。

从汉到唐，除了训诂学之外，由于佛、老繁荣，儒教衰退了，但在此期间，并不是没有旗帜鲜明地为儒家吐气的儒者。

比如东晋范宣，对魏以来，有识之士尊崇老庄表示愤慨，未曾谈过老庄。(《晋书》卷九一,《范宣传》)同样，范宁反对玄学家以老庄的"无"为宗旨说"有"，斥责魏国正始以后，以虚浮之论来贬低名检，指责魏王弼、何晏以老庄解经书，说其罪过于桀纣。(同上，卷七五,《范宁传》)裴𬱟不能忍受何晏、阮籍、王衍等人蔑视儒家礼法，著《崇有论》攻击之。(同上，卷三五，本传)刘寔著《崇让论》，江惇著《通道崇检论》，慨叹儒教礼教的衰退，批评清谈者的放达不羁。(同上，卷四一,《刘寔传》;卷五六,《江惇传》)孙盛出《老聃非大贤论》《老子疑问反讯》之大著，提倡反老说。(详情参见久保田量远《中国儒道佛交涉史》五五—五七页)

但是他们的儒教再生运动也没怎么奏效。东晋以后，儒、道二家的争论也不太激烈，玄学也兼佛理，不仅孙绰等三教折衷论形成势力，而且到了梁以后老、佛二学融合走向精微，最终形成了视儒学如糟粕的倾向。不久从印度传来了大量的佛经并进行了翻译，佛教也渐渐摆脱了格义，并在社会上普及开来，终于压制了儒、老二学，独自兴盛起来。因此，儒教越来越走上了衰退之路，只不过是在举业上保持了余脉而已。然而唐朝中期，韩愈出来，为儒教吐出了万丈之气。他断定佛教为夷狄之教，痛斥它给中国的教化、君臣造成毒害的同时，又极力主张要阐明儒家道统，复兴孟子死后断绝的圣学。(《五百家注昌黎文集》卷一一,《原道》;卷三九,《论佛骨表》;卷一八,《与孟尚书书》)他论述儒、道两家的道德，如下说道：

>仁与义为定名，道与德为虚位。(中略)凡吾所谓道德云者，合仁与义言之也，天下之公言也。老子之所谓道德云者，去仁与义言之也，一人之私言也。(同上，卷一一，《原道》)

这是以仁义之有无来论述儒、老之别，正如杨诚斋、张无垢所说，无非是以实与虚来阐述两者之别。韩愈之论也是辟佛之论。(同上，卷三九，《论佛骨表》)他还从伦常经世之有无、华夷之辩等方面排斥老、佛，但他的观点在当时似乎并没有产生多大影响。不过从宋初契嵩写下《非韩三篇》驳斥韩愈的排佛论，石守道写下《尊韩》(《正谊堂全书》，《徂徕集》卷下)称赞韩愈排佛的功绩来看，他的排佛论对社会产生巨大影响是到宋朝以后。他被称为宋学先驱者的理由就在这里。

尽管韩愈极力主张排佛，但门人孟简、李翱、张籍、皇甫湜仍然皈依佛教。不过，李翱著《复性书》，讲灭情所引起的复性和率性，以儒家经典为本，深刻追求人的道德本性。虽说他皈依佛教，但那是以佛、老为否定性媒介，扬弃儒家，因此对佛、老也不停留在从外面进攻，正如所谓"操戈入室"那样，对于使用了从内部进攻的手法的宋学来说，果然也不是没有先驱者的意义。

二、道家与虚实的思想

道、佛二家的道是超越性的存在，所以它是以虚为本的，但虽说同样是虚，道家却没有佛家那么彻底。因为道家比佛家更关心现实的人间生活。道家的虚的思想到了魏晋时代，也开始深刻地追求虚的绝对性，其结果认为虚必须与各个事物相结合才能得到其绝对性。这一点，只要看了《庄子》的《齐物论篇》"天籁章"以及《秋水篇》"河伯北海若问答章"的郭象注就会明白。而所谓清谈者的放达任诞则是其实践化的一种形态，见于《列子》的《杨朱篇》中的快乐主义便是其表现之一端。由此可见，道家的虚的思想在追求绝对性的过程中，向着在实中自我消除虚并加以提高的方向发展。

魏晋时代为什么流行道家思想呢？这个时代是动乱时期，汉末的儒家清议转化为道家的崇高哲学思想等，是其主要原因吧。在这个时代，讲玄理、作清谈的道家人才辈出，通称玄学派。

据梁启超、程发轫所说，玄学派中，有何晏、王弼、阮籍、郭象、山涛、梁武帝等玄理派，魏伯阳、葛洪等丹鼎派，寇谦之、陶弘景等占验派，费长房、于吉、郭璞、陶弘景等符箓派四派。玄理派认为万物的生成、经世等都是基于无的，六经除了《易》理之外都将其束之高阁，精研《老》《易》提倡旷达，马端临的清净说就相当于这一类。丹鼎派综合了道家的炼养说、服食说，以辟谷长生、服食炼丹为主，马端临的炼养服食说相当于这种学说。符箓派是指以阴阳五行为宗旨而作巫觋杂语，马端临的符箓说相当于这一类。占验派根据五行谶纬之说，行风角、遁甲、七政、逢占诸术，行堪舆相命诸术，在社会上最为流行。(程发轫《国学概论》卷中，八二、八三页) 其中，与儒、佛关系最为密切，对其有影响的是玄理派。在思想史上，玄理派是玄学派的中心。因此，玄学派也可以认为是指玄理派。在玄学派中，出现了像何晏注《论语》、王弼注《易经》那样为儒教经典作注的人，这是当时道家的虚的思想发展的一种表现，值得注意。特别是王弼的《易注》和宋学也有关系，下面就来讨论一下。

王弼的《易注》以老庄为根本。这通过他在"乾卦"《文言传》的"利贞者性情也"之语的注解中，将"性情也"作为"性于情"来辨明性和情，讲述排情率性，并且在《易》"复卦"《象传》的"复其见天地之心乎"之语的注解中，基于老子的守静之意，通过静观天地之心等，就可以知道这一点。南宋王应麟的《困学纪闻》(卷一，《王辅嗣忘象说》)中说，《易》以象为本，而王弼却忘象立说，这是因为蒙受了庄子的绪余。关于王弼的见解，有两点需要注意。第一，他是以义理来解读《易》的。伊藤东涯也曾经说过，汉《易》沉溺于象数、象占(《周易经翼通解》释例)，王弼则以老庄为本，以义理讲《易》。例如，他在"坤卦六五"中"黄裳元吉"的注解中写道：

> 夫体无刚健而能极物之情，通理者也，以柔顺之德处于盛位，任夫文理者也。

还有在"乾卦"《文言传》的"乾元用九天下治也"的注解中写道：

> 阳，刚直之物也。夫能全用刚直，放远善柔，非天下至理，未之能也。故乾元用九，则天下治也。夫识物之动，则其所以然之理皆可知也。

据此可察之。正如楠本正继博士已经指出的那样（《中国哲学研究》二二八—二二九页），《周易口义》的作者、宋学的先驱者之一的胡安定，注重王弼以义理写作的《易注》，其门人程伊川十分重视王弼的《易注》。（《和刻二程全书》卷六三，《与金堂谢君书》）伊川年轻时创作的《颜子所好何学论》（同上，卷六二）中，有"性其情"之语，《困学纪闻》（卷一）指出这是根据王弼的《易注》。何义门说，伊川的《易传》取王弼之义甚多。方朴山说，程子既不论象也不论卦变，这是王弼之说。（《翁注困学纪闻》卷一）但是，不能忽略王、程的《易》解，根本立场是不同的。因为《困学纪闻》（卷一）中也说王弼之《易》蔽于虚无而疏远人事，而伊川之《易》专于治乱而远天道，前者以虚学为本，后者以实学为本。因此，伊川在晚年所著的《易传》中，没有采用上述《文言传》的王注，也是理所当然的。总之，王弼的《易》解与宋学是有关系的。周濂溪《太极图说》中的主静无欲论，也许正如东涯所说（《周易翼通解》复卦），也与此不无关系。

以老庄解《易》的学风此后仍在继续，这对宋初的理学家有很大的影响。五代宋初之间的道士陈抟、种放、穆修、李之才，传承由道士之手制作的新太极图，据说穆修传给了周濂溪，李之才传给了邵康节。姑且不论其真伪，周、邵二子以这种东西为母胎，从儒学的立场阐述了新的太极论和形而上学。不管怎么说，道家为《易经》作注，可以说是他们虚的思想的发展，但最终还是"高尚其事"，使他们原本高踏的、隐遁的意识发生了变化。例如，陈抟曾向宋太宗建言与其寻求黄白之术，不如以苍生为念，他又对宰相宋琪说，君臣合德治天下，胜过玄默修养，他的弟子种放也向真宗说明了爱民的必要。(《宋史》卷四五七，《隐逸传》。《宋名臣言行录》前集，卷十) 以这种风潮为背景，宋代新儒学抬头了。

另外，王弼的《易》解里面需要注意的是，从上文"坤卦六五"和"乾卦"《文言传》的注释中也可以清楚地看出，王弼是用理之语来说明其道的。儒家以"理"为根本理念构成广大的哲学体系，是宋代以后的事，但关于理自古以来就有各种各样的说法，其中也有像秦汉之间的作品《易十翼》和《礼记》中所说的理那样，与宋代理的思想有着密切的关系，也有被认为是其渊源的东西。《墨子》《孟子》《荀子》《韩非子》等所讲之理，也与此不无关系。特别是道家、佛家的理说，在思考宋代的理的思想时，是最需要注意的。为什么这么说呢？因为宋代儒家的理被认为是超越道、佛二家所说之理的产物。如果对这点不了解的话，对宋明新儒学的形而上学的理解就会变得肤浅。《庄子》中理之所以具有重要意义，正如陈荣捷博士所指出的那样，在被认为是秦汉时期之作的《外篇》《杂篇》中，已经论述了理的普遍性、无限性、绝对性、分殊性(《陈荣捷哲学论文集》，《新儒学"理"之思想之演进》，二三页)。到了魏晋的道家，理成了一个更加重要的概念。这可以说是虚的思想的发展。例如，王弼的《易注》中比起道更重视理，到了郭象的《庄子注》则切论理。陈荣捷博士说，嵇康等人也是继承王、郭二人之后才重视理，常常说这个。(同上)比较王、郭二氏的理说，王弼强调理的超越的、普遍的方面，可以说是以理一为本，郭象重视与事实、个物相即的方面，即内在的方面，可以说是以分殊为本。超越这种理一分殊论而儒教化就成为宋儒的理一分殊论。

王弼所说的理，正如刚才所说的那样，虽然是超越的、普遍的东西，但是如前所述，他研究了精密地说明人事与自然规律的相即关系的《易》，所以道家的虚的思想在这里也倾向于包摄以实为宗旨的儒家。郭象的理是内在的(从宋学来说仍然是超越的)，但那是虚的思想自身发展的产物。换句话说，虚自身是切合于实而扬弃自己的结果。这样，道家的虚的思想就更加精微了。不管怎么说，玄学的勃兴促进了格义佛教的兴起，产生了一股以老庄和《易》来理解佛教，以佛教为背景揭示老庄和《易》的精微之处，以及试图折衷两者的风潮。据《世说新语·文学篇》(卷四)中记载，当时《庄子》的《逍遥游篇》被认为难以理解，但郭象、向秀的说法却出类拔萃。然而由于支遁在其解释中提出了新义，所以没有比这个更优秀的了，以致诸贤都使用了这个说法。另外，僧肇认为"穷理尽性乃究竟之道"(《中华大藏经》卷下，《肇论》卷六)，以《易经·说卦传》中的"穷理尽性"作为佛道的究竟。由此可以推测格义佛教的概要。

如前所述，当时道家和佛家不断讲述理，也涉及文艺。例如，谢赫的《古画品录》中，在对被列为第一品画家的陆探微的品评中，有这样一句话：穷理尽性使他的画达到了超越现象的境界。由此可以推察，理是使事物存在成立的形而上的实在，但在当时，从郭象的情况可以看出，把它看做内在的东西的风潮很强。而表现在语言、性情、容止和技艺上的东西，则被视为艺术，有以之为高尚的倾向。这些主要来源于《庄子》的思想，到了这个时候，道家的虚也有了清虚、潇洒、简远、明达、风韵等精微的精神内容。因此，在这个时代，绘画、书法、文艺取得了划时代的发展，确立了指引中国文艺方向的基础，这也不是没有理由的。

魏晋玄学富有独创性，刘师培说，到了南朝梁的时代，心学之说传入中国，玄学日益趋向精微，成为哲学的大兴盛时代，这成为宋明理学的先驱。例如，举出梁武帝就太极之有无问李业兴，说"太极、无极之论，非始于濂溪，实基于梁武"，另外举出萧子良在《净住子》中，以孟子所谓"求放心"为要，说首先要克制私情，远离嗜欲，说"克欲断私之意，非始于朱子"，举出傅翕在《心王铭》中说"观心空王不染一物"，认为这和阳明"圣人之道，吾性自足"的良知论是一样的，因此本来面目之说不是始于阳明。(程发轫《国学概论》中，八五—八六页) 总之，魏晋南北朝的玄学与宋明的理学有着密切的关系，由以上可知。

到了梁代，佛教的心学被引入中国，因此，道、佛两家在《四书》中，也开始留意论及心性之精微的《中庸》，这是理所当然的。比如，(南朝) 宋代道家戴颙给《中庸》作注 (《宋书》卷九三，《戴颙传》),梁武帝著《中庸讲疏》,这是最早从《礼记》中提取《中庸篇》的。论述《中庸》心性论之精微的是唐朝李翱的《复性书》。这种《中庸》解的背后可能有佛说,这和从道、佛两家的立场出发的《中庸》解不同,其特色是出于对《中庸》本身进行阐释的意图,从这一点来说,这本书将成为宋初胡瑗、司马光、范祖禹等人《中庸》解的先驱。

三、佛家与虚实的思想

从南北朝末期到隋唐初期,大量佛经被汉译,与此同时,佛教日益走向兴盛,到了唐朝,压制了其他二教,风靡一代。唐朝初期兴起了许多宗派,其中有超越印度佛教、由中国独创的天台、华严、禅三个宗派。天台、华严的哲学是中国佛教哲学的双璧,禅是实践宗教,尤其是超越了华严哲学的理论并将其付诸实践。这一宗派取代了天台、华严二宗派而繁荣起来,从唐末到宋初最有势力。实践宗教除了禅宗以外还有净土宗,这是印度传来的,与其他宗派并列流行,但作为中国实践宗教的特色最显著的恐怕莫过于禅宗了。

佛教和道家一样以虚的思想为本,如果极端地论述印度的东西和中国的东西的差异,前者是瞑想的、思辨的、分析的,后者是现实的、实践的、综合的。一言以蔽之,两者都以虚为本,但可以说其间却有虚与实的区别。从虚到实,这是由印度的东西向中国的东西展开的样子。

印度佛教传入中国以来，中国化的倾向变得特别显著，大概是自北周武帝废佛毁释，否定了出家佛教，提倡在家佛教之后吧。在家佛教认为世间法即出世间法，这是促进天台、华严的理事相即哲学成长的原动力，这一点是无法否认的。这一哲学由天台的智𫖮、湛然、知礼所倡导，由华严的杜顺、智俨、法藏、澄观、宗密等人完成，走向精微，由此见证了理事无碍法界观、事事无碍法界观的成立。理事无碍法界观是由智俨、法藏完成的，它认为理内在于现实的各个事物之中，所以还没有达到否定各个事物背后存在形而上的实在的地步。因此，它只是在讲理与事的圆融相即。然而在事事无碍法界观中，现实中的各个事物本身都具有绝对性和独立性，而且说明了各个事物相互的圆融相即，所以各个事物背后的形而上的实在完全在各个事物内消除了自己。就这样，虚通过实扬弃了自己。如果把王弼的理一说、郭象的分殊说、理事无碍法界观、事事无碍法界观纵向列起来，就会发现越往后崇尚实的倾向越明显，最后达到了极致。虽然说崇尚实，但相对于外部的儒教来说，最终还是以虚为体，但从内部来看，那里有从虚到实的精彩展开的痕迹，佛教至此完成了中国化。如果佛教变得崇尚实，自然会接近儒教的实，形成包容的倾向是理所当然的。例如天台的智𫖮，从实相外无佛法的立场出发，提出"治生产业，皆与实相不相违背"（《法华玄义》卷五上，大正三三、七三三b）。因此，即使是以儒教为实、佛教为虚而加以排斥的朱子，也举出智𫖮的这句话，不认同一概认为佛教以虚为宗旨而无实的说法。（《朱子语类》卷一二六）

无论如何说实，佛教在以虚为体这一点是不会改变的。这件事程子已经驳倒了。也就是说，《华严经》有真空绝相观、理事无碍观、事事无碍观，阐述佛道包含万象而无穷，但他认为"一言以蔽之，不过曰万理归一理"，最后指出佛道是虚的。（《和刻二程全书》卷十九）禅宗也有以佛教之虚来包容儒教之实的倾向，由主张即心即佛的六祖慧能认为日常人伦不会妨碍佛门之修得，也能体察到这一点。

将事事无碍法界观展开在实践行动方面的是以不立文字、直指人心、见性成佛为宗旨的禅宗。天台和华严有教义理论的研究和实践修道的教观二门，由于不允许其偏用，所以并非忽视实践修道，但与禅宗相比，可以说是学解佛教。只是教义理论越精微越会产生游离于实践的不安，这是不可避免的。为了消解这个问题，禅宗贯彻了实践。禅宗兴起以来，学解佛教衰落，实践佛教繁荣起来，这可以说是从虚到实发展的结果，也是中国思想走向的必然性。因此，如前所述，说佛教到了禅宗完全中国化也绝不为过。另外，中国的学解佛教之所以一味地归于以自我证悟为宗旨的禅宗，也可以说是通过长期以来以圣人之书为糟粕，专以体验知为核心的庄子思想培养出来的，到了这里才结出了果实。在这里，佛教完全脱离了印度的东西，成为了中国的东西。

禅宗真正成立是在唐末五代，从始祖达摩以来的发展来看，这是从虚到实的展开。禅宗从始祖到四祖都是渐修主义，仍然未能消除教观二门的痕迹。五祖弘忍讲述了华严研究和静定渐修的要点，也就是说，他主张学禅一致，但是其中有超越作为修行的坐禅，指向对本质性的东西的主体自觉的顿悟。前者是思辨的、静修的，后者是体验的、实践的。继承前者的是神秀，这一派后世称为北宗。继承后者完成这一任务的是六祖慧能，这叫做南宗。只是从虚到实的发展看起来是历史的必然性，北宗衰退，南宗走向兴盛。

六祖禅分为南岳怀让、青原行思、菏泽神会三派禅，其中前两者以体验和实践为根本。在这两者中，从南岳系兴起了临济禅，形成了活杀自在的动态禅风，而青原系则形成了稳健着实的静态禅风。此外，菏泽系维持了学禅一致之风，到圭峰宗密成为思辨哲学的禅，而荷泽系的禅风则以宗密为顶点，之后走向衰落。可以说，这表明学问的、思辨的东西被体验的、实践的东西所克服。同样，在体验的、实践的禅风方面，南岳系的动态临济禅繁荣，青原系的静态禅风衰落。这样，从学问的、思辨的转向体验的、实践的，从静的转向动的，这表明禅宗的发展也具有由虚向实的指向性。

宋代新儒学，以对传统儒教的实的思想的自觉和道统意识为基调，超越道家的玄理、佛家的心性，创造了新的东西，总之，它来自对虚的思想的反动和批判。不过，宋初禅在世上普及，儒、佛之间虽然进行了争论，但儒、道、佛三教的调和融合论也很活跃。禅在南宋以后虽然不及儒学兴盛，但到了明末，出现了袾宏、智旭、德清这样的有力人物来宣扬三教论，儒者中也有林兆恩、钱谦益、金圣叹这样的人，提倡三教的调和融合。各时代的这种理论各有各的特色，但到了明末的三教论，即使以一教为根本来阐述三教论，也几乎没有对其他的异教意识，这是其特色吧。

在宋初禅的鼎盛期，兴起了从历史视角观察禅、综合地重新审视禅的运动，也出现了与此相关的巨著，其中也不无虚与实的纠葛。当时，认为成为临济宗教典的《碧岩录》陷禅于虚，大慧宗杲焚烧其板木，而且大慧主张看话禅，宏智主张默照禅，双方进行了争论，这些都很好地传达了这一信息。

讲求实的宋代新儒学的兴起，对以虚为本的禅宗也多少有些影响。例如，在被称为宋朝一代杰僧的大慧的佛性说中，也能看到其痕迹。他认为入世即出世，说：

> 入得世间，出世无余。世间法则佛法，佛法则世间法也。父子天性一而已。若子丧，而父不烦恼，不思量，如父丧而子不烦恼，不思量，还得也无。若硬止遏，哭时又不敢哭，思量时，又不敢思量，是特欲逆天理，灭天性。(《大慧书》卷上，《答汪内翰第三书》)

因此，大慧也对宗密有关作有义事是惺悟心、作无义事是狂乱心，这个义是义理的义，而不是仁义的义的说法加以反对。(同上，卷下，《答汪状元第二书》) 南宋慧开在《无门关》的"后序"中写道：

> 所谓涅槃之心，明了之易，而明了分别智则困难。能明

分别智，家国自然安泰。

甚至连现实生活中必要的分别智也得到了肯定。另外，元初的明本中峰，以儒教的道德、仁义礼乐、刑政作为佛教一心的作用（《和刻天目中峰和尚广录》第五）。这样一来，佛教的虚就会包摄儒教的实。

四、宋明理学与实的思想

实意味着与虚相对的实、与空相对的真，宋明所说的实学的实的意义涉及多方面，意味着与虚伪虚妄相对的诚实真实、与观念空想相对的现实事实、与世间无益无用相对的有益实用、与空言虚说相对的实事实得，或者与思辨理论相对的体认实践等。切论儒道为实，用"实学"这个词来明示儒学的特色，排斥佛、老，是宋代以来的事。程伊川开始讲述儒学是实学，称"治经实学也"（《和刻二程全书》卷一），经书之道有大小、远近、高下、精粗之别，但正如《中庸》从至理到实事，叙述了国家的九经、历代圣人的事迹那样，都没有不是实学的东西。朱子也在《中庸章句》的卷头提出了程子的实学论，认为《中庸》所说的理是外达六合、中退藏于身心的实学。（《中庸章句》卷一，十五）当时"实学"一词似乎在儒者之间很流行，著有排佛之书《崇正辩》的胡致堂以有无致用论儒、佛，说六经之学是实学（《崇正辩》卷二），朱子的讲友吕东莱说"不为俗学所汩者，必能求实学"（《古今图书集成》本《东莱文集》卷一，《乾道六年轮对札子第一首》），同样张南轩也说

"盖圣门实学循循有序"(《南轩先生文集》卷二六,《答周允升》),陆象山也说"盖古人皆实学,后人未免有议论辞说之累"(《陆象山全集》卷七,《与詹子南三》)。他们为什么必须说实并提倡实学呢?这是因为他们深切地感受到长期支配思想界的异学异端,即训诂辞章之学、佛老之学所带来的虚弊。所以石徂徕排斥佛、老和时文,说"去此三者,然后可以有为"(《居士集》卷二,《徂徕先生墓志铭》);程子认为,现在的学问有文章、训诂及异端这三种弊病(《二程全书》卷一八)。胡致堂说"此(儒)实而彼(佛)虚"(《崇正辨》卷二),朱子也说"儒释之分只争虚实","吾儒万理皆实,释氏万理皆空"(《朱子语类》卷一二四),以虚实论儒、佛之别,张南轩也以儒之实斥退佛之虚,同样以虚实论述了两者的区别(《南轩先生文集》卷二五,《答陈择之》;卷二六,《答周允升》)。

儒者所说的实学是什么内容呢?通过下面所示朱子的书信,可以知道其概要。

> 近世学者不知圣门实学之根本次第,而溺于老、佛之说,无致知之功,无力行之实,而常妄意天地万物、人伦日用之外别有一物空虚玄妙不可测度,其心悬悬然,惟徼幸于一见此物以为极致,而视天地万物本然之理、人伦日用当然之事,皆以为是非要妙,特可以姑存而无害云尔。(《朱子文集》卷四六,《答汪太初书》)

在实学中,这些儒者首先强调的是作为实用之学,即胡致堂所谓"适用"(《崇正辩》卷二)之学,朱子所谓"为当世之用"(《朱子文集》卷六九,《学校贡举私议》)之学。吕东莱论述设立大学的目的,说建学在于讲现实、育美材、求实用。(《东莱文集》卷二,《大学策问》)这说的也是作为实用之学的实学。但是,对实学论述最详细的应该是朱子。

所谓实用之学,具体而言,就是对家、国、社会中的人们共同生活实际有用的学问。据朱子所说,这不仅是关于人伦日用的所当然之事,而且是礼乐、制度、天文、地理、兵谋、刑法、律吕、象数等所谓时务之大,以及涉及国家治乱兴亡之迹的、当然必须知道的各种事情的学问,因而涉及社会、自然、历史的范围很广。所以朱子不仅通过闻见,还通晓经术,学习史实,读诸子之书,研究先儒之说,获得人们共同生活所必需的人伦道德、政治、经济、社会的原理及其具体政策设施的知识,并希望将其付诸实践。朱子不仅如此,他还研究与人们生活密不可分的自然界各种现象的法则,这也是实学。(同上)其中,晚年朱子最倾注心力的,如《仪礼经传通解》的编著所示,是对规定人们共同生活的各种礼仪的研究。总之,朱子的实学不仅涉及人伦当然的法则,还涉及到社会、自然的必然法则,但由于朱子是儒者,所以在人道中追求终极。但是根据朱子的说法,那必须符合生成万物的天地之心。朱子的伦理思想之所以广大切至,就是因为这个原因。

朱子认为人心本来虚灵不昧,里面具备万物之理,以应对万事(《大学章句》),因此,认为在此心上下真切工夫,也是实学之要事。而且，这样一来，心体就会变得完备，其结果，心对实事的作用也变得很大。但是，虽说人心是这样的灵活，但是对于各个事物，如果没有一一用穷尽其理的格物致知之功，穷尽万物之表里精粗的话，那也就无法达到，我心的全体大用也很难弄清楚。（《大学章句》传第五章"格物补传"）如前所述，广泛地致力于人们共同生活的理，特别是诸礼的研究，这就是所谓全体大用之学。所以，全体大用之学，就是实学。朱子的后学中出现了提倡全体大用之学的人，可以说是遵循了朱子的实学精神。

如前所述，朱子的实学虽然最终归于人道，但由于涉及自然界的必然法则，其中也包含了实证性、合理性的自然科学的学问。虽然不清楚宋以后中国的这种学问与朱子实学之间的关系，但在日本德川时代可以清楚地看到这一点。例如，十七世纪贝原益轩以朱子学为基础，从道德的体认躬行开始，对涉及礼法、制度、律吕、算法、兵法、语法、医学、本草、博物、农业、物产、名物、食品卫生等广泛的实学进行了研究。当时，中村惕斋、向井元升、宫崎安贞、香川牛山、保井春海等人在自然科学或科学技术方面取得了很大的功绩，但他们都是在学习作为实用之学的朱子的实学之后才成就的。被日本受用的朱子学，在这方面也有了很大的发展，这也是使西方自然科学、科学技术容易受用的原因之一。只是在朱子的实学中，如果强调这方面的话，实学的意义也不得不自己改变，朱子的实学本来是以道德学为根本的，因此，没有与此无关的、完全独立的作为自然科学、科学技术的实学。实学成为意味着与道德学完全不同的独立的自然科学、科学技术是很久以后的事情了。明治初期，福泽谕吉专门把西洋的自然科学、科学技术称为实学以来，实学从朱子学中分离出来了。

宋儒所说的实学是以实理为体之学，他们提出实理来排斥异端。实理与实用可以说是体用关系。朱子认为，事物各有其所当然不可已之则，也有其所以然不可易之故，理尽于此二者。（《大学或问》）所当然之则就是标准、规范，所以然之故也可以说是存在的根本始原。朱子认为前者是不变的实在，后者是自然之则。他认为只要在自然之则上下工夫，能很好地理解其不可已之处，即其自然性的话，就能体会到其所以然之故。（《朱子语类》卷十八）不过，如前所述，朱子说的所当然之理是以人道为中心，因此其中也包括自然法则，那也不只是单纯的、机械的、必然的法则，其特色在于符合宇宙的目的。这里有宋儒以理为实理的理由。以理为本体，如前所述，始于道家，佛家沿袭之，以理来说本体，宋儒也以理来说本体。从宋儒的立场来看，佛、老所说的理是超越性的存在，所以最终被认为是虚的。所以朱子批评佛家，说："只是虚其理，理是实理，他却虚了。"（同上，卷一二六）宋儒所说的实理是相对于佛（老）的空理而言的，空理是指理是空性，并不一定否定理的存在。只是根据朱子的说法，因为理是无声无臭，也就是形而上的存在，本来就具有实性，即是实理，所以佛（老）的立场最终否定了理的实在，因此与其说佛（老）是讲空理，不如说在佛、老中"无理"，能更确切地表现出其弊病。（同上）

宋儒在提出"实学"一词的同时，还提出了"实理"一词，切论理之实，力图阐明儒学的特色。例如，伊川称"天下无实于理者"（《和刻二程全书》卷四），东莱在《大学策问》（《东莱文集》卷二）中强调"实理"，象山称"天秩、天叙、天命、天讨，皆是实理"（《陆象山全集》卷三五，《语录》）、"古人……言理则是实理"（同上，卷一，《与曾宅之》），南轩也说"心本虚，理则实"（《南轩文集》卷三六，《虚舟斋铭》）。朱子关于实理的理论极其精微，这从在《通书解》中将其分为体用来论述，也可以推察出来。

宋儒之所以以理为实，是因为认为理内在于各个事物，是事物自身主体性所具有的本质根源。因此，他们在穷理中切论格物，说理必须就物穷其理，以格物工夫的有无来说明儒、佛之别，这是理所当然的。朱子认为《大学》之所以不说"穷理"，而说"格物"，是因为理是在事物上理会后才能看到其体是实的，因为说见性的佛氏没有格物穷理，所以佛家的理不是实体，而是空体。（《朱子语类》卷一四）

宋儒之所以说实理，是因为他们认为作为事物本质根源的形而上的理，与事物成立的直接因素，也就是应当称为质料的形而下的气是相即一体的，如果离开气，就会失去其实在性。即使认为理气是相即一体的，但因为气本来就是善恶、纯驳、清浊相错的存在，所以从高远的理想立场出发重视理的纯粹性、尊严性，和认为理之实在的基础在于与气的相即的地方而重视这一点上，观点多少会有所不同吧。二元论和一元论的差异由此产生。从二元论的立场来看，一元论的立场有陷入卑贱而走向俗学的恐惧，从一元论的立场来看，二元论的立场有陷入空虚而走向佛、老之学的恐惧，互相将对方视为损毁理之实者。综观宋明理学，可以说，采取前者立场的是宋学，采取后者立场的是明学。

宋儒在穷理中说格物之要，对各个事物都要求穷其理，他们认为各个理最终也会归于自己的心性。但是，如果只讨论心性而忘记了事事物物中的穷理，就会产生实理陷入虚的恐惧。另外，即使是以事事物物上的穷理为事，如果不明白一个个的理最终都是一理的话，即使说实理也不能具有绝对性，最终，恐怕也会失去理之实。他们提倡理一分殊论的理由就在这里。只是佛（老）把万理归于一理，专讲理一而陷入虚，所以宋儒认为在分殊处下工夫才是得理之实的原因，这是理所当然的。李延平对被禅学所迷惑而高谈性命的少壮朱子，恳切地告诫他在分殊处用工夫，是为了告诉他这样才能体会到真正的实理。（《延平答问》）

最能清楚地知道宋儒所说的理是实理，是因为他们认为理以人伦为根本，归于人道。异端虽然程度不同，但都被认为是废除了这个的东西。所以朱子说：

> 庄老绝灭义理未尽，至佛则人伦灭尽，至禅则义理灭尽。（《朱子语类》卷一二六）

当然，人伦和人道是先天的人的本性，即天命之性，是以仁、义、礼、智、信五常为内容的，所以天命之性是实。因此，朱子说，佛氏认为天命之性是空虚的，所以劈头就错了（同上），也不是没有理由的。南轩也同样批评佛氏"泯弃彝伦，沦实理于虚空之地"（《南轩文集》卷二六，《答罗孟弼》）。总之，宋儒所说的理以人伦为根本。所以在他们看来，佛、老无人伦，所以其理是空的，即使涉及到实事，也只能断定是虚的。因为人伦是实际的大纲大本。朱子对于道家指出其有以本源为无、以现在为有的有无兼用的地方，对于佛氏则指出其本源、现在都为无，对此进行了批判。但是佛氏的真空之说又如何呢？那难道是不讲实有吗？关于这一点，朱子说：

> 大而万事万物，细而百骸九窍，一齐都归于无。终日吃饭，却道不曾咬着一粒米，满身着衣，却道不曾挂着一条丝。（《朱子语类》卷一二六）

认为佛氏依然是始终空无的。据此，佛氏的真空之说也最终不过是以万法为空而已。

即使真空之说如上所述，所谓"作用是性"的说法又是怎样的呢？朱子认为，佛氏的心法在作用即性上涉及实事，并不赞成单纯地将佛氏定性为空寂。朱子列举了唐代张拙的诗句"光明寂照遍河沙，凡圣含灵共我家"，作为佛氏涉及实事的证据，并列举了"实际理地不受一尘，佛事门中（万行丛中）不舍一法""色即是空，空即是色"等语，指出佛氏的心法涉及实事。

还有如前所述，他举出"治生产业，皆与实相不相违背"之语，并指出佛氏认为不仅是神鬼、神仙，连农工商、技艺都在我的性中，告诫人们不要轻率认为佛氏是沦于空寂者。但又说，无论怎样涉及到实事，都将其作为我心性中的东西，因此心性的存养是关键。朱子在这一点上也毫不吝惜地承认了佛氏的立场。因为朱子也把万理归于心性了。但是，佛氏所存养的东西，是知觉运动而不是仁、义、礼、智之性，而且只看到浑沦而没有在中间分辨是非，因此将纵横曲直都认为是对的而不区分理和非理，全部都作为性，所以作用相差而七颠八倒，无所适从。因此，佛氏虽说性中包含广阔的实事，但不能实行，没有尽人与物之性赞助自然的化育，所以其道陷于偏倚，不能周遍。偏倚和周遍是实的真与不真区分的地方，总之佛氏的实之说，是后世的黠桀依傍吾儒的道理所说的，因此断定只不过是孟子所说的遁词。（《朱子语类》卷一二六）

陆象山也批评"实际理地云云"之说，如果论不弃一法，虎穴魔宫也会成为佛事，淫房酒肆也会成为道场。这样一来，记录我们圣人之道的《诗》《礼》《春秋》就会被视为绪余土苴。这与吾儒的大中之道不同，以佛氏之道为大偏。而且，究其源流，不出私与利。（《陆象山全集》卷二，《与王顺伯二》）如后所述，象山还以公义和私利来辨别儒、佛。

宋儒所谓实学之实，如前所述，也意味着没有虚伪的诚实。程明道对门人苏季明所谓治经的目的在于传道并使道呈现于事实为目的，但不知为何却以空言无实而结束的问题，说道："诚，只是忠信。"(《和刻二程全书》卷一)正如《中庸》中所说的"诚者物之终始"那样,诚是实理。佛氏所说的"实际理地不受一尘",是不虚伪的真实心,不以万法为空,因而不抛弃人伦道德,难道不是与儒教所说的诚相通的吗?然而真西山却怀疑,佛氏为了追求心的空寂,果真有那样的真实心吗?(《真西山文集》卷二八,《送高上人序》)张横渠说,虽然佛氏所说的"实际"是诚是天德,但佛氏视人生为幻妄,视有为为疣赘,视世界为荫浊而厌恶谢遣,因此即使有"诚"也厌恶"明"。然而,儒者以明致诚,以诚致明,所以有天人合一之道。说佛家遗人,因此其道非天人合一之道,指出儒之诚是明诚一体、天人合一的,对佛氏的"实际"之说加以批判。(《正蒙·乾称篇》)张南轩的诗《《南轩文集》卷六,《题城南书院三十四咏》》中写道:

秋风飒飒林塘晚,
万绿丛中数点红。
若识荣枯是真实,
不知何物更谈空。

据此,无论佛氏怎么说"佛事门中不舍一法",在儒者的眼里,终究只能说是以世界为幻妄的吧。佛氏之所以能涉及到实,是因为提出了"实际"两个字,但将道器作为相即一体,并根据《易》的阴阳变化说明道的横渠,批判了佛氏为了不被昼夜、阴阳连累心而说太虚,说如果不知道《易》的话,即使说了实际,也不知道真的实际。横渠指责佛氏以世界为幻妄的根据就在这里。

对宋儒的排佛论加以反驳的是金代提倡三教一致的李纯甫。比如说"实际理地不受一尘,万行门中不舍一法",他认为是指不以无为打破有为界,不以出世法破坏世间法,所以这并不是横渠所说的那样,是厌弃人生世界(《鸣道集说》卷一),指出:

> 定慧圆成,止观双泯,因该果海,包法界而有余;果彻因源,入微尘而无间;与吾圣人之道,将无同乎?

提倡儒、佛一致。对朱子所谓佛氏认为天地万物、人伦日用之外还有另一种空虚妙不可测的东西的批判论也进行了反驳。

如前所述,朱子指出佛氏对是非善恶没有分辨能力,并对此加以批评。澄观说"无住心体灵知不昧"(《景德传灯录》卷三十,《五台山镇国大师澄观》《答皇太子问心要》),宗密也说"空寂之心灵知不昧"(《禅源诸诠集都序》),"知之一字,众妙之门"(《朱子语类》卷一二六引)。朱子在讲述明德(智)时根据这些禅家的说法,使用了"虚灵不昧"一词,但是和禅家的知有所区别,认为其中具备应对万事的众理的知。(《大学章句》)朱子的立场是,无论知是怎样的灵活,如果其中不具备众理,就无法分辨事理辨别是非,因此,这样的知不能成为真知。

综上所述,宋儒以实与真的有无来阐述儒、佛的区别,又根据人伦的有无来做决定。真西山认为,因为儒道是真实的,因此担心父子之亲、君臣之义上有未尽之处，佛道是空的，因此以此大伦为假合，以世界为梦幻，结果，"释(佛)教以万法为空，儒教以万法为实"(《真西山文集》卷二八,《送高上人序》)。

与朱子同时代的象山也切论实学而排斥佛、老的虚及虚学，但是象山没有像朱子那样以实的有无，即实与虚来论述儒、佛的区别。据象山说，古代与有说而无实的现代不同，虽然实为说之本，但各家有各自的说与实，因此儒、老、佛也有各自的说与实，只不过在其间有浅深、精粗、偏全、纯驳之别，由此形成三家之别，并非至论。儒与佛、老之别，在于公与私、义与利。大概儒家虽涉及虚体也以经世为主，佛氏虽涉及人伦也以出世为主。因此，儒家也拥有虚体，佛氏也拥有实，但根据所宗是经世还是出世，产生了两者的区别。因此，与其以实与虚论其区别，不如以公义与私利论之。(《陆象山全集》卷二,《与王顺伯》;卷三五,《语录》)

象山也和朱子一样以理作为形而上的存在，但真切告诫在穷理上，不要使心驰骋于虚无高远，玩弄知识见解，纵智巧言论，沉溺于意见辩论，从事于闲议论而扰乱卑近简易的实事。(同上,卷一,《与曾宅之》)那是一味以实得(自得)为宗旨而以虚见虚说为非，看起来只有实得才是他最自负的地方，他说：

> 千虚不博一实，吾平生学问无他，只是一实。(同上,卷三四,《语录》)

若得一实，则万虚皆碎(同上,卷三五,《语录》)，这就是象山的立场。

象山之所以如此看重实得,是因为他说"心即理也"(同上,卷十一,《与李宰》),把心视为与理浑一的东西,对心寄予了极大的信赖(同上,卷十,《与詹子南》;卷三四,《语录》;卷三五,《语录》)。因此说退步思量,不要使心骛外(同上,卷三五,《语录》),存养是主人,检敛(考索)是奴仆(同上),举孟子之语,说求放心(同上,卷五,《与舒西美》),先立乎大者(本心)(同上,卷一〇,《与邵叔谊》;卷三四,《语录》),一再强调心之存养的必要性。因此,象山在《中庸》所谓"尊德性"与"道问学"中,将前者作为学之根本,也是理所当然的。(《朱子文集》卷五四,《答项平父二》)与此相对(《朱子语类》卷一二六),朱子遵循程子而认为性即理,对于像"作用即性"的禅宗心法、相信浑沦之心的陆子则持批判态度(同上,卷五七;卷一二六)。朱子也知道心是活的,所以要有敬的存心,但认为对于事物必须一一穷其理,甚至连心也要作为物来说明其穷理之要,排除佛氏的"观心说"(《朱子文集》卷六七,《观心说》),如果不像上述的全体大用论那样,不分本末精粗而穷物之理,就得不到心的全体大用,所以在此阐述了居敬与穷理、存心与致知的并进相即(《大学或问》《朱子文集》卷六四,《答或人》),特别切论了穷理之要。因此可以说朱子是一个唯理论者。尽管朱子把《中庸》的"尊德性"和"道问学"作为学问的要点,但以后者为主的理由就在这里。(《朱子文集》卷五四,《答项平父二》。《陆象山全集》卷三四,《语录》)因为以道问学为主,所以认为在读书穷理上也要用力,在格物穷理上也要寻求广泛的知识,尊崇意见,与人的讨论议论也是必要的。(《朱子文集》卷六一,《答林德久》。《朱子语类》卷一二四)这种主知的态度,从象山的立场来看,是玩弄意见的虚见。因此评论朱子之学，说：

> 揣量模写之工，依仿假借之似，其条画足以自信，其习熟足以自安。(《陆象山全集》卷一,《与曾宅之》)

据象山所说，此语正中朱子的膏肓。(同上，卷三四,《语录》)因此，从象山的立场来看，朱子的穷理难以避免失实、虚见的弊病。

朱子不像象山那样轻易地依赖浑沦的心，而是确立了性作为心之本体，在理气的关系上也提出了二元论的见解。这是因为他力图从高远的理想主义出发，坚持性和理的纯粹性、整体性，并且重视各个理的差别性、个别性。当然，朱子认为在对各个事物的穷理上都要精到，但如果不是与居敬存养相即，就不能精到，穷理精到，居敬也会精微。朱子说，如果像这样积累穷理，就会豁然开朗，达到一贯的境界，从此便没有内外本末、隐显精粗的分别，都成为同归。(《朱子语类》卷一二四)但是，象山认为浑然一体的心之存养有穷理之实，对于门人所说的重视理的差别性、个别性的朱子之学只不过是名物、度数之学的说法，说朱子不能服于此说而排斥了这一说法，但是关于朱子一贯之说，他认为因为见道不明，所以不足以作为一贯。(《陆象山全集》卷三四,《语录》)不得不说，象山以朱子学为外驰支离的原因就在这里。但是，从朱子的立场来看，每个理都是具有差别性的浑一，如果不顾分殊而专求理一，就失去了实理之真。因此，依存于心而不立性之体、急于个物之穷理的象山心学，终究难免忘记全体而陷于偏倚、以万理为空、不承认性中有众理之别的佛氏的虚弊。(《朱子语类》卷一二四) 所以朱子说"江西之学只是禅""陆子静(象山)分明是禅"。(同上，卷一二三)

朱、陆的论争，可以说是从理学中唯理论和唯心论的分歧出发的，这又可以说是客观主义和主观主义的论争。而且两者各自以自身为实，以他人为虚，所以这也可以说是儒学内部的实与虚之争。朱、陆都认为作为根本实在的理，既是规律的，又是生命的，也可以说是两者的浑一体，但朱子比较重视前者，象山则倾向于重视后者。这也是产生唯理论与唯心论区别的一个原因。如果重视规律性，就有陷入形式化而缺乏生命力的忧虑，如果重视生命性，就有流荡而失去条理的忧虑。朱、陆都说理为实，也就是实理，但从这里所述的观点来看，互相都以自己为实，以他人为虚，也可以说是有其相应的理由的。

朱门高弟陈北溪提倡朱子学，对陆学一派进行了尖锐地批判，并对阻止其流行有功绩。他与同门的黄勉斋等人一起，讲述了朱子的全体大用之学，而北溪长于思索，详细明确地解说了朱子学的概念，致力于朱子学的普及。这也成为使朱子学陷入训诂学，使其走向虚学的一个原因，看了后来的朱子学就知道了。元明时代朱子学为举业所采用，并进行朱书的注疏，使之普及，在明代特别盛行，朱子学大为流行。但是，这也导致了朱子学陷入训诂之虚学的结果。然而另一方面，从元朝到明初，朱陆同异论抬头，这可以说是宋代理学中虚与实的调和论。这似乎影响了明初朱子学。之所以这么说，是因为在明初朱子学中有这样一种倾向，即使说理也要即气而说，即使说居敬和穷理也重视居敬，在居敬中也有穷理，这可以认为是朱子学向陆学接近的表现。

陆学在宋末以后衰微，到了明朝中叶，王阳明出来表彰，继承陆子的心学，才再次受到人们的关注。王学以致良知作为学问的宗旨，可以说是启发了象山心学的奥秘。阳明所说的良知即天理，致良知即穷理，所以在致良知说中，理的实体比象山的心即理说更加清晰，并且明确指出工夫是本体的工夫，所以实的工夫更加真切。因此，阳明认为象山的心学虽然与"揣摹依仿，求之文义"的朱子学不同，但仔细看的话会有粗糙的地方。(《传习录》卷下) 另外，在象山的心学中，物与心、心与理、内与外的一体之处未必明晰，但从下面列举的阳明的物心论、格致正诚论来看，阳明对此的学说实在精微至极。也就是说，身的主宰是心、心的发动是意、意的灵明是知、意的涉着处是物 (同上，卷下)，因为有知有意所以知是意之体，意的作用处必有物，无意则无物，因此说物是意之用 (同上，卷中，《答顾东桥书》)，论述格致正诚，说：

> 格物者，格其心之物也，格其意之物也，格其知之物也；正心者，正其物之心也；诚意者，诚其物之意也；致知者，致其物之知也：此岂有内外彼此之分哉！理一而已。以其理之凝聚而言，则谓之性；以其凝聚之主宰而言，则谓之心；以其主宰之发动而言，则谓之意；以其发动之明觉而言，

则谓之知；以其明觉之感应而言，则谓之物。故就物而言谓之格；就知而言谓之致；就意而言谓之诚；就心而言谓之正。(同上，卷中，《答罗整庵少宰书》)

结果，阳明以良知作为天理，作了如下阐述：

所谓致知格物者，致吾心之良知于事事物物也。吾心之良知，即所谓天理也。致吾心良知之天理于事事物物，则事事物物皆得其理矣。致吾心之良知者，致知也。事事物物皆得其理者，格物也。是合心与理而为一者也。(同上，卷中，《答顾东桥书》)

据阳明所说，朱子的格物穷理之学是文义外求之学，是"竞搜物理外人情"(《王文成公全书》卷二十，《次谦之韵》)的东西，是忘了根本而"枝枝叶叶外头寻"(同上，《咏良知四首示诸生》)的东西，是忘了万化的根源、自然的命根，也就是所谓"天真"(同上)，追逐其影与响而陷入支离的东西。总之，象山的实学到了阳明，变得更加真切精微了。中国思想史上从虚到实的展开，至此有达到其极致的感觉。

五、朱子学末流虚弊的救正

朱子学在明朝中叶王阳明出现之前约三百年间，在社会上流行起来，在此期间，如前所述，产生了支离外驰、训解记诵的弊病，其实学也产生了走向虚妄的弊病，所以朱子学者中也出现了致力于其救正的。继承朱门再传真西山之学说的元许鲁斋，虽然尊崇朱子学，但比起"道问学"方面更重视"尊德性"方面，因此比起致知的方面，更重视涵养的方面。(《许文正公遗书》卷三，《大学要略》；卷一，《语录上》)同为元代大儒的吴草庐，认为朱门黄勉斋系的学者以经解训诂作为朱子的全体大用是错误的，在排除"道问学"和"尊德性"之偏用的同时也重视"尊德性"，在阐述朱子学的同时称赞陆学，谋求朱陆调和，想以此来拯救朱子学末流的虚弊。(《吴文正公集》卷二，《尊德性道问学斋记》；卷二六，《仙城本心楼记》)草庐就这样阐述了朱陆同异论，其论经门人虞道园、从赵东山到明程篁墩变得详密。朱陆同异论，总之就是朱陆同归论，认为朱、陆都是以实理实学为本的。

元代还有一位朱子学者刘静修，他深刻地潜心于天理，在静中体认融释，试图使天心自得(《静修文集》卷一六，《驯鼠记》；卷九，《秋夜》)，这也是想要以天理的体认实得作为学问的要点，来拯救朱子学末流的虚弊。

自宋末以来，陆学虽然走向衰微一途，但当我们观察上述元朝朱子学者的学风时，就会发现，陆学在暗处被朱子学者所吸收，对挽救朱子学末流的虚弊有所帮助。因此，明朝开国之初，出现了以博学致知为宗旨，但不排斥陆学，而阐述心学要旨的朱子学者宋景濂、王子充等人，也不是没有理由的。(《宋学士文集》卷二八，《六经论》《华川卮辞》)接着出现了薛敬轩、吴康斋，接着又出现了胡敬斋、陈白沙等人，明初的朱子学也有了新的发展。他们或将朱子学中的居敬与穷理归于居敬一路，或将朱子学的穷理归于心的静虚存养。薛、胡虽将穷理归于居敬，但充分体现了朱子以二元论为本的实学精神，旗帜鲜明地以朱子学批判了佛、老及陆学的虚弊。但将穷理归于居敬，可以说是对陆禅超克的结果。吴、陈二儒，特别是陈白沙的朱子学，以心的主静存养为宗旨，追求心的静虚，因此与陆门杨慈湖的静虚之学有相通之处。如果不考虑动静之别，在强调心学这一点上，可以说他们的心学是阳明心学的先驱。在上述四儒中，以居敬为宗旨，拯救了宋末以来朱子学末流的虚弊，明辨朱子学和异端异学，痛斥佛、老及陆学，并将批判的锋芒指向被它们污染的儒者，痛论朱子学之所以为实学的是胡敬斋。他认为，佛、老犯了误认理为气，将心直接当成理的错误（《居业录》卷七,《老佛编》）；对陆学的唯心论当然痛斥；对宋邵康节之学，也说其放旷而不实用（同上，卷三,《圣贤》）；同样说张横渠的太虚说、太和说是以气为道体；程门的谢上蔡的"心之放开"是流于庄、佛，批判其学（同上）。就连与敬斋同门的陈白沙和娄一斋的学问，也加以批评称其陷禅。（同上）敬斋的这种批判论，当然是以朱子的二元论精神为根据的。

如前所述，朱子主张唯理的理气二元论，但在仔细研究其内容时，也许可以认为，从价值论来说是二元论，而从存在论来说却是一元论。如果不能很好地理解这一主旨，而轻易地固守二元论的话，就有可能产生以实有之理陷入佛、老之虚无的错误。但也不要忘记，虽说是一元论，但它是以理为主，而不是以气为主，否则就会失去朱子讲求实理的精神。到了明中叶，出现了罗整庵，他提倡以理为中心的理气一元论，挽救了理气二元论的流弊，同时又阐明了理气中的体用之别、性心之别，从这一立场出发阐明了相对于佛、老虚学的朱子之实学，由此不仅对佛氏、陆学，还对陈白沙的静养之学、其门人湛甘泉的天理体认之学进行了批判，认为它们是禅学或是接近禅学而攻击其虚弊。特别是对王阳明的致良知说加以批判，认为这是以良知为知觉，因而与以用为体的佛说相同，而阳明以良知为天理是和无视万物中实在之理的禅是一样的，所以排斥它。(《困知记》卷三。《正谊堂全书》，《罗整庵集》卷一，《答欧阳崇一》《又答允恕弟》)他对阳明唯心的格物说也进行了批判，认为这是局限于内而遗外的禅学。(《困知记》卷一、三。《正谊堂全书》，《罗整庵集》卷一，《与王阳明》《答欧阳崇一》《答允恕弟》)他对陆学派中持静虚思想的陆门杨慈湖进行了猛烈的批判，认为禅学误人已经到了如此的地步。(《困知记》卷三)因此，提倡致虚静养，主张"霸柄入手"的陈白沙的学问自不必说(同上，卷二)，对于主张体认天理的甘泉，也批判其说对天理的认知不真切，并说他是象山一派之学，对其进行了责难(《正谊堂全书》，《罗整庵集》卷一，《答允恕弟》)。

被整庵视为难免陷禅之弊的甘泉，是阳明的讲友，共同倡导体认之学，致力于拯救朱子学末流支离外驰的弊病、虚弊，但从晚年阳明提倡致良知，甘泉提倡随处体认天理之学之后，形成了两学相对峙的局面。甘泉之所以阐述天理的体认，是因为他认为，天理贯穿内外心事，中正而无偏倚过不及，且是以万物为一体，内具流行发用、扩充分殊、支节粲然的东西，并且是不堕入格式之固硬，不涉及生命之私意的浑然一体的实在。从这一立场出发，甘泉批判道，阳明的致良知说以"腔子里"的心为宗旨，产生内外二分的弊病。(《湛甘泉文集》卷七,《答杨少默》) 他认为，阳明的这一说法足以拯救支离外驰的弊病，但终究还是有陷入禅之心学的危险。甘泉之所以在体认天理上冠以"随处"二字，是因为他认为天理是无声无臭，即形而上的实际存在，因此是定体，但不是住在一处的，所以如果不随处体认，就会执着于无声无臭之见而陷入虚弊。从这一立场出发，他批判说杨慈湖的静虚之学执于无声无臭之见，对阳明之学，也批判其陷入无声无臭之障。(同上，卷二三，《天关通录》) 当然，他对将良知分为虚寂之体和感应之用、以归寂立体作为学之要的王门归寂派持批判态度也是理所当然的。

六、王门三派间虚实的纠葛

王门分为现成（左派）、修证（正统派）、归寂（右派）三派，但由于时代风潮的影响，只有左派的现成派极为兴盛，风靡明朝。现成派以良知为现成，说当下即是，以直下的承当，即顿悟为宗旨，但到了其末流，以任知觉、好恶之情为致良知，专门揭示本体而轻视工夫，因此废除德业，蔑视社会纲纪，走向了猖狂一路。陆、王的实学至此也不得不说产生了虚弊。

本来陆子的心学，留下了沈定川、舒广平、袁洁斋、杨慈湖，也就是所谓"明州四先生"的传承，尤其是杨慈湖的传承很繁荣。其他的三儒有摄取朱子实学的方面，而慈湖提倡以心的静虚明澄为宗旨的心学，所以朝着违背师门的方向，内含有使陆子的心学陷入虚弊的流弊。然而，良知现成派的思想，把阳明的致良知之学推进到其极致，反而也产生了使其陷入虚弊的倾向。

王门三派之间也有虚实的纠葛。现成论是王门王龙溪、王心斋提出的。龙溪认为阳明的本旨是排除一切意见情识，直下悟入良知的绝对无处。(《王龙溪全集》卷三，《答中淮吴子问》)因此认为阳明的"四句宗旨"反而是权教，排除王门钱绪山的有善说、四有说，提倡无善说、四无说，领悟无善无恶的心体，从无处建立根基，意、知、物都必须同时从无产生。认为这样一来，就可以得到有无即一的真机了。(同上，卷首附录；徐阶《龙溪王先生传》)这种顿悟，与从有入无、走向玄虚的杨慈湖的悟不同，是从无入有、走向浑融的，而龙溪之所以说这样的悟，是因为他认为，心体是现在的有而无，即当下即是、当下现成的，所以学只有直下的承当。根据龙溪的说法，如果像钱绪山那样以意、知、物有善恶，在有上证明无，在工夫上寻求本体的话，就会陷入阶级的见解、分别的见解，因而堕入意见情识，最终无法达到一个心体的绝对处，因此排除修证说(同上，《龙溪王先生传》；卷四，《留都会纪》)。又说将良知分体用而以归寂立体作为学问宗旨的话，就会落在内外动静之见上而产生意见安排、认定执着的弊病，结果执着于境而追逐光景，以意见承当，喜静厌动而沉沦于佛、老二氏的虚学，从而批判了聂双江、罗念庵等人的归寂说。(同上，卷十，《答罗念庵》。《罗念庵集》卷三，《答王龙溪》) 相对于龙溪的现成思想多是通过觉悟得到的，心斋的现成思想更多是通过践履得到的(《近溪子集》，《数》)，他在阐述自我的现成及其直信自信的同时，也重视实事实用。[《王文贞公集》卷二，《语录上》；卷四，《大成歌》(寄罗念庵)] 现成派大致分为两派。一派是罗近溪、耿天台、周海门等人，或以龙溪通融之悟为宗旨，或强调心斋的实事，切论自我的现成。还有一派是颜山农、何心隐、李卓吾等人，崇尚性情的自然，任游侠、意气，以闻见、格式、道理为障道而排斥之。尤其李卓吾说"酒色财气一切不碍菩提路"(《明儒学案》卷一六，《江右王门学案一》，《颖泉先生语录》)，时有极端言论，讴歌传统上被认为低俗的人的性情，紊乱人伦纲纪，把道学家的面具剥得体无完肤。宋明理学的实学思想至此也未能避免陷入猖狂的弊病。

归寂说为聂双江所提出，从罗念庵、刘两峰到王塘南变得透彻。如前所述，良知分为虚寂之体和感应之用，归寂派以归寂立体以求达用作为学问宗旨。在聂双江看来，现成说自不必说，就连接下来要说的修证说也本末倒置，落入孟子所谓"义袭"(《聂贞襄公文集》卷六，《答欧阳南野书三》；卷七，《答邹东廓司成书三》)，指责其由于私意按排、意见情识的插入而陷入支离纠葛。

修证说是王门钱绪山、邹东廓、欧阳南野等人提出的，他们说本体工夫的合一，但认为最终良知的本体是要通过工夫才能得到的，指出否则要么就有可能像现成派那样走向任情肆意，要么就有可能像归寂派那样陷入弃物的弊端，甚至误导阳明的实学，并对此加以批判。归寂说也好，修证说也罢，都暗地里寄宿着指出天理的严存，说明内省工夫之要的朱子学的影子，并试图通过接近朱子学来挽救现成派的虚弊，以保持阳明的实学，但是两派却不怎么繁荣。

在阳明学亚流中出现了一个值得注意的现象，那就是虽然以儒教为中心，但却从现成的立场出发，提倡儒、道、佛三教一致的李卓吾、林兆恩等人出现了。这里的三教一致论并非单纯的三教调和论，而是遵循三教本来就是一本的立场。佛、老的虚学和儒教的实学以这种形式融合在一起，这是很有趣的事情。

七、挽救虚弊的新朱子学的建立

玄学在魏晋的流行，终于产生了清谈，使道家的虚学最终导致了任诞。明末现成派的流行使陆、王的实学陷入了猖狂的弊病。从程、朱等人的实学来看，这无疑是虚妄之举。但到了明末陆王学流弊的朱子学者中间，也出现了像陈清澜那样明确朱陆之辨，从朱子唯理的二元论立场出发批判陆子乃至阳明的唯心一元论，将其断为佛氏的改头换面而加以痛斥的人。但是阳明学的兴起和流行，给一般的朱子学者带来了反省，其结果是，也有人想通过超克陆、王的唯心论，或者承认其一部分而建立起新朱子学，以拯救陆王学的流弊。湛门派中，许敬庵及其门人冯少墟出来，阐述了新朱子学。敬庵虽然很好地理解了阳明说本体与工夫即一的主旨，但鉴于现成派末流的弊病，提出"克己"，以严肃的实修为要，认为其中有本体工夫合一的主旨，又鉴于现成派末流的流荡弊病，说明了静养的必要。他认为现成派的这种流弊归根结底源于王龙溪的无善说，并以此为基础与主张良知现成的周海门展开了激烈的争论。(《敬和堂集》卷五，《答周海门司封谛解》)冯少墟认为，为了说心而论理是吾儒之道，以理字之有无作为儒佛之辨的骨架，使理落空为无的佛氏的空空无无之论，最终只能成为纵欲。他痛斥这一论调只不过是投向世俗的"好利败义"而伸张其辩解而已。(《冯恭定全书》卷一，《辨学录》；卷八，《善利图说》)因此，他以现成派的无善说，即无善无恶说作为佛、老的空无之论，对其辩难倾注了最大精力也是理所当然的。(同上，卷一，《辨学录》；卷十五，《答张居白大行》《答黄武皋侍御》)少墟认为，无善无恶说之所以流行，是因为人们不知道只有通过明辨本体和工夫才能得到其一体之真，因此以明辨为要。他认为，如果错误地将本体作为工夫，只在本体上下工夫，就会陷入陷空放肆的弊病；如果错误地将工夫作为本体，只在工夫上用力，就会陷入支离拘滞的弊病。(同上，卷一五，《答杨原忠运长四》)因此，可以说他认为本体和工夫的明辨中有虚实之别。

东林派的顾宪成、高忠宪也提出了新朱子学，致力于挽救王学末流的弊病。他们摒弃了在浑然之心上求理的陆王之学，遵从主张理在于心之体，即性上的朱子学，讲授性学提出性善，明示性之定体，致力于性善说的复兴，以辩难现成派的无善无恶说。(《顾端文公遗书》,《证性篇·罪言上》;《还经录》;《小心斋札记》卷三,一八;《泾皋藏稿》卷六,《朱子二大辩序》。《高子遗书》卷八上,《观白鹭洲问答致泾阳》)但是,他们探索本体与工夫、心与理的巧妙结合,以基于主静体认的深造自得为宗旨,由此不仅现成派末流的猖狂之弊,而且朱子学末流支离之弊也能够挽救。(《小心斋札记》卷四。《泾皋藏稿》卷四,《答周仲纯》。《高子遗书》卷一,《语》;卷三,《静坐说》《困学记》)特别是忠宪的主静体认实学是深潜的,它通过王学加深了朱子学的存养之学。这也可以说是以王学为媒介,使朱子实学的一面取得了进展。宪成又从本体工夫论出发,对现成派的当下即是说加以批判,试图拯救其弊病。也就是说,他指出当下是位于本体和工夫上的现实存在,鉴于当下即是说的流弊,说明了工夫的要点,想要以此来拯救它。(《顾端文公遗书》,《当下绎·源头关头》)

　　继冯、顾、高之后,致力于挽救王学末流弊病的,是许敬庵的门人刘念台。明末思想界最后以念台的出现而放出一段光辉。他虽然对朱、王两学进行了批判,但也有折衷的地方。总之,可以说他是超越了朱子学的新王学者。因为他启发了阳明知行合一学说深处流淌的血脉,即生命体,并以此为本形成了自己的学问。(《刘子全书遗编》卷一三,《阳明先生传信录三》)重视心体的血脉生命的念台,不喜欢提出性作为题目,而把它作为心体来论述,并且把它的绝对价值,即至善,作为无限定的东西,即无善,也是理所当然的。《人极图说》(《刘子全书》卷一)中开头所说的"无善而至善,心之体也",即揭示了这一微旨。念台之所以这样说,是因为像朱子那样说性即理,即使其性与佛、老的性不同，如果将其定立，最终会与气对立，其结果是性会失去血脉生命而陷入禅的支离空荡。所以，他说朱子的心性二元论以心为支离破碎而陷入空虚，有和禅相通的地方，对此加以批判。(同上，卷一三，《会录》。《明儒学案》卷六二，《蕺山学案·刘蕺山传》)又说阳明的良知，只要不以血脉生命之体为主，就会陷入禅之觉，对此又加以批判。(《刘子全书遗编》卷一三，阳明先生传信录三)

念台所说的心体，是心的存主，在念台看来，它不是主宰心的一物，而是心的主宰，因此主宰即流行。因此，它是有无合一、有无无间的至微之枢纽(《刘子全书》卷十一,《学言中》;卷十,《学言上》)，因此又说未发而存发一机。念台认为这种心体所追求的是好善恶恶的好恶之意。这种好恶不属于情或念，而是属于意。念台认为，属于情、念的好恶，是两念相对发动的，所以善恶是相互对立的，但意的好恶是善，虽有两用却为一者，虽然作用相反却与心体是一体，因此说两在一机、存发一机。(《刘子全书》卷一九,《答史子复》;卷一九,《答叶润山四》;卷九,《答董生心意十问》)念台认为，以这种意为心体，心可以保持定向，摆脱沉沦于无之虚寂、流荡于有之任辟的弊病，得到一源无间的几微，保持作为真正主宰的面目。念台之所以将以往被认为已发的意作为未发之心体，无非是因为重视心的血脉生命，极力担心其走向支离外驰。念台将意作为心体、未发，与作为心之所发的念相比较而加以区别，认为通过明确意、念的区别，可以消除遮蔽儒的佛、老阴翳。念台认为，念与意的混为一谈是导致儒教心学不明的原因，弄清楚了这一点，儒教心学的特色也就清楚了。杨慈湖、程伊川、朱晦庵、王阳明也因为这一点不明白，结果在念头的起灭处寻求实地，结果不免陷入支离空荡。(《刘子全书》卷九,《答董生心意十问》；卷十一,《学言中》；卷十二,《学言下》；卷九,《商疑十则答史子复》)综上所述，念台以诚意作为学问立命之符，想要以此排除异端，挽救朱、王学的流弊，也是理所当然的。

八、事功派与唯气派的实学

如前所述，理学中的实学思想是在程朱和陆王两派的纠葛中展开的，南宋的事功派和明末的唯气派也提倡与理学不同的实学。这两派在当时并不兴盛，唯气论直到清朝才逐渐兴盛起来。永嘉的薛艮斋、陈止斋、叶水心和永康的陈龙川属于事功派，又被称为永嘉永康学派。理学具有以道的纯正和当为的规范为主要着眼点，严格指导实事事功的理想主义态度，与此相对，这一派采取以实事事功为主要着眼点，没有这个那么道就不可能存在的现实主义态度。因此，事功派认为理学中难免有佛、老的虚学，这是理所当然的。他们宣扬道器一体、义利一致、王霸双行。因此，对于理学，他们指出有轻视事功、偏于义理、重视心性涵养的倾向，并指出在那里有可能陷入佛、老的虚学，对此持批判态度。叶水心等人骂理学家，谴责佛、老，却反而陷入其虚弊，陷入夷狄之学。(《叶水心文集》,《习学记言》) 陈龙川认为有事功的地方才有道德，治道也是，如果只讲道义而不涉及实事，就会堕入空虚，如果不按人心所愿而实施，就会失去其手段(《陈龙川文集》卷九,《勉强行道大有功》)，并严厉批判了理学家的道德史观(同上，卷二十,《答朱元晦秘书》)。

以上，从虚与实的矛盾方面对宋以来的实学思想进行了概述，在接受它的朝鲜、日本儒学中也存在着虚实的矛盾，展开了有趣的实学思想。

第六章 宋学的精神——唯理的思想

一、周、程的思想

宋学（理学）由周濂溪开其端绪，指明其方向。从这个意义上说，濂溪是堪称宋学开山鼻祖的儒者。爱好莲花，说菊为花之隐逸者、牡丹为花之富贵者、莲为花之君子。（《周子全书》卷四，《爱莲说》）当时的诗人黄山谷也创作了一首喜爱莲从淤泥中出来放出清香的诗。（《山谷诗集》卷一，《赣上食莲有感》《赠别李次翁》；卷一三，《次韵答斌老病起独游东园二首》）当时爱莲并非稀有之事，这大概也是受到了佛教的影响。但濂溪把莲花当作花之君子来喜爱，在了解他的人品学术上有着重要意义。这里所说的君子是什么样的人物呢？仰慕"高尚其事"一味追求清纯的隐士的超俗心境，但厌恶其高蹈独善，在通达现实社会的同时，又严厉地斥退了世俗功利，将超俗性和社会性统合归于一的，可以说是君子。濂溪认为，安于本性而成为君子的人是圣人，努力成为君子的人是贤人。理想是成为这样的圣贤，这就是做学问的目的。可以说，濂溪揭示了宋学的终极目标，这不能不说是一项伟业。

山谷评价濂溪的人品，称"胸中洒落，如光风霁月"（《豫章黄先生文集》卷一，《濂溪诗序》），二程子叙述了与濂溪见面归来时的心境，"吟风弄月以归"，成为与曾点相同的超俗气象（《和刻二程全书》卷三），正因为拥有这样的人品，濂溪才会仰慕贫穷而快乐的颜子（《通书·颜子章》），让二程子寻求孔颜的快乐境界（《二程全书》卷二）。程伊川在太学写了《颜子所好何学论》，使学官胡安定大为惊叹（同上，卷八），程明道在与濂溪见面后，开始厌弃举业，也是因为其感化吧。濂溪厌恶世人多巧而作《拙赋》，他说：

> 巧者言，拙者默；巧者劳，拙者逸；巧者贼，拙者德；巧者凶，拙者吉。（《周子全书》卷四）

以外巧的劳骚为非，寻求内实的安逸，这很符合濂溪的人品。濂溪又如后文所述，强调无欲主静，在那里有发挥道、释风貌的东西，但另一方面，遇事刚毅果敢，被称为有古人之风（《周子全书》卷六，潘兴嗣撰《濂溪先生墓志铭》），刑事必须以秋天的肃气，诉讼必须中正明达果断（《通书·刑章》），从官业实在精绝来看（《濂溪先生墓志铭》、《周子全书》，《年谱》），濂溪确实具有儒者的风貌。这两种态度并不矛盾，因为它们无外乎显示出通过超克仙老而被扬弃的儒道的体与用、内与外、静与动之相。这一点只要读一读《爱莲说》就不难理解。就"拙"而言，如"天下拙，刑政彻。上安下顺，风清弊绝"（《拙赋》）所说，从儒教的立场出发超越了老子的"拙"，关于"无欲主静"，也说"无欲则诚立明通"（《周子全书》卷四，《养心亭记》），又如说：

> 无欲则静虚动直。静虚则明，明则通；动直则公，公则溥。明通公溥，庶矣乎！（《通书·圣学章》）

很好地超越了老子的"无欲"，发扬了儒教的立场。

濂溪的伟业之一，是通过老庄、《易》、禅等，升华了传统儒教的天人合一思想。中国的思想界从唐朝中期开始渐渐酝酿起文艺复兴的风潮，韩愈著有《原人》，接着圭峰宗密著有《原人论》，考察了人类在宇宙中的地位，试图阐明人类存在的本质。也就是说，韩愈根据儒教的天地人思想，明确了人是天下的主宰者，宗密根据华严，把宇宙的万象作为心识的变化，把人作为最灵活的存在。濂溪继承此后，著有《太极图》及《太极图说》，试图探寻人类生成的本源，探究人性的根本，揭示圣人的本质。也就是说，濂溪认为太极是宇宙的本体，从太极是形而上的、无限定的、绝对的存在这一点出发，认为太极是无极，通过"无极而太极"的本体和阴阳二气、五行的分合，生成了万物。他认为，"无极而太极"的本体在价值上是非时间性地先行于阴阳二气的，但这一生成论的特色在于本体内在于阴阳五行和万物之中并与之混融。因此，本体是作为事物之性而主宰之的存在。

在濂溪的生成论中还有一点需要注意，即认为只有人类才能禀赋得秀气，是万物的灵长。(《太极图》.《太极图说》)濂溪的本体论、生成论，显然是将老庄的无极论和《易》的太极论以及汉儒的五行论巧妙地融合在一起的，但正如"无极而太极"之语所表明的那样，特别将老庄的本体论作为否定的媒介，在发扬儒教的本体论方面具有历史的重要性。濂溪说的性是仁、义、礼、智、信的五常，而以诚作为五常之本、百行之源。(《通书·诚下章》)这个诚相当于"无极而太极"。濂溪在《通书》中阐述了以诚为本的人性论，他以通过《老子》的无而被扬弃的广阔精微的天人合一之道的《中庸》之诚为本，并融释了《易》的思想，使之更加精微。根据濂溪的说法，诚是静无而动有，至正而明达（同上），其发动微而充周无穷，有连痕迹都看不见的神妙作用（《通书·诚几德》）。安于此天性的是圣人，复之并执守的是贤人。（同上）诚是纯粹至善（同上，《诚上章》），无为而万理自至，但人有刚善、刚恶、柔善、柔恶、中的气质之性，所以仁、义、礼、智、信五常发动于外的时候，人欲萌动，善恶产生，人极不立。（《太极图说》、《通书·师章》）濂溪列举了慎动、主静、知几作为恢复本性的工夫。

慎动就是通过动而正、用而和，使其遵循五常（《通书·乾损益动章》《慎动章》），总之，是止于中（同上，《师章》）。濂溪说圣人以中正仁义定性（《太极图说》），虽说是中正仁义，但以中正为主，中正也以中为主要，所以把止于"中"作为慎动的工夫。这无外乎纠正性之偏，使之恢复为"中"。

濂溪说主静，但认为其静是无欲始得（《太极图说》），认为孟子所谓寡欲尚未达到（《养心亭记》）。这种静不是与动相对的静，即相对的东西，而是贯穿动静的绝对的东西。那就是，要成为圣人就要一，一是无欲，无欲则静而虚，动而直之类（参见上文），由此可以知道这一点。因此，毋庸置疑，濂溪所说的主静是与佛、老性质不同的东西。

如前所述，濂溪所说的诚是纯粹至善而无为，但他认为动之微，即几中可分善恶，所以他根据《易经》讲知几。（《通书·诚几德章》《圣章》《思章》）在这种情况下，他把思作为圣功之本、吉凶之机，按照《书经》中的《洪范》来说明"思"的要点。濂溪说，因思而能通，通微则思深，最终达到无思，其结果至无不通而成圣。(同上，《思章》)无欲主静和无思是通过超越老庄、禅的静无而得到的。

濂溪的门人程明道、程伊川兄弟开始提出"理"作为世界的根本实在，由此奠定了宋代理学的基础。儒教虽然是孔孟之教，但孔子说道以具体的日常行为为主，孟子则论及孔子几乎没有触及的本源心性。这是因为他意识到道德行为实际上是人内心深处欲罢不能的流露。孟子可以说揭示了孔子之道的本体源头。到了《中庸》，它变得精微广大。韩愈也说，孟子死后儒教的道统断绝了，到了宋代才逐渐继承下来。但这并非单纯的继承，因为它是以禅学和老庄为否定的媒介而被扬弃的。开始继承绝学的是二程子。

程子兄弟认为"性即理"，在把性理作为学问的宗旨这点上是一致的。但不得不承认两学之间是有差异的。后学中产生了理学派与心学派之别，追根溯源，说其发源于二程子也不为过。因为朱子提倡性即理说，以《中庸》的"道问学"为主，陆象山提倡心即理说，以《中庸》的"尊德性"为主，两者都以理学为本，而朱子以伊川为本，建立学问的基础，并折衷北宋诸儒而集宋学之大成，象山则对伊川持批判态度，毋宁说是根据明道之学建立了自己的学问。

明道在观察现实的人生社会时，比起矛盾纠葛的一面，更关注亲爱温和的一面，从崇高的立场出发，寻求包容、生成一切的道，因此他的学风是整体的、经验的，对事物是宽容的。然而伊川则与此相反，他对矛盾纠葛的一面非常敏感，树立了至纯至高的理想，试图严格地对待，所以他的学问是分析的、主知的，对事物是严格的。为什么会产生这样的差异呢？这是因为两人性格气象上的差异反映在学风上的缘故吧。明末刘念台的《人谱类记》（《和刻人谱类记》卷下）中记载了下面这段轶事，虽然真假难辨，但巧妙地刻画了两人性格气象的差异。有一天，两人在某家共饮，当时在场的两位艺妓邀二人乘船。伊川见了艺妓，怒色大发，拂袖离去，明道却与其他客人尽欢。第二天早上明道造访伊川的书房，伊川仍带着怒色提到了昨天的事，明道笑着说："某当时在彼与饮，座中有妓，心中原无妓。吾弟今日处斋头，斋中本无妓，心中却还有妓"。明道说"吾心中原无妓"，并不是蔑视艺妓，而是因为他有一颗以造化之生意对待艺妓的心。濂溪不除窗前草，有人问其理由，濂溪回答说："与自家意思一般。"（《和刻二程全书》卷三）在《人谱类记》（卷下）中，这个故事与明道有关，明道认为不能剪窗前的草，说"欲观造化之生意"。这个故事很适合看出明道的性格气象。据说明道坐如泥人，接待人则一团和气。（《二程全书》卷三九）门人朱光庭在会见明道一个月后，谈到当时的感想时说："在春风中坐了一月。"然而游鹰山和杨龟山初次访问伊川时，伊川正在静坐，于是伊川让二人侍立，傍晚让他们回宿舍去了。据说当时门外的积雪有一尺左右。（同上）另外，明道在与门人讲论时，如果意见不合就说"更有商量"，但在伊川却说"不然"。（《二程全书》卷三八）不可否认，这种性格气象的差异，是使两人的世界观产生差异的原因之一。

明道有着一元的世界观。因此，他将《易·系辞传》中所说的形而上的道与形而下的器作为不可分割的东西，认为"道亦器，器亦道"(同上，卷一)，道与器是浑然一体的。因此，他即使要阐述性，也要立足于生来阐述，连"生之谓性"的告子之说，他也没有拒绝。(同上，卷三)对于心与理的问题，他也说"心是理，理是心"(同上，卷十四)，立足于心来阐述理。为什么要采取这样的立场呢？这是因为，他认为道是包容、生成一切的东西，并试图托付其自然性和本来性。

《易·系辞传》中有"天地之大德曰生"的记载，明道以生成物而无停息的流动温暖的生命为天理。这样的天理，看来是通过体验而自得的，他说："吾学虽有所受，天理二字却是自家体贴出来。"(同上，卷三九)这个天理就是内在于人的性(同上，卷二)，其内容无非是自己生存的同时使他人生存的万物一体之仁，并以认识仁的生意，即"识仁"作为学问的要点。他提出手足麻木称为不仁这一医学用语，明确了仁的生意，又说，可以按着身体的脉搏来体仁，说在鸡雏中观察万物的生意(同上，卷七、一二、二四)，不停地观察其生意，并加以体认。从"满腔子是恻隐之心"(同上，卷四)也可以推测出，这种仁是由于深切的体认自得而来的。因此，在讲授《诗经》时，不作章句解释，而是让门人优游玩味、上下吟哦使其自得，这是一种多么符合明道的做法。因此又致力于存养工夫，对于仁，认为如果识得，就必须排除防检穷索的行为，以诚存养之。(同上，卷一、二)他像这样以玩弄人的智慧为非，存养本体，并将其委托给诚实，因此说明了诚敬之要。(同上,卷二)诚敬则物至时知至,就像"物各付物"那样,物各得其处。(同上,卷七)那样的话,就不会被内与外所束缚,两者都忘记而性(心)也会变得澄然而无事,安定下来。安定则泛应曲当,廓然大公,物来顺应。(《定性书》)因为其采取了这样本来的、自然的立场,所以作"万物静观皆自得,四时佳兴与人同"(同上,卷五四,《秋日偶成》)、"静观万物有春意"(同上,卷四一)诗句来说明静。明道的静的立场虽然看似接近老庄的超越立场,但实际上应当认为是由儒家的东西提炼而成的。要说为什么,因为那同时是"物各付物"的立场。明道乍一看是在说一条超越的道,但我们不能忘记,他对社会生活的现实并不是漠不关心,反而深藏于其中。《秋日偶成》中的"道通天地有形外,思入风云变态中"的诗句明确地表达了这一点。

伊川的世界观是二元的,这是因为他试图严格坚守道的绝对性、纯粹性。因此,关于《易·系辞传》中阴阳与道的关系,既认为两者不可分,又认为道是一阴一阳的原因,从而确立了两者的区别。(《二程全书》卷一六、四)伊川认为,使事物存在的本质是形而上的理,使事物成立的质料是形而下的气,虽然两者不可分,但又将其区别开来,使其成为一而二、二而一的关系。因此,虽然以理为体,以气为用来加以区别,但认为体用相即。这样一来,现实中的每一个都将成为高远理想的显现。因此,他把洒扫应对这样的日常琐事当作形而上的道。(同上,卷四〇、四一)最恰当地体现这种体用相即关系的是《易传》序中的"体用一源,显微无间"一语,这是毫无遗憾地发挥了超越功利主义俗学的实与超越主义佛、老的虚而得以发扬的儒教新理想主义的面目。伊川说张横渠的《西铭》推理存义，言体及用，所以是理一分殊(同上，卷六三，《答杨时论〈西铭〉》)，可以说这很好地体现了上面所说的体用相即的性格。

伊川所说的理，从人伦、社会、政治、经济、历史到自然都有所涉及，但以人伦为根本。作为儒者，这是理所当然的。伊川认为，如果对每个事物都能一一穷尽其理，就能获得对事物的高迈而适当的见解，以此来应对的话，自然就能期待理想的实现。伊川以此作为格物致知，又以格物为穷理，如下所述：

（一）离物无理，因此穷理是就物穷其理。

（二）穷理横跨物我内外。只是对内在性情的穷理是根本，但物我本来就是一理，所以对外在一草一木的理，也必须一一穷究。

（三）知虽是与生俱来的，但由格物穷理始尽。

（四）关于个别事物的穷理，通过类推和积累，终于万理一贯，至此达到觉悟和自得。(同上，卷一八、一九、二十、二十八)

伊川在上述的致知之外，还提出了居敬涵养，正如说"涵养须用敬，进学则在致知"(同上，卷一九)，认为二者应像鸟之两翼、车之两轮一样并进。敬是存养作为理之内在的人之本性的心之工夫，伊川以敬来贯穿心的未发已发、动静。伊川不像濂溪、明道那样讲静的工夫，而是讲敬，大概是因为他认为二子的工夫有偏于静而倾向佛、老的恐惧吧。根据伊川的说法，敬是主一，一是无适。(同上，卷十六)这无外乎专心，目的是不管动静有无，都要根据时间处所地位，主动地发挥本心。这无非是通过自我限定的本来性的扩充畅达。因此，如果敬过于拘束，就无法触及心之生命，使之发挥作用。从这个立场来说，真正的敬是无敬之敬。这意味着在自我限定的同时超越它，这才是真正的敬。因此也有"忘敬而无不敬"(同上,卷一九)的说法。由此可以说，敬与无敬之间存在着真敬。因此，伊川提出孟子的"必有事，而勿正，心勿忘，勿助长"(同上)的理由也在这里。这无非是为了追求工夫的本来性和自然性。

敬如上所述被称为主一无适，伊川将其作为具体社会生活上的实践线索进行了说明，认为主一是整齐严肃，如果整齐严肃的话，自然心就会变成一。(《二程全书》卷一六)当然，这并不意味着礼仪的约束，而是希望外在的工夫就那样与内在的工夫保持一致。虽然内外是一理，但是根据敬，也不是没有动不动就忘记外在、偏于内在而陷入虚弊的恐惧，所以伊川提出《孟子》的"集义"或者《易》的"义以方外"之语，论述了敬义内外一致。(同上,卷二)

想要坚守理之纯粹性的伊川，对于心，也不像陆象山那样对其寄予信赖，不认为心即理，而是认为性即理以此来区分心性，又区分天理与人欲、道心与人心。(同上,卷一九、二四、二七)看了《四箴》(同上,卷六二)也能明白，伊川以针对人心的严苛工夫为必要。从同一立场出发，即使讨论性和气，像说"论性不论气不备，论气不论性不明"(同上,卷七)那样，不把性、气作为一元的东西，而是将其作为二元的东西，对告子的生即性之论加以批判(同上，卷四)。

认为性即理的伊川，以孟子的性善说为宗，这是不言而喻的，但追究恶的由来，将其归因于气质之性，以孟子所说的性善之性为本然之性。(同上，卷四)伊川当然驳斥了荀子的性恶说，但他将恶的根源归因于气质之性，从而超越了性恶说。不过，这种本然之性并非佛、老那样的空性，而是实性，这一点可以通过前面提到的伊川的性气论来说明。

伊川所说的本然之性的内容是仁、义、礼、智，仁、义、礼、智发动于情，就是孟子所说的"四端"(同上，卷一九)。以这样的性德作为人类社会生活的基本，认为其中最高的是仁，这无外乎是生成万物的天地之心。在这种情况下，伊川认为仁是仁、义、礼、智的四德之一，同时也是包藏其他三者的最高的德，把前者作为偏言的仁，后者作为专言的仁。(《易传》"复卦六二")这是因为他认为只有将浑一和分别统合在一起的仁才是人类社会生活的终极之德，无论偏向哪一个，都难免弊端。伊川的这种思想，是出于对佛、老浑一的慈爱的深思熟虑吧。

因为仁是生成万物的性(《二程全书》卷一九)，如果发动的话，就成为人我都能生存的恕。所以仁者无私而公，但伊川并不认为公即仁。又仁者虽然博爱，但不像韩愈那样认为博爱即仁。同样，仁者对亲孝，对兄悌，但不认为孝悌就是仁，孝悌是为仁之本。(同上，卷一〇、二二、一九)这是因为他认为仁是生成万物的广大之心，即天地之生意。伊川所说的仁，后来被朱子定义为"爱之理，心之德"，其真意得以明确。

如前所述，伊川主张居敬与穷理的并进，两者相即而互为发明，但在伊川这里，反而有以穷理为先，居敬为后的倾向。因此，在知行方面，他认为对理的认识能使行为正，阐述了先知后行论。当然，知也必须是亲身体验的东西，才能成为真知。虽然在这里提出了知行合言，但伊川的立场可以说是主知的。(同上，卷一八、一九、二十)

伊川之学，为朱子所继承，变得精致而广阔。朱子是在得知伊川之学之后才知道自己学问的归宿地，而朱子之所以信奉伊川，是因为两人的性格气象很相似吧。

二、邵、张的思想

二程子的讲友邵康节和张横渠也对理学的兴起有功。康节以数为本而及理，横渠以气为本而及理。康节比程子稍早。他气象快活而广大，不分身份高低、贤不肖，都能与众人交好，为众人所仰慕。其为人就像把洛中自己的住所命名为"安乐窝"一样，安贫乐道。通过先天象数之学，探究了包括天地人、贯通古今之道的奥义而自得其妙境，畅游于没有任何束缚的自在境界，所以程明道称康节为"风流人豪"。其中有让人怀念庄子超世的齐物思想的东西。然而，明道却列举了康节的诗句，"拍拍满怀都是春""芙蓉月向怀中照，杨柳风来面上吹""卷舒万古兴亡手，出入几重云水身"，表明康节的立场与庄子执着于"齐物"、拘泥于空而成为放荡不同，据他说因为万事是本于理的东

西，所以纵心妄行也不会有妨碍。(《二程全书》卷二)

康节试图用数来说明宇宙的生成、万物的变化、历史的变迁等一切，详细情况在《皇极经世书》中有记载。康节之子伯温说，此书穷日月星辰、飞走动植之数，尽天地万物之理，述皇帝王霸之事，明大中至正之道，又以天时验人事，以人事验天时，明道德之本源，论历史之沿革，慨叹时势的衰微而宣扬大中至正之道。(《性理大全》卷七,《皇极经世书一》)总之，康节试图以数来建立世界观和历史观，所以用数来说明阴阳五行，也就是气的展开。正如伯温所说，由数而说及理。程子也说："尧夫之学，先自理上推意而说象数"(《二程全书》卷二)，"邵尧夫之数法出于李挺之，至尧夫推数方及理"(同上,卷十八)。

康节的数学以心为本。据康节说，这是因为他不遵从文王后天之学，而是遵从伏羲先天之学的缘故。他认为文王从已画的卦而成说，而伏羲是以尚未被画出的先天观念即心为本的，称"先天之学心也，后天之学迹也"(《皇极经世书·观物外篇下》)，又称"先天之学心法也。(中略)万化万事自心生"(《先天卦位图说》)。因此，认为太极也好，道也好，都不外乎我的心。(《皇极经世书·观物外篇下》)但是康节对佛氏所说的"观心"持批判态度。据他说，心是静虚灵活的，本来只不过是作为道之形体的性之郛郭而已。所以本于性则神明公明，本于情则偏而昏，那是因为我的缘故。(同上) 从这样的观点出发，康节提出了"反观"。所谓反观，就是不以我观物，而以物观物。(《皇极经世书·观物内篇》一二)以物观物，无非是虚心无我，遵循物之性、物之理。到了这里，人我一体就能"一万物之情"。如果能"一万物之情",上识天时,下尽地理,中尽物情,通照人事。这真是一项高远广大的事业。康节所说的太极即心,正是这种心。主张反观的康节这样说:

> 以道观性,以性观心,以心观身,以身观物,治则治矣,然犹未离乎害者也。不若以道观道,以性观性,以心观心,以身观身,以物观物。(《击壤集》序)

阐述了让人回忆起道家的"因循"、佛氏的"无心"的说法,但"理"的立场,是想阐述没有一点人为强制,是无为自然之道。康节把自得之而到达真乐之境作为学问的终极。(《皇极经世书·观物外篇下》)

如果像康节那样阐述数之理,就会产生这样的疑问:根据事物的自然必然法则,法家的术数是不是也可以作为理来接受呢?但康节却说:"天下之数出乎理,违理则入时术"。(同上)据此,必须以引导人的共同生活的道德仁义为理,以此为指导原理。在这里,可以感受到作为宋儒的康节的面目被明确地表示出来。

横渠之学,是基于对佛、老的超克,特别是对佛氏唯心论的对抗意识,扬弃《易经》的阴阳消息之理、《中庸》《孟》《荀》等思想而形成的。但我认为,这与横渠得到知遇的庆历名臣范仲淹和欧阳修的学风有直接或间接的影响。范仲淹劝横渠读《中庸》(《张子全书》卷一五,《行状》),范仲淹是精通易理的儒者。欧阳修以批判的、实证的、合理的学风为宋代经学带来了革新，是一位强烈抨击佛教、高举儒教的王政礼仪与之对决的儒者。横渠是二程子的舅父，三十八岁时，他与二程子在京师会面，畅谈道学，从此对自己的学问产生自信，舍弃了一切异学。但在会见二程子之前，横渠多年研究异学，穷尽其说（同上），可见横渠对佛教的学识并不浅薄。横渠的佛教批判论散见于《正蒙》诸篇，其批判的中心对象是幻妄观，而其批判论的根据，是可以与程、朱的理气相比拟的以虚气为本的世界观。这是想统合发扬《易》的气和《庄子》的虚。横渠的这种世界观，与试图达观现实纠葛的康节相反，想来是从认真地考虑、客观地凝视的态度中产生的。

横渠以"太虚"作为宇宙的本体。（《正蒙·太和》）这是对《庄子》所谓"太虚"的超越扬弃。《庄子》的太虚是超越的存在（《知北游篇》），而横渠则认为虚即气（无即有），两者不可分离，并认为如果将其分离，不知道有无浑一之常，则体用殊绝，天人不相待，则会陷入老、佛的虚无幻妄之说。（《正蒙·太和》）因此，关于《易》的一阴一阳与道的关系，与认为一阴一阳之所以是道的程、朱不同，他将一阴一阳作为道。（《张子全书》卷十一，《易说下》）这是因为他根据《易》直视气的变化，客观合理地探寻自然法则，思考本体的妙用。结果，横渠之学涉及到天文、历法、地理、气象、生物、物理等科学方面。（《正蒙·参两》）

横渠以太虚作为气之本体，宇宙的万有因气的聚散而生灭，其聚散是气之变化的客形。（《正蒙·太和》）为什么气会有变化呢？

那是因为有阴阳(动静)二端，它们感应往来循环。因为是一，所以有神妙之用；因为是两体，所以万物化成。(《正蒙·神化》)像这样，横渠将神化的妙用全部作为虚气之用(同上)，认为鬼神也是二气的良能，无外乎其屈伸往来。(《正蒙·太和》《神化》)

横渠为什么不仅仅说气，而以其体为虚来说太虚呢？这是因为他认为其体是无形的、无方无体，体物而无偏滞的。所以又以道为太和。(《正蒙·太和》《乾称》)横渠所说的虚气，相当于周子的太极两仪(阴阳)、程子的理气。只是，周、程是二元论的，横渠是一元论的看法。因为横渠所说的虚，相当于周子的太极、程朱的理，那是气之虚，虚与气浑然一体，而周子的太极与两仪(阴阳)、程朱的理与气，是二而一、一而二的关系。三者都是超越佛、老和俗学，升华儒家的理想主义而得到的，但横渠倾向于关注儒家对佛、老的现实性，周、程、朱则倾向于关注儒家对俗学的纯粹性，所以产生了这样的差异。

如前所述，横渠以气的变化来解释宇宙的现象，将其本体视为太虚。就人而言，正如"至静无感，性之渊源，有识有知，物交之客感尔"(《正蒙·太和》)所说，太虚是至静无感的性之体，气的变化是知觉之用。当然，知觉是性之用，正如"合虚与气，有性之名"(同上)所说，将性作为虚气合体的东西，并且像"形而后有气质之性"(《正蒙·诚明》)所说，将气的禀受，即身体成立后内在的现实化的东西、经验性的东西作为气质之性，将非现实化的东西、先验的东西作为天地之性。天地之性以虚为本自不必说，但只有与气质之性相结合才能存在。然而，横渠以现实的气质之性的自任为非，阐述了复归于天地之性的工夫要点，他说："善反之（气质之性），则天地之性存焉。故气质之性，君子有弗性者焉。"（同上）

气质之性是现实的东西，所以有厚薄、通蔽、开塞、清浊、纯驳、偏正，因此性有刚柔缓急之别、智愚有才不才之分。（《正蒙·诚明》。《张子全书》卷一四，《性理拾遗》）因此，如果放任此性，就会像以性为恶的荀子那样，产生缺乏道德纯正的忧虑。气质之性之所以君子不以为性的原因就在这里。（《正蒙·诚明》。《张子全书》卷五，《经学理窟·诗书》; 卷六，《经学理窟·宗法》）但是如果无视气质之性，一味遵从天地之性，就会像以性为善的孟子那样，产生缺乏现实性的恐惧。因此，横渠以善反气质之性为关键。所谓善反气质之性，就是横渠所谓"变化气质"（《正蒙·诚明》。《张子全书》卷一四，《性理拾遗》）。横渠的性论和程子的性论一样，都是以孟子的性论为本，在此基础上对荀子的性论进行了折衷扬弃。像这样，横渠的人性论，与其一元的宇宙论有些不同，具有二元的倾向。但由此可知横渠之学是道学的。据此，横渠的宇宙论和人性论乍一看似乎是矛盾的，但如果知道横渠的儒教理想主义，在宇宙论方面，特别是出自对佛、老之学的批判论，在人性论方面，是出自对俗学的批判论的话，这个疑问就会自行消除。

横渠切论了变化气质的必要，说：

> 为学大益在自求变化气质，不尔皆为人之弊，卒无所发明，不得见圣人之奥。（《张子全书》卷一二，《语录中》）

这里所说的变化气质的工夫是指什么呢？横渠认为，即使变化气质，也无法改变死生和寿命。他所说的变化气质的工夫，就是以德胜气。《正蒙·诚明》因此，首先必须不被气所胜。如果能做到这一点，气就能得虚体，太和中容纳万物，任其自然。《张子全书》卷五，《经学理窟·学大原上》为了不为气所胜，必须以克己为宗旨，通过庄敬而合乎礼的行为战胜欲望，战胜旧习。《张子全书》卷一二，《语录中》因此以克己与礼，作为变化气质的好工夫。《张子全书》卷五，《经学理窟·诗书》；卷六，《经学理窟·宗法》虽然要像这样战胜气，但这并不像佛、老那样否定人的欲望，因此又说气本湛然纯一，只需知足而不失之即可。《正蒙·乾称》《诚明》横渠很重视礼，认为礼是行动的基准，而且是时中的具体事业，由此可以通变。《张子全书》卷一三，《文集抄》对于重视《易》之实理的横渠来说，这是理所当然的。

因为心是气的精灵，所以说需要在心里下工夫也是理所当然的。横渠以心作为性与知觉的合名《正蒙·太和》、性与情的统合《张子全书》卷一四，《性理拾遗》，所以他不像陆子那样，认为信任心而专任之就好，而是认为加工夫于心上而尽之，尽心而后尽性。横渠所说的心的工夫，就是让心变虚。这种虚心，其实与气质的变化相表里。《张子全书》卷六，《经学理窟·宗法》横渠认为，虚心是孟子所谓尽心的工夫，虚心的话，就能做到无我也无外累，内外物我相通而为一。因此那又无外乎大心而能体天下之物。《正蒙·大心》所谓大心，是指不以见闻之狭知（小知）而持心，合天之心而以德性之知通于万物，形成视天而无不为我之心。(同上)横渠认为，德性之知是天德的良知，即真知，这是"诚明"所知。

因此，横渠重视《中庸》的诚明。

没有自然和人事之分，宇宙的各种现象都是气的必然变化，根据其法则而产生的横渠的世界观，的确是合理的、客观的、理智的，但是横渠认为那里有温暖伟大的自然生意，对此抱有宗教的虔诚想法和家族的亲近之情，他以崇高而又充满温情的心将万物融为一体，讲述了以四海为同胞的仁爱道德。这是因为，通过以太虚为体的气的生成思想，知道了人与人、人与物是一气同体的。这种伦理思想在《西铭》中有阐述，据此，因为天地是我们的大父母，我们的肉体与天地同气，性是天地的主宰，所以一切都与天地同体，民众是这个大父母的孩子，所以和我是兄弟，生物与我同气，所以是我的伙伴，君主是我父母的宗子，大臣是其家相。因此，国家社会的道德和家庭道德一样，贯穿着温暖的情爱的同时，所有的道德都充满了对天的虔诚之念。这是将家族道德中的亲爱之情扩展到社会、国家、天地，将对天的敬畏的想法转移到家族道德的伦理思想。总之，《西铭》是从天人合一的境界来阐发同胞之爱的。程门的杨龟山怀疑这样的同胞之爱是否与墨子的"兼爱"是同调，但通过程伊川的解说，才知道其道是理一分殊，于是才打消了疑问。(《二程全书》卷六三,《答杨时论〈西铭〉书》)

三、程门及其后继者的思想

二程子超越佛、老，创立理学，不得不说，其功绩实在伟大。但程子去世后，儒学界缺乏生气，学派也有一些流向禅的倾向，经过二传三传，直到南宋朱子，禅宗的流行被阻止，儒学成为时代的主流。这实在是朱子的伟业。

程门诸子中，得到正传的是刘质夫、李端伯、吕与叔三子，但都是英年早逝，其学风并没有广泛流传于世间。朱子惋惜地说道："使此三人者在，于程门之道，必有发明。"（《朱子语类》卷九七）刘质夫被认为是得明道之旨的儒者（《宋元学案》卷三十，《刘李诸儒学案》），伊川在祭文中对他的死感到惋惜，"使吾悲传学之难"（《二程全书》卷六五，《祭刘质夫文》），朱子也以其学为高而惋惜其早逝（《朱子语类》卷九七）。

关于李端伯的学风，虽然不知道其详细情况，但对于他的死，伊川叙述了传道的困难，对此深表慨叹（《二程全书》卷六五，《祭李端伯文》），是老师所期待的门人之一吧。

在程门之中，最被寄予厚望的人似乎是吕与叔。与叔是与游、杨、谢三子并称为"程门四先生"的儒者。（《伊洛渊源录》（新增本）卷八）朱子称赞与叔之学，认为健实切至。（《朱子语类》卷一〇一）与叔与兄长们一起师从张横渠，张横渠死后又从学于二程子。横渠死后，虽无人能传其学，但与叔却传其余风。与叔纯守横渠的礼教，以礼严于律己，据朱子说，与叔重视《仪礼》，想要收集诸儒关于《仪礼》的说法。（《朱子语类》卷八四）另外，他认为必须在克己上下工夫，有己的话就会和物对立而产生胜心，从而直至伤害同气同体之仁，因此切论了这一工夫。（《宋元学案》卷三一，《吕范诸儒学案》，《克己铭》）与叔想通过这种工夫来体现横渠和明道所说的万物一体之仁吧。与叔还主张像闲居俨然收敛思虑那样《二程全书》卷十九），用心涵养心性。与叔认为，在喜怒哀乐未发之时，心是至虚的，所以纯一无假无偏倚。所以那里有应对万物之变的中。又因为心是至虚的，所以昭昭发动的话，就会成为义理，认为未发之中是道的根源、人的本性。据与叔所说，这正相当于孟子所说的"赤子之心"。就这样，与叔认为心是出入无时的东西，所以必须在喜怒哀乐未发之际求之，提出了未发之前的存养。（《宋元学案》卷三一，《吕范诸儒学案》，《未发问答》《语录》）伊川评价与叔之学，称"深潜缜密""能涵养"（《二程全书》卷二），由此可以了解与叔的学风。与叔的存养论成为罗豫章、李延平的未发之学的先驱。

师从程子，规模虽小，但自成一家的有谢上蔡、尹和靖、游廌山、杨龟山。不过，他们也不是没有流于禅学的倾向。根据朱子的说法，程门之所以流入禅学，是因为程子最初提倡形而上的高处，而门人见此而缺乏形而下的切实工夫，以致产生此流弊。《朱子语类》卷一〇一）由此可以推测出程门学风的倾向。

谢上蔡继承了明道之学。明道之学，到了上蔡，生命流动的一面变得显著，同时带有唯心的倾向。上蔡高迈卓绝，言论宏肆，善于启发人。（《朱子语类》卷一〇一）上蔡曾被明道评价为"玩物丧志"，以戒其博学口辩《上蔡语录》上），但独得明道真髓者，程门中没有比得上他的人。据上蔡说，天理并非杜撰。（《上蔡语录》上）因此，即使说穷理，也把理当作生命的力量，重视其生意。其结果是，以所谓"怵惕之心"为天理，以心说仁，活者叫仁，死者叫不仁，以仁为痛痒的知觉。上蔡以觉即仁的原因就在这里。上蔡排除以礼为先的横渠教学，而赞成以敬作为入门的明道教学，由此也可以理解。(《上蔡语录》上、中)只是上蔡为了说明敬，采用了以心之觉惺为宗旨的"常惺惺"法，这大概是源自明道的敬说。像这样，以常惺惺说敬，以觉说仁，正如朱子所指出的那样(《朱子语类》卷一〇一，《论语或问》)，难道不怕对理之公共性的自觉会变得淡薄吗？总而言之，上面提到的上蔡的说法，是将明道重视生意、崇尚生命的立场进一步推进了吧。这可能又是因为与禅有关系。

关于尹和靖，伊川说："我虽死，不失其正者尹子也。"(《正谊堂全书》，《尹和靖集》，吕德元撰《和靖先生墓志铭》)。和靖认为，学之目的在于学圣人而达到之。其关键在于玩味、践履、涵养这类实的工夫。因此读了《论语》后，他说句句是实。据说伊川认为这句话很好，劝他好好涵养。和靖所说的"实"，不外乎诚。和靖认为，曾子的"三省"就是诚，孟子从曾子那里得到的也是诚。作为诚的工夫，和靖说敬，以敬为主一，但与伊川以行仪的整顿严肃为主一不同，认为在神祠中致敬的时候，收敛其心，心中毫发不能容许就是主一。(同上，《师说》)和靖喜欢横渠的《西铭》，和靖的这种敬，也许是从《西铭》中所存在的虔诚的宗教性和伊川严肃的道德性中得到的。

游廌山因为和伊川气象相似，所以受到伊川的喜爱。(《上蔡语录》中)据说在学于二程子之后，从游于诸位禅老(《吕氏杂志》)，因此廌山的学问中禅的痕迹很浓厚。廌山说：

> 中心安仁，则纵目之所视更无乱色，纵耳之所听更无奸声。无思也，无为也，寂然不动，感而遂通天下之故。

阐述了万物一体之仁。但是仁是浑一的本心，不是通过一事一物上的外求、日月积累的工夫就能达到的，只有通过物我两忘、一举反于本心才能得到，也就是说他提倡类似于顿悟的学问。(《论语杂解》《中庸义》)由于当时有脱离程学而转向禅学的风潮，胡五峰称廌山为"程门罪人"，朱子也认为廌山违背师说而加以谴责。(《朱子语类》卷一〇一)

杨龟山受到明道的喜爱。(《上蔡语录》中)据说，在明道那里学成南归之际，明道说："吾道南矣。"(《伊洛渊源录》卷十)明道去世后，他向伊川学习，在程学大禁之际，也以独学自任。龟山是在道学、道统上具有重要地位的儒者。其学重视静中的体认，以口耳记诵之学为非，以在燕闲静一中默识为要。(《杨龟山文集》卷一七，《寄翁好德》)看喜怒哀乐未发的气象如何，是龟山门人罗豫章传授李延平的口诀。龟山之所以重视静中的工夫，是因为他认为，如果人伦之体由此而建立起来的话，就会超越人为之私，其作用就会自然，在这里有天人合一的意思。这是通过超克以超世为宗、提倡虚静的佛、老之学而得到的。龟山也认为，要排斥佛氏、攻击佛氏，必须"操戈入室"，否则无法将其消灭。(同上，卷一六，《语录》)如前所述，龟山认为树立人伦之体才是夺佛之戈攻击佛的唯一途径。因为这时私才去掉，体才成为绝对的东西。胡文定在评价龟山人物的文章中，用陶渊明的所谓"心远"一词来说明其意思，说：

> 或尚友古人，或志在天下，或虑及后世，或不求人知而求天知，皆所谓心远矣。(《伊洛渊源录》卷一〇,《龟山志铭辩》)

这可以说是很好地传达了上面的信息。

以人伦为本而说仁，如果只是立体而不及用，恐怕会陷入墨子的兼爱。如前所述，龟山对《西铭》感到担忧，但伊川的示教使他认识到这是理一分殊之道，与墨子的兼爱不同。(《杨龟山文集》,卷一六,《寄伊川先生》)但龟山的主旨在于，如果树立一之体的话，自然就能达到多之用，以主静之学为宗。

四、湖南学派的思想

二程子去世后，道学由杨龟山、罗豫章、李延平继承道统，而禅宗则因杰出僧人大慧宗杲的出现而大为振兴，儒学则出现衰退的趋势。在此期间，湖南学派的儒者们树立了洛学(程学)的别派，高举排佛大旗，试图复兴儒学。《宋元学案》(卷三四,《武夷学案》)称颂宋南渡后昌明洛学的湖南学派的功绩与程门杨龟山的功绩相等。

北宋盛时，在经解方面摆脱训诂记诵的弊病，矫正其固守残陋的风气，提出新意的儒者辈出。(钱大昕《重刻孙明复小集序》)其中，孙明复在《春秋》上提出新意。明复立足于严肃的伦理主义，讨论义利之别，阐明了儒与异端的差别。《春秋尊王发微》。《孙明复小集》卷二，《信道记》；卷三，《儒辱》）所以明复推崇明辨义利的汉代董仲舒。程伊川的《春秋》说，重视"时"与"义"，因此也是以严肃的伦理主义为本的。《二程全书》卷四九，《春秋传序》）伊川在《易》解方面，继承了老师胡安定的《周易口义》的伦理主义解释，撰写了《周易程氏传》。胡文定继承了这种伦理主义的解释，彻头彻尾阐述了以严肃的义理为本的《春秋》说，著有《春秋胡氏传》。这本书受到张横浦、李延平、吕东莱的推崇《横浦日新》。《延平答问》上。《吕东莱文集》卷四，《答聂与言》），在当时被视为《春秋》学的代表作。朱子也对此进行了评价，说虽然史实上有出于臆度的地方，但大纲要遵从之《朱子语类》卷八三），并高度评价了其经解的基本立场。

文定是与杨龟山、谢上蔡相接触，私淑于程伊川的儒者。（《宋元学案》卷三四，《武夷学案》。《朱子语类》卷一〇一）在《春秋传》中，他贯彻义理的严正，明辨天理和人欲、义和利，正名分，阐述尊王的大义，论述华夷之别，以义理为本，说为君父报仇就是道，提倡复仇论，说如果忘记此义，则废弃人伦，直至灭天理。文定认为《春秋》虽根据鲁史旧文，但经孔子之手而成为传心的典要。因此，在文定的《春秋》学中，可以感受到上蔡心学的余韵。

胡致堂贯彻父亲文定的义理之学，为了在历代史实上阐明这一点，著有《读史管见》，又切论家学的排佛说，著有《崇正辩》。司马光的《资治通鉴》虽然详于史实，却缺乏树立义理的一面。与此相对，致堂认为经是明义的，史是记载事实的，经是断（判决），史是案（议事），建立了以经之义理来裁断史实的史论（《读史管见》，《犹子大壮序》）。因此，他对史实进行了严格的伦理批判，并试图揭示人伦经世的大本。致堂也继承了父亲的遗志，明君臣之义，正闰之分、华夷之别、君子小人之辨、天理人欲之分（《读史管见》，《刘震孙跋》《张溥序》），又阐明王霸之别，批判认为王霸无异同的司马光之论，阐明孟子的王道论，辩驳司马光的《疑孟》。（《读史管见》卷二）《管见》以阐明经义为主要着眼点，所以在史实上也有欠缺精密的嫌疑。就史实的正确这点来说，远不及致堂的弟弟五峰所著的《皇王大纪》。看朱子的《通鉴纲目》，大义多本于《管见》，议论中也多节录《管见》之说。因此，张溥以《管见》为《纲目》之嚆矢。（《读史管见》序）

《崇正辩》是排佛的专著。二程子去世后，染禅的儒者越来越多，在这个时候撰写此书，意义深远。这本书对佛教的生死观、理障说等加以批判，其特色，与其说是从哲理上，不如说是从事迹上批判佛教，根据用的显然处，明确了其体的隐然处的错误。（《朱子语类》卷一○一）朱子称赞这种论法，对于论及哲理的弟弟五峰的排佛论，反而认为其论述模糊、不彻底。（同上）想来，致堂的排佛论，足以阻止后世的儒佛本同末异之论。

总之，致堂的思想以贯彻义为根本。而且，这个义是基于人类共同生活之宜的（《斐然集》卷二十，《义斋记》），只要贯彻义，就能安于天命，这是致堂的立场。

五峰认为，治天下必须以理义为本。因为理是天下之大体，义是天下之大用，如果理是明白的，义是精微的，则纲纪正，权衡平，以此为经世之大法（《胡子知言》卷十一），而发明义理的，没有比《春秋》更深刻的了，本于其道而著有《皇王大纪》，叙述上自"三皇""五帝"下至"三王"的历史。在其书中，五峰在阐明天理人欲之别、王霸之辨、义理之分、华夷之别的同时，还辩辟异端邪说。五峰认为，经和史，用身体来比喻的话，就像肢体与脉络一样，两者相辅相成，以保全人的生命；经是记载义的，史是记载事实的；如果对史有疑问，倒不如弃史而取义；如果对义有疑问，可以假借事实来证明，但是如果只取事实而忘记义的话，则经史是无用的（《皇王大纪》卷七，《三王纪》），这充分表明了五峰《春秋》论的立场。这也无外乎是其父亲文定《春秋传》的精神。不过，五峰的《皇王大纪》在阐述大纲、明示拨乱反正之旨的方面，也有不及《春秋传》的感觉。朱子比较了两者的《春秋》说，做出了如下的评论：

> 文定大纲说得正，微细处五峰尤精，大纲却有病。胡文定说较疏，然好；五峰说密，然有病。（《朱子语类》卷一〇一）

五峰也根据家学切论了排斥佛、老，但其论据在于佛、老分离体用。五峰以道作为体用的总名（《胡子知言》卷三），并且认为体用是相即的。那是因为，道既是广大无边、可以掩盖万物遍该的无的存在，同时又是能够流通并裁制万物的有的存在。从体用相即的立场出发，认为"大道废而有仁义"的老子之说，是体用分离的，所以责难之。（同上）从同样的论据出发，批判佛氏，认为佛氏以世界为虚幻《胡子知言》卷二），舍弃人伦，亡失三纲《五峰集》卷一，《和马大夫辟佛诗》；卷二，《与原仲兄书二》。《胡子知言》卷三），毁性命，灭典则，以心地宗门为宗，而说事障理障《五峰集》卷二，《与原仲兄书二》），将生死视为大事，抛弃人之万务《胡子知言》卷三）。五峰阐述了如下的"交通生育"之论，阐明了圣人之道，从其立场出发对佛氏进行了批判，可以说这一论述很好地体现了五峰体用相即的主旨。

> 夫阴阳刚柔，天地之体也。体立而变万物无穷矣。人生合天地之道者也。故君臣、父子、夫妇交而万事生焉。酬酢变化，妙道精义，各有攸止，亦无穷已。杰戎能力索于心，而不知天命。故其说周罗包括，高妙玄微，无所不通，而其行则背违天地之道，沦灭三纲，体用分离，本末不贯，不足以开物成务，终为邪说也。噫！戴天履地，冬裘夏葛，日作夜息渴饮饥食，语默坐起，应其身，万事皆不能与常人殊异。独于君臣之义、父子之仁、夫妇之礼，则扫之、除之、殄之、灭之，谓之尽性可乎？谓之不失其心可乎？是又下于戎狄一等矣。（《五峰集》卷四，《皇王大纪论》。《皇王大纪》卷一，《三皇纪·燧人氏》。《五峰集》卷一，《和马大夫辟佛诗》）

五峰认为，儒佛本同末异之论是错误的，并论述了两者本末都不同。（《五峰集》卷二，《与原仲兄书二》）

五峰在体用相即的地方看到了道的广大遍通之相，在论性时，他说："大哉性乎！万理具焉，天地由此而立矣，鬼神之奥也。"（《胡子知言》卷四）以性为全体该备的东西。因此，荀子的性恶自不必说，孟子的性善也不是十全十美的（《朱子语类》卷一〇一），五峰提出文定所谓孟子的性善是叹美之辞，并不是与恶相对的说法，认为性是超越善的东西，因此说性无善恶（《朱子文集》卷七三，《胡子知言疑义》）。五峰之所以提出这样的性说，是因为他担心世之儒者，指一理而说性，见一斑而执认之，从而陷入己私，看不到流行于日用之间的天命的全体。（《胡子知言》卷四、五）如果很好地理解了这个主旨，就会知道即使五峰说性无善恶，那也是与佛氏的性空、告子的生即性不同的东西。"义理，群生之性"（《胡子知言》卷四）一语，直截了当地表明五峰所说的性与佛氏、告子的性不同。

如果像五峰这样，重视性与生相即的一面的话，那么在追求性的纯粹性和绝对性而下了坚苦工夫的程、朱看来，恐怕会只看到本然和气质的相即面，忘记两者之间有先后主宾的区别。如果不正视气质之性的实态，不明示本然之善，轻易地说性无善无恶，则善恶相混，天理人欲相杂，最终难保不以恶为善、以人欲为天理。因此，朱子对湖南的性说加以批判，大要如下所述：

  盖谓天命为不囿于物，可也；以为不囿于善，则不知天之所以为天矣。谓恶不可以言性，可也；以为善不足以言性，则不知善之所自来矣。《知言》中此等议论与其他好处

自相矛盾者极多，却与告子、杨子、释氏、苏氏之言几无以异。(《朱子文集》卷四二,《答胡广仲三》)

朱子还追溯胡氏性说的渊源，揭示其本质，说：

"不与恶对"之说，本是龟山与摠老相遇，因论孟子说性，曾有此言。文定往往得之龟山，故有是言。然摠老当时之语，犹曰"浑然至善不与恶对"，犹未甚失性善之意。今去其"浑然至善"之语，而独以"不与恶对"为叹美之辞，则其失远矣。(《朱子语类》卷一〇一)

若将孟子之善作为赞叹之辞，则其善为虚字，性为无头之物，是以天命之性为虚的佛家之论或告子之生性说。(同上，卷一〇一、一二五)

根据朱子的说法，明道也在其发用处阐述了性，但明道的场合明示了本源的善。然而胡氏因为没有这个，所以渺茫无止处。(《朱子文集》卷二五,《答胡伯逢》)只是吕东莱和朱子不同，认为五峰的性说，与将恶也作为性的明道的性说相同，并承认之。(《东莱文集》卷三,《答朱侍讲元晦》)

五峰以水比喻性、情、欲的关系，说性是水，善是其流，情是其澜，欲是其波浪。(《胡子知言》卷二)因此，视听言动、欲望、情感都是由性决定的。(同上，卷一、二)根据五峰的说法，性本来就没有善恶，天理和人欲是同体的。那么，为什么会产生善恶之别呢？这就要看是否将因袭性的地方导向善了。(同上，卷一)就好恶之情而言，是根据人类共同生活的理来引导，还是根据己私来引导，从而产生天理和人欲的区别。五峰说：

> 好恶性也。小人好恶以己，君子好恶以道。察乎此，则天理人欲可知。(《朱子文集》卷七三)

所以说：

> 天理人欲同体而异用，同行而异情。进修君子，宜深别焉。(同上)

五峰就这样将天理和人欲视为同体同行，同时将两者视为异用异情加以区分。如果知道将命运托付给严峻的义理、尽人事而待天命是胡学的精神(《春秋胡氏传》，《读史管见》卷八)，就可以很好地理解五峰所说的深别的意思了。张南轩说五峰以好恶为性的说法是无害的，朱子反对这种说法，说五峰是举物(好恶)而遗则(天理)，对此加以批判(《朱子文集》卷三二，《答张敬夫三》)，还有关于五峰的深别，虽然说"盖欲人于天理中拣别得人欲，又于人欲中便见得天理，其意甚切"(《朱子文集》卷七三，《胡子知言疑义》)，但认为免不了弊病。朱子认为五峰的同行异情之论是正确的，但同体异情之论是错误的。(同上，《胡子知言疑义》。《朱子语类》卷一〇一。《朱子文集》卷五八，《答徐居甫》)其要旨在于：

（一）人有欲望是人情之当然，圣人与众人之间并无区别，但众人纵人欲灭天理，两者之间的是非得失相距甚远。因此天理与人欲同行而异情。

（二）性是至善，它是万善之总名。如果说有不善，那是本于形气习情（气质）。因此，性中只有天理而没有人欲，天理与人欲不能同体而异用。

（三）性之体是实理，其中无丝毫人欲。所以，圣人说去欲存理，并不是教人在人欲中识天理。

（四）性之体是仁、义、礼、智。但根据五峰的说法，仁与不仁、义与不义、礼与无礼、智与不智都是人性。这样一来，性就成了人欲的巢窟。

在天理人欲的深别上，五峰所要下的工夫是仁体的察识，要察识在利欲之间出现的良心之苗裔，以此来操存充养。据五峰说，这样的话，心就会和天一样。这就是所谓"察识端倪"之说。《朱子文集》卷七三，《胡子知言疑义》）五峰之所以阐述这一说法，无非是因为他担心高谈性命的人在面临事情时会茫然自失。《五峰集》卷二，《与樊茂实》）比较程门杨龟山与谢上蔡之学，龟山说的是未发的涵养，上蔡说的是已发的察识。如前所述，文定之学与上蔡的心学有关，文定也和上蔡一样，主张先察识，后涵养。《朱子语类》卷一〇一。《述朱质疑》卷四，《朱子己丑以后改正中和旧说考》）此说传至五峰，传至湖南诸公，与此相应，胡学与上蔡心学的关系越来越密切。《朱子文集》卷四二，《答胡广仲二》。《宋元学案》卷四二，《五峰学案》）

五峰重视心，那是因为他将心作为妙性情之德的存在。妙，意味着有主宰。性之流行，心为其主。(《胡子知言》卷三)性德的大本是仁。五峰即心说仁。五峰遵循上蔡，将性和心分为体用，以《中庸》所谓未发为性、已发为心，认为未发之性，是形而上的存在，因此，如果不在已发之心上下工夫，就会失去线索。因此，他对以未发之存养为宗的杨龟山和以未发为真心的和靖的说法感到不满，主张在已发上下工夫。(《五峰集》卷二,《与僧吉甫》二、三,《与彪德美》)所谓已发的工夫，就是要在已发的心上察识未发之性，简而言之，就是要察识良心的苗裔。如前所述，五峰的立场是先察识之，然后存养之。这就是察识端倪、先察识后存养之说。朱子不满此说，认为体察之功与持养不可偏废，而据五峰之说，则缺乏持养之功而使心间断；五峰之说，与圣门持养详细、体察简略之教相悖；又想要从苗裔察识心之本根，与培养本根，求其枝叶自然茂盛，哪一个好？他认为五峰之说缺乏本领一段的工夫，缺乏深潜纯一的滋味，对此加以批判。(《朱子文集》卷三十,《答张钦夫一》; 卷四二,《答胡广仲二》; 卷五三,《答胡季随》四、五; 卷四二,《答吴晦叔九》; 卷四三,《答林择之二〇》)

五、朱子之父与师的思想

朱子十四岁的时候，父亲韦斋去世，韦斋和李延平一起师从杨龟山的门人罗豫章，通过他了解了二程子之学，之后，"痛刮浮华以趋本实"(《朱子文集》卷九七,《皇考吏部朱公行状》)，排斥了口耳词章之学、追求名利的俗学，寄意于主张明明德的《中庸》、主张从格物致知到正心诚意之工夫的《大学》。韦斋认为,《中庸》出自孔子的家学,但《大学》是入道的门户,以《大学》的诚意作为学问的宗旨。(《韦斋集》卷九,《答庄德粲秀才书》《上唐漕书》)年轻时曾寄情于佛、老,拜罗豫章为师后,摆脱其藩篱,从事心性的存养。但与延平深化老师的主静之学不同,他以司马光、程子所说的诚意为宗。这二人是韦斋认为有功于圣学而尊信的儒者。对于司马光,称赞其德行、礼节、德化,指出其著作《资治通鉴》论述了古今的成败兴亡及其由来,是确切的。对于程子,指出他在《大学》的正心诚意中追求治道的根源,推明唐虞三代之治在于"修己以安百姓",在自己身上显示了天地大道的存在。(同上,卷九,《上谢参政书》。《朱子文集》卷三八,《与陈君举》;卷九七,《皇考吏部朱公行状》)韦斋的诚意之学,不用说是经世的大本,但遭遇靖康之难这种国家悲惨遭遇的韦斋,认为天下兴亡关系到君臣的大义,切论将其弄清楚。(《韦斋集》卷八,《试馆职策一道》;卷七,《论时事札子》;卷九,《上李丞相书》)韦斋给少年朱子手写了苏东坡的《昆阳城赋》,向他说明了古今成败兴亡的大致情况(《朱子文集》卷九七,《皇考吏部朱公行状》),这种精神为朱子所继承。

朱子按照父亲的遗言,拜父亲的朋友胡籍溪、刘白水、刘屏山为师。籍溪跟随胡文定听闻程子之学,元祐禁学之际,也暗中讲诵程子之书,并跟随程门谯天授学《易》。籍溪担任建州州学教授时,首先提出了"为己"之学,但诸生都不敢轻易听从。据说籍溪师事的文定和天授很喜欢佛、老,籍溪也很喜欢。(《述朱质疑》卷一,《刘白水勉之论》。《朱子文集》卷三十,《答汪尚书十一》。《朱子语类》卷

一〇四）

刘白水和籍溪是同乡的朋友，同样在元祐禁学中求程子之书而爱读之，也师事于谯天授。又见到司马光的门人刘忠定，并访问杨龟山问学。据说忠定以白水之才为奇，为其讲述了立朝的大节和老、庄、佛等方外之学。(《朱子文集》卷九十,《聘士刘公先生墓表》)白水也放弃了举业，提出了"为己"之学。因反对秦桧的和议，持节在家乡高卧。

刘屏山与白水、籍溪有道义的交往。由于生来体弱多病，朱子曾朝夕侍其侧受其教。(同上，卷九十,《屏山先生刘公墓表》)因此，在朱子作为师父侍奉的三子中，在学术上与朱子关系最密切的，当属屏山。屏山与兄长彦修曾跟随大慧宗杲修禅。彦修追随大慧的动处之禅，而屏山却喜欢静处之禅，因此被大慧恳切劝诫不要陷入枯禅。(《大慧书》上,《答刘宝学》,《答刘通判》一、二)屏山还爱好《易》，所以阐述了易禅和合论，认为《易·系辞传》的"变通"和《金刚经》的"无住心"是一贯的,《易·系辞传》的"寂然不动"和《首楞严经》的"无心"是同一意思。但大慧认为《易》中的"变通"是遵循定理的,《金刚经》的"无心"讲述了心无实体的所在即为真，因此不能将两者作为一块。他对此批判道，这种说法不仅不了解佛的意思，也不了解孔子的意思。(同上,《答通判》)

据屏山所说，开始与佛、老之徒接触，喜欢清净寂灭，其后，通过圣人之书，知道其道高大，体用完备，通过《易》得到入德之门，以复卦初九的"不远复"作为学问之符，服膺实践之，著有《复斋铭》《圣传论》，阐述了自己的见解。（《朱子文集》卷九十，《屏山先生刘公墓表》）屏山之学的宗旨在于静虚，因此认为《大学》的"定静"中有"虑"，《易》的"无虑无思"中有"感"，这种"虑""感"是爱人、利物之本。（《屏山文集》卷一，《圣传论》）屏山之所以以静虚为本，是因为他认为这样才能得到人伦纯粹正大的充用，所以在体中藏有发动之用。因此，如果以思虑感情的消灭为虚寂，这无疑是与屏山的旨意不同的。因此，他撰写了《排灭情论》，并指责李翱的"复性"之论是阐述灭情的，说这是将圣人置于木石之类，使学者栖居在枯槁之地。（同上）

朱子十四岁时，屏山把朱子的字命名为"元晦"，在其祝词中说明了这个命名的由来，说：

木晦于根，春容（一作睿）晔敷。
人晦于身，神明内腴。（《屏山文集》卷六，《字朱熹祝词》）

这一"木晦"之训，可以说很好地揭示了屏山静虚的主旨。朱子后来说，籍溪、白水之训和延平之教，都和"木晦"之训是相同的。（《朱子文集》卷七八，《名堂室记》）

朱子在二十四岁时，首次拜访父亲的讲友李延平，前后四次拜见请教，受其感化，始知佛、老之非而转向儒。延平师从罗豫章，而豫章又师从杨龟山，传承了主静体认之学，并加以深化。据延平所说，他从学于豫章时，豫章终日相对静坐，只讲文字，从不涉及杂谈。（《延平答问》上）豫章教导在静中观察喜怒哀乐未发时的气象是什么。(同上) 豫章清介绝俗，善于在主静体认上下工夫。(《朱子文集》卷九七，《延平李先生李公行状》。《罗豫章集》卷十四) 这个主静体认是树立人伦之本的工夫，与佛、老以超俗为意的虚静当然不同。豫章指出，立性静深如渊，掌天下之化育广阔如天，前者是学之始，后者是学之终，其间不可树立分别。这就是《大学》所谓"知所止"。因此，在喜怒哀乐之情未动之前，应多下工夫，培养未发之前的气象，这才是知性尽性之道(《罗豫章文集》卷一二,《韦斋记》)，要求人们深入沉潜于人性，知道人伦本于天。因此，此工夫并不是沉入寂静。豫章有如下列举的一首诗记述了主静的功绩：

今古乾坤共此身，
安身须是且安民。
临深履薄缘何事，
只恐操心近矢人。(同上，卷一三,《勉李愿中》)

由此可知，豫章的静中蕴藏着对天地万物一体之仁的戒慎恐惧的念头。

另外，据延平所言，豫章静坐于罗浮山中，深得《春秋》的读法。(《延平李先生答问后录》) 所以，朱子说豫章的静功是"着实子细"(《朱子语类》卷一〇一)，也不是没有理由的。

豫章的主静体认之学到延平也变得更加精微了。延平教导朱子，讲学必须深潜缜密，才能气味深长、路径不差。(《朱子文集》

卷九七,《延平先生李公行状》)因此,例如,在《易》中,论述如果只以伊川《易传序》中的"体用一源,显微无间"为切要,不仔细理会六十四卦、三百八十四爻的话,人生就会发生错误,排斥只追求一源之体、排除诸用的发动、在浑然之理中追求万物的本源、走向理一而轻视分殊,说必须在事上兼体用而下工夫。(《延平答问》上)因此,延平认为"理一分殊"应该在分殊上下工夫,这是理所当然的。(同上)只是在延平这里,以体认自得为切入点而痛斥从事于论说。但是,延平认为,为了使这种工夫深潜缜密,最终只能依靠潜伏在内心深处的静功,他遵从豫章的教导,终日危坐,验证喜怒哀乐之前的气象是什么,来寻求所谓"中"。(同上)因此,在给门人刘平甫的书信中,也要他默坐澄心,体认天理。这样的话,天理就会明了,日用之处也会得到力量,就不会走岔路了。(同上)据说这种静功到了极限,达到深造自得的地步,心就会大公无私,没有偏固,事理融释,胸中洒然,作为也会变得洒落。(同上)"洒落"二字是黄山谷对周子人品的评语,延平认为这是圣人的境界,以此之有无来佐证学问深造自得的虚实。(同上)延平的洒落,与他被称为"冰壶秋月"(《朱子文集》卷八七,《祭延平李先生文》)的人品相符合。

六、朱子的思想

朱子是以沉静深邃的知思的宋代精神文化为背景的宋学的集大成者。年轻时,他曾涉猎诸子百家,出入于老、佛,通过程

宋　朱熹遺像　狩野元俊画

林罗山　贊

聖學継開朱趣翁
成功養正啓童蒙
千年理義一方寸
妆集諸儒為折中
　　夕顔巷牢謹書

【王阳明遗像】日人仿明代曾鲸之画所绘 画者不明

|唐|三彩万年壶|

|唐|三彩龙耳瓶|

|北宋|定窑白瓷金彩文钵|

|唐|三彩女人俑|

|北宋|定窑白瓷水注|

|北宋|磁州窑系搔落文瓶|

|北宋|景德镇窑青白瓷水注|

|北宋|定窑白瓷碗|

|北宋|耀州窑青瓷皿|

|南宋|建窑油滴天目茶碗|

|南宋|修内司窑青瓷香炉|

|南宋|郊坛窑青瓷钵|

|北宋|钧窑红斑文碗|

|南宋|吉州窑木叶天目茶碗|

|元|染付共蓋壺|

|明|宣徳染付天球瓶|

|明|永楽染付三系把壺|

|南宋|龙泉窑青瓷水指|

|明|天启染付钵|

|明|成化染付盘|

|明|嘉靖赤绘瓶|

|明|万历赤绘花生|

|清|乾隆天球瓶|

|高丽|青瓷象嵌瓶|

|李朝|绘粉引扁壶|

|李朝|染付壶|

|雨漏坚手茶碗|

|井户茶碗|

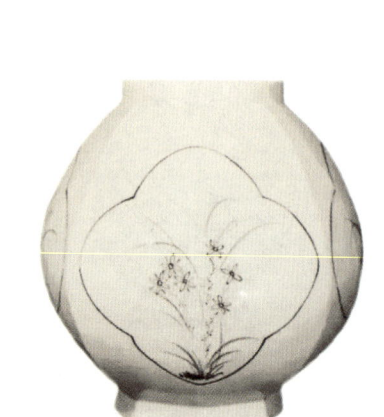

|信乐烧|南蛮蹲|

|唐津烧|茶碗|

|志野烧|水指|

|乐烧|光悦茶碗|

|明皇幸蜀图|唐|李昭道|绢本|横披设色|55.9×81厘米|

青谿閞山迴
崎嶇道路長
客人多結束行
李自周詳繪
爲名和利
榮華興忙年
陳失姓氏北宋
近乎魯
甲午新秋
御題

匡庐图｜五代后梁｜荆浩｜绢本｜立轴｜设色｜185.8×106厘米

【寒林重汀图】
【五代南唐】董源
绢本 立轴 浅设色
181.5×116厘米

【山庄高逸轴】
【北宋】郭熙
绢本 立轴 水墨
188.8×109厘米

[行旅图][北宋][范宽][绢本][浅设色][155.3×74厘米]

桃鸠图　北宋　赵佶
绢本　册页　设色
28.5×27厘米

雨中山水图 | 南宋 | 马远

泼墨仙人图 | 南宋 | 梁楷 | 纸本 | 册页 | 水墨 | 48.7×27.7厘米

潇湘八景—渔村夕照 | 南宋 | 牧溪 | 纸本长卷 | 水墨 | 33×112厘米

九珠峰翠图 [元] 黄公望 绫本 立轴 水墨 79.6×58厘米

雲林松林亭子作
是董源的派而中年
用亮筆 李營邱

松林亭子图 元 倪瓒 绢本 立轴 水墨 83.4×52.9厘米

二祖调心图 五代后蜀 石恪
纸本 页改轴 水墨
35.4×64厘米

关山行旅图 五代后梁 关仝 绢本 立轴 浅设色 144.4×56厘米

秋山问道图｜五代南唐｜巨然（传）｜绢本｜立轴｜浅设色｜156.2×77厘米

晴峦萧寺图｜北宋｜李成｜绢本｜立轴｜浅设色｜111.8×56厘米

乔木图 北宋 许道宁 188.6×115厘米

[山水图][南宋][夏珪][97.5×49.5厘米]

[早春图][北宋][郭熙][绢本][立轴][设色][158.3×108厘米]

[水仙鹑图][北宋][赵佶]

[六柿图][南宋][牧溪][纸本][水墨]

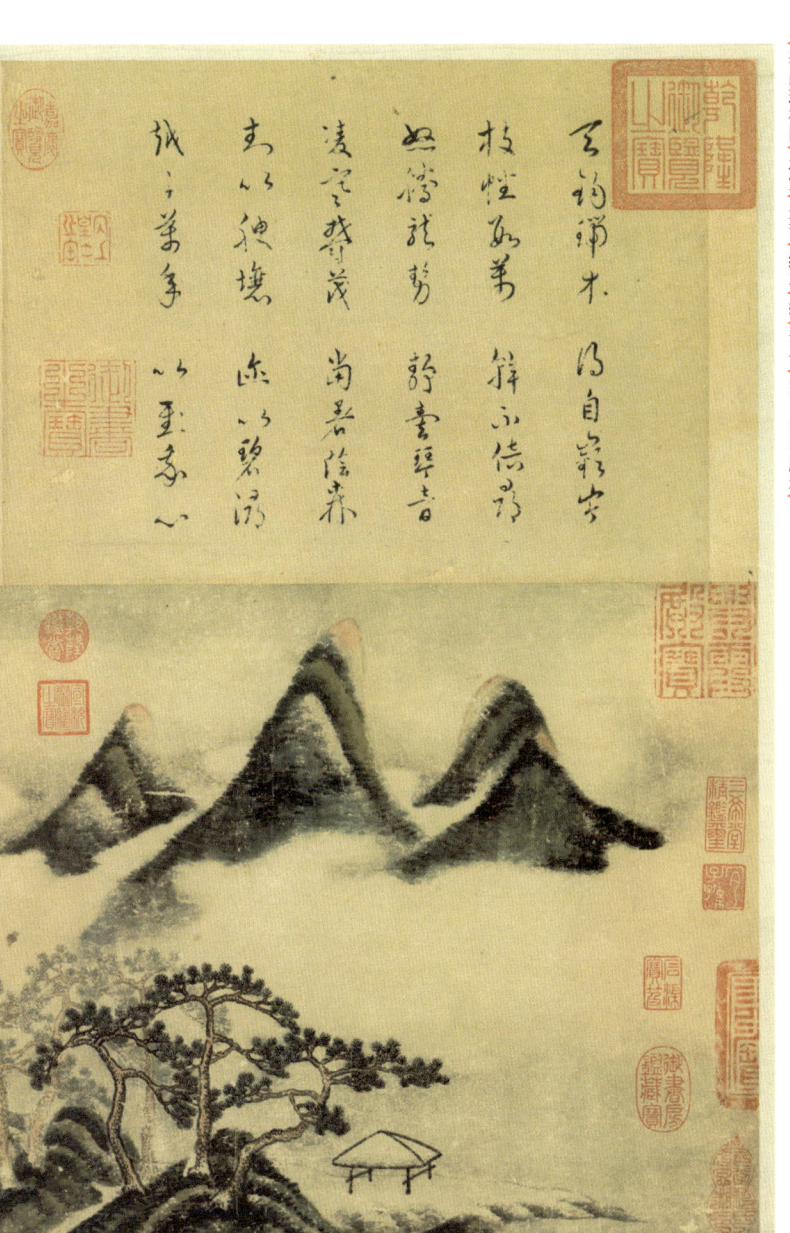

春山瑞松图 北宋 米芾 纸本 轴 设色 35×44.1厘米

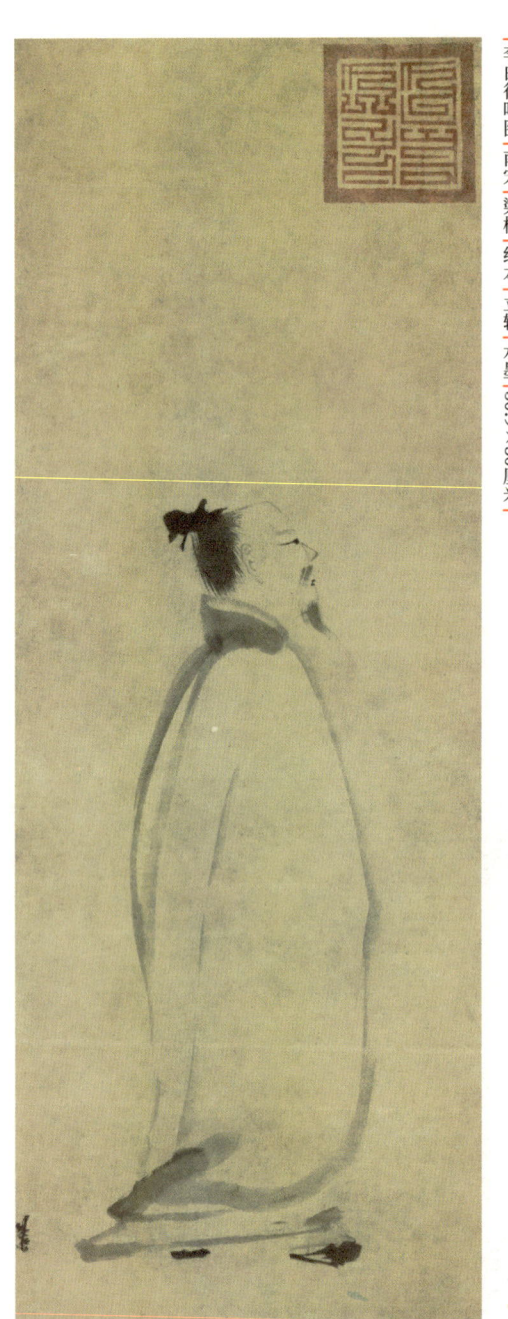

李白行吟图｜南宋｜梁楷｜纸本｜立轴｜水墨｜80.9×30厘米

墨竹图 | 北宋 | 文同 | 绢本 | 立轴 | 水墨 | 131.6×105.3厘米

寒江独钓图 南宋 马远
绢本 立轴 设色 26.7×50.6厘米

调良图 | 元 | 赵孟頫 | 49×75厘米

平原射鹿图 | 南宋 | 陈居中 | 绢本 | 册页 | 设色 | 36.8×54厘米

庐山图（局部） | 南宋 | 玉涧

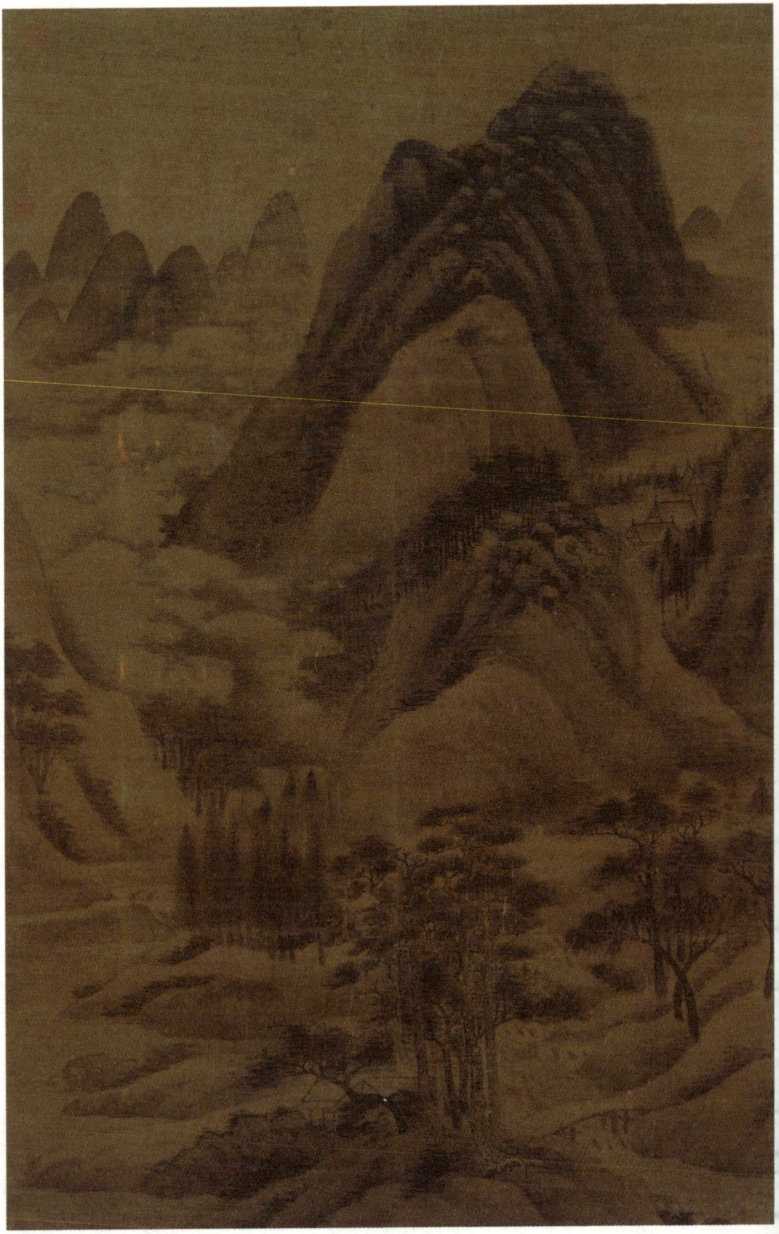

渔父图 [元] 吴镇 绢本 轴 水墨 176.1×95厘米

春花三喜图【明】边文进
绢本 立轴 设色
165.2×98厘米

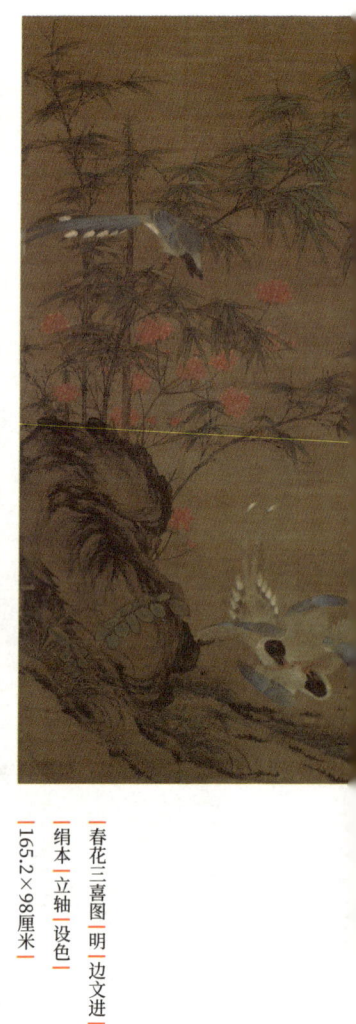

溪山高逸图【元】王蒙
绢本 立轴 设色
113.7×65.3厘米

【芝鹤图】【明】【沈周】

南园昨夜雨催膳
大胄芊芊充民銷
食肤何曾得一甞
沈周

【蔬菜图】【明】【沈周】【纸本】【立轴】【水墨】【92.3×31厘米】

春酣图 明 戴进 绢本 立轴 设色 291.3×171厘米

秋山图 明 唐寅

黄叶玲珑
映落晖
秋风萧
瑟满

榴实图 明 徐渭 纸本 立轴 水墨 91.4×26厘米

封泾仿古图 | 明 | 董其昌 | 纸本 | 轴 | 水墨 | 80×29厘米

清乾隆三希堂法帖（十二） 北宋 苏轼 册纸本页 29.7×35.4厘米

报丰年笞龙挂阙农祥正
父老相呼看籍田
皇太后阁
宝册琼瑶重新庭松桂香
云消春未动碧瓦鳞朝阳
瑞日明天仗俨云拥寿山椅
阙春昼永
金母在人间
朝罢金铺掩人闲宝瑟尘欲
知慈俭德书史乐青春
仙家日月未长闲送腊迎春堂
冻然翠管银罂传故事金

宋四家尺牍纸本 北宋 苏轼

蔡襄尺牘 北宋 蔡襄

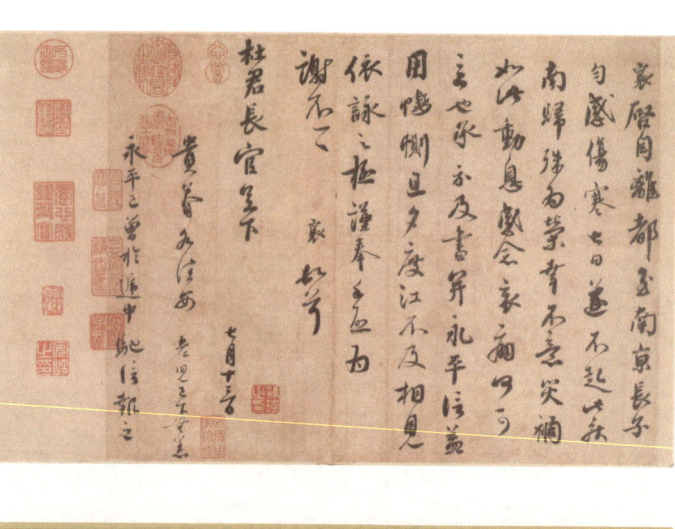

尺牘卷 宋 米芾

【大德名帖东福寺匾额题字】【南宋】【张即之】

【透光古镜歌册】【元】【鲜于枢】【纸本页】【30.5×19厘米】

【松风阁诗帖】【北宋】【黄庭坚】【纸本手卷】【墨书】【32.8×219厘米】

诗帖卷 | 明 | 祝允明 | 纸本卷 | 24.5×441.1厘米

玉髡然無
鬢姚存道
爲之告助
于周宗道
者於其于

醉翁亭记 | 明 | 文徵明 | 纸本 | 轴 | 墨书 | 28.6×53厘米

化须疏卷 | 明 | 沈周

醉翁亭记

环滁皆山也其西南诸峰林壑尤美望之蔚然而深秀者琅琊也山行六七里渐闻水声潺潺而泻出于两峰之间者酿泉也峰回路转有亭翼然临于泉上者醉翁亭也作亭者谁山之僧智仙也名之者谁太守自谓也太守与客来饮于此饮少辄醉而年又最高故自号曰醉翁也醉翁之意不在酒在乎山水之间也山水之乐得之心而寓之酒也若夫日出而林霏开云归而岩穴暝晦明变化者山间之朝暮也野芳发而幽香佳木秀而繁阴风霜高洁水落而石出者山间之四时也朝而往暮而归四时之景不同而乐亦无穷也至于负者歌于途行者休于树前者呼后者应伛偻提携往来而不绝者滁人游也临溪而渔溪深而鱼肥酿泉为酒泉香而酒洌山肴野蔌杂然而前陈者太守宴也宴酣之乐非丝非竹射者中弈者胜觥筹交错起坐而喧哗者众宾欢也苍颜白发颓然乎其中者太守醉也已而夕阳在山人影散乱太守归而宾客从也树林阴翳鸣声上下游人去而禽鸟乐也然而禽鸟知山林之乐而不知人之乐人知从太守游而乐而不知太守之乐其乐也醉能同其乐醒能述以文者太守也太守谓谁庐陵欧阳修也

余于梅韵堂展玩右军黄庭经初刻见其筋骨肉三者俱备后人得其一足矣其一即唐初诸公视规右军墨迹不能得何况今日至其安王质究如飞天仙人又如临波仙子姓久离规抚而杏不能至近余且屏居梅韵斋中窒顾日置黄庭经一本展玩逾时卷引卧再题数月而右军运笔之法泉出中意頿欧阳公文集爱其数月而右军运笔之法泉出中意头擗挺欧阳公文集爱其妩逸流婀立传欧阳公作小记浮日黎遗稿于废书簏中读而心慕之若不成一字楷摹临撫至志寝食遂以文章名冠天下予既有动于中回做右楷数百馀字聊以寄意欤云如凤凰台之于黄鹤楼也

嘉靖三十年辛亥七月二十四日长洲文徵明书于玉磬山房时年八十有二

[张端图书][明]

[赠郑公度草书诗卷][明][王铎][纸本]28.3×478厘米

史記蹟習禮

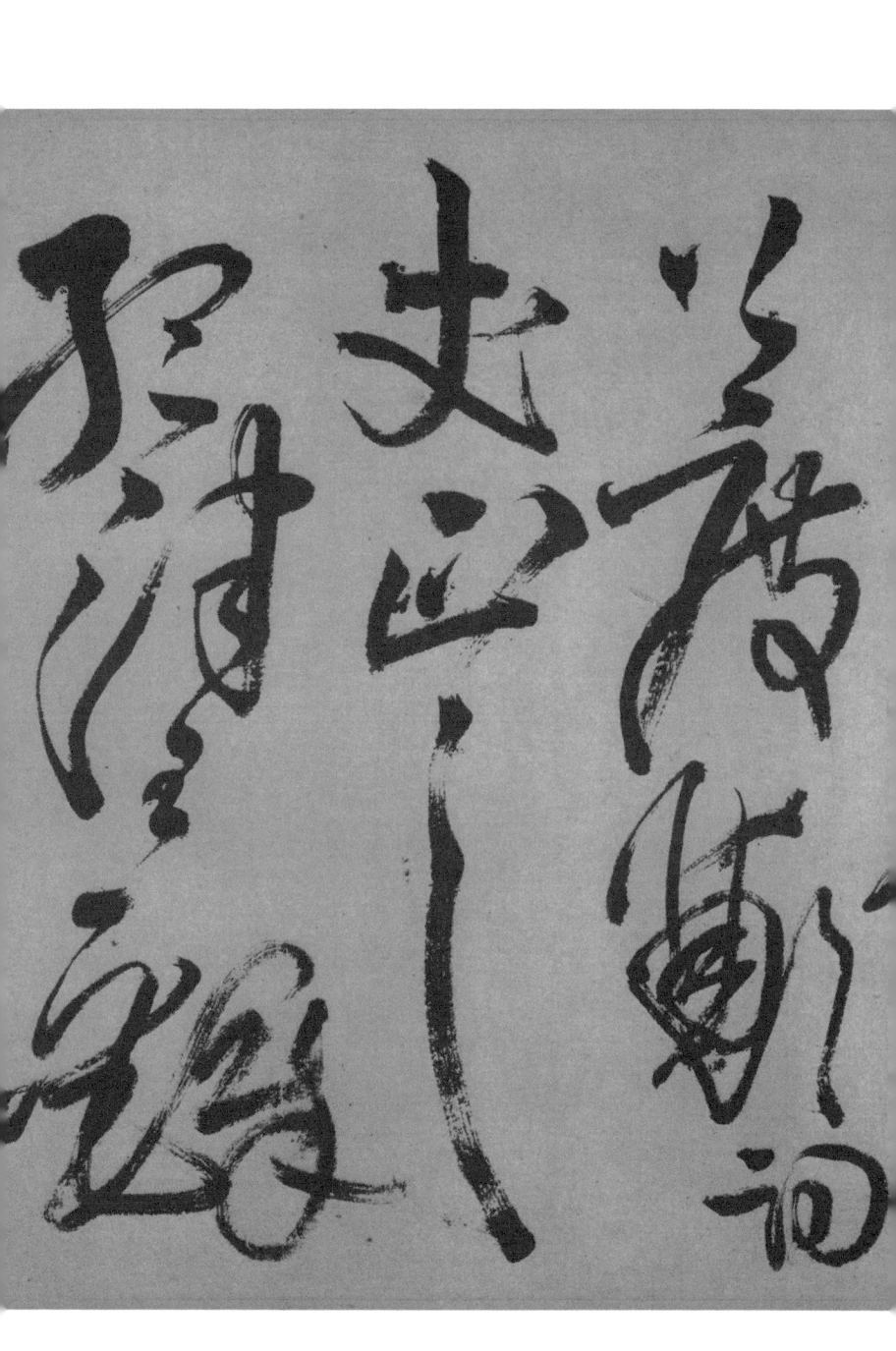

聖可學乎曰可有要乎曰有要一為要一者無欲也無欲則靜虛動直靜虛則明明動直則公明則通公則溥庶矣乎

董其昌書

周子通書　明　董其昌　紙本　軸　189.4×154厘米

宋徽国朱文公遗像

朱熹像 宋 佚名 33.3×47.8厘米

朱熹 论语集注残稿 纸本

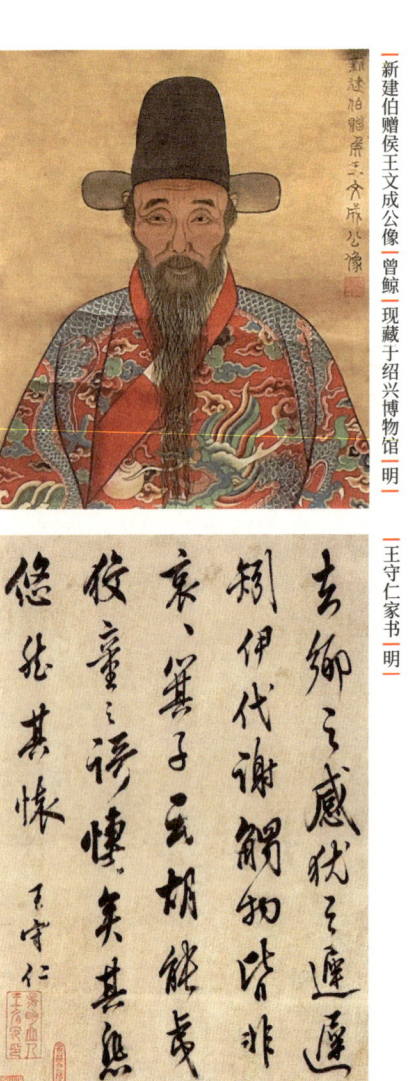

[新建伯赠侯王文成公像][曾鲸][现藏于绍兴博物馆][明]

[王守仁家书][明]

[陈献章书][明]

门三传李延平的教导，逐渐确立了对儒学的志向，终于领悟到老、佛的错误。但由于无法满足于延平的主静之学，不久便向胡五峰的门人张南轩询问胡氏之学。朱子虽然曾一度以动处的察识为宗旨，但发现其中缺乏深潜涵养的工夫，于是就离开了他，最终，通过讲述致知和居敬并进的程子之学，逐渐知道了自己学问的趋向归宿，并以此为主轴折衷了宋代诸儒，集宋学之大成。朱子在形成自己学问的时候，一边深入穷究老庄的虚无、佛氏的空无，一边以此作为否定的媒介，扬弃自我，同时辩难金溪（陆象山）的唯心，永嘉永康（薛艮斋、陈龙川、陈止斋、叶水心）的功利、事功之学而升华自我。经学自不必说，博及诸子并探索人生世界的内幕，翻阅史书，揭示义利、王霸之别，排斥汉唐的记诵、词章、训诂之学，又折衷其训诂开拓经学。面临国内外多难之时，他不仅对内谈论治道之切要，而且自己带头推行合乎时宜的施政，对外则以大义倡导民族主义。在处身方面，他也严格要求出处进退。朱子之学博识洽闻，精切深宏，在这一点上后世无人能及朱子。朱子之学之所以精绝，总而言之，正是由于对异端异学的辩难，使自己的学问得到了磨炼。禅宗虽在明里暗里对朱子学有影响，但自唐中叶以来繁荣，到北宋时代风靡一世的禅，也因为朱子出来尖锐地辩难，终于走向衰退。其功绩也应该与辩辟被称为"其害甚于洪水猛兽"之杨墨的孟子相提并论。

朱子培养了众多弟子，学派十分繁荣，不仅在宋末、元、明、清时期流行，还传到朝鲜、日本、东南亚，成为各国的教学中心。因此，他作为泰山北斗君临天下，实在是可以与孔子相提并论的大儒。朱子的讲友、与他争霸的陆象山之学，以及继承并开发了陆学的明代王阳明之学，从另一个角度来看，都可以说是发扬了朱子学的一方面。清朝的考证学，也可以说是展开了朱子学的另一方面。

朱子和伊川一样，从形而上的理和形而下的气两方面阐述了宇宙的生成。这个道理叫做"所以然之理"，因为它是至极的标准，所以把它命名为"太极"。这个太极之所以能成为万化的根本，是因为它既无方位，又无形体，包括一切，从没有在它之上的存在这一点出发，把它命名为"无极"。（《朱子语类》卷九四。《朱子文集》卷四九，《答王子合》）因此，朱子说：

不言无极，则太极同于一物，而不能为万化之根。不言太极，则无极沦于空寂，而不能为万化之根。（《朱子文集》卷三六，《答陆子美一》）

否定了老子以无极作为万化之根本的立场，以此为媒介，扬弃了《易》之太极，阐明了其包容性和至高性。朱子以周濂溪的"无极而太极"之语来解释万物生成之理，原因就在这里。朱子在阐述太极时，以"极"为"至极"的意思，认为训之为"中"是错误的（《朱子文集》卷三六，《答陆子静五》。《朱子语类》卷九四），这是因为担心至纯至高的理陷入含糊不清而不能确守其纯粹性。

朱子认为，从所以然之理，即太极产生阴阳二气，阴阳分为五行而形成万物,其理内在于物而成为其性。所以,万物各自具备所以然之理,即一太极,这叫做"各具之太极"。总的来说,太极是天地万物之理的总和,这叫做"总体之太极"。但是两者当然并不是两个东西,而是同一个东西。这一观点,可以说是程子及其门人杨龟山理一分殊立场的进一步精切和扩大。

太极之理,即所以然之理的作用是自然的,但并非单纯机械性的,它具有生成万物的崇高目的,从这个意义上说,它被称为"天地之心"。天地之德包括元、亨、利、贞四德,而"元"被认为是与其他德并称且贯穿包括它们的东西。就人而言,即仁、义、礼、智四德,"仁"是与其他三德并列并贯穿包括它们的东西。(《朱子语类》卷一。《朱子文集》卷三二,《答张敬夫二》;卷六七,《仁说》;卷七四,《玉山讲义》)"元"也好,"仁"也好,都是所以然之理。因此说天即人,人即天。朱子洞察了天人合一的精妙处。据此,人们会意识到家、国的道德就是宇宙的本体,并产生这样的信念:遵守家、国的道德就是实现宇宙的伟大目的。朱子之所以重视张横渠的《西铭》(《朱子文集》卷三十,《答汪尚书七》;卷三七,《与郭冲晦》。《朱子语类》卷二六、九四),大概是以这样的看法为基础的。

朱子从本体的立场出发,认为有理之后才有气,从禀受的立场出发,认为有气才有理,认为没有无理之气,也没有无气之理,但认为两者的混同是错误的,并将其分开,而且认为在价值上理先气后。(《朱子语类》卷一。《朱子文集》卷五九,《答赵致道一》;卷五八,《答杨志仁》)这是因为他认为,如果不严正地树立至纯、至精、至善之理,理就会成为一种纯驳善恶相混杂的东西,恐怕不能积极地指导气。朱子遵从理气二元论，不喜欢程明道、邵康节、陆象山的浑一论的理由就在这里。朱子区分义利，讨论王霸之别，斥退主张"义利双行""王霸不分"之论的事功派（《朱子文集》卷三六，《答陈同甫》），又纠正从重视霸者那样的实力立场出发讲述历史的司马光的《资治通鉴》，而从以理义为根本的立场出发阐述历史，撰写了《通鉴纲目》，可以说是很好地表现了这种精神。如果真的很好地理解这种主张理的指导性的精神，朱子说明理气的相即不可分的理由也自然变得清楚了。因为，如果不是那样的话，理就不是实理，而是变成了空理，陷入了老、佛的空寂，变得无法具有现实性。于是，朱子就气的差别相进行了详细精密的考察。朱子对张横渠的气说和邵康节的象数论寄予注意的理由就在这里。（《朱子文集》卷三七，《答林黄中》《答郭冲晦》《答程可久》；卷三八，《答袁机仲三》）也是因为这个原因，朱子的穷理不仅穷究人伦的大纲，还涉及到经界、救荒、天文、律历、地理、官职、鬼神、文艺等自然、人事、人文诸相。在《大学或问》中，朱子提出了八条目的穷理，认为在（1）事为之著、（2）念虑之微、（3）文字之中、（4）讲论之际、（5）身心性情之德、（6）日用之常、（7）天地鬼神之变、（8）鸟兽草木之宜方面，观察其所当然而不可已者，与所以然而不可易者，必须要尽其表里精粗，这才是穷理。据此，理中有所当然者和所以然者。前者是道德规范，是基于内在之性的理法，是《中庸》所谓"率性"之道；后者是作为其本源的道，是"天命之性"。朱子的穷理以人道为中心，广泛涉及事物的法则。

对于性与气、性与心、性与情，朱子也站在与理气说相同的立场上进行了阐述。所谓性，就是内在于气的所以然之理，将其作为"本然之性""天命之性"。这种性在气中才开始具有具体性，与此同时变得复杂多样。这就是"气质之性"（《大学或问》、《朱子语类》卷四）。但即使是在气质中，本然之性仍然没有丧失，并且被认为是优先于气质之性的东西。（《朱子语类》卷九五、《朱子文集》卷六一，《答严时亨》；卷五八，《答徐子融》）但是，关注气质之性的朱子，并没有忘记观察复杂的人性，因此荀子的性恶说自不必说，他还不忘穷究古今的性论（《朱子语类》卷五九），还有探究《阴符经》《鬼谷子》《孙子》中所说的现实的人性和人情的微妙处。否则，道对于现实就会失去适当的指导性，这就是朱子的想法。朱子深知现实中人性的复杂，他高举"性善"，提出"气强而理弱"（《朱子语类》卷四），痛感不得不坚持这一点的工夫必要性。朱子认为胡五峰的《胡子知言》中以性作为超越善恶的东西的说法是错误的（《朱子文集》卷七三，《胡子知言疑义》），主张道心与人心、天理与人欲的分别，也是出于这一主旨。

朱子以仁作为性德之最高者，阐述了程伊川的专言、偏言之仁，切论了求仁，另外还阐述了智藏说。据朱子说，因为仁、义、礼三德（三端）成为恻隐、羞恶、恭敬而发用流行，所以有运用事为之可见者，但到了智，只有是非之别，虽然有知觉，但却没有运用事为之可见者，而是将其藏在里面。如果从理的生意来看仁、义、礼、智，仁是生之生，礼是生之长，义是生之收，智是生之藏。智收藏万物，其中万象潜影连痕迹也不留。所以，这就是"伏藏渊深的道理"。含藏越大，智就越深。朱子像这样阐述了智藏，将智与仁并列加以重视。(参见山崎暗斋《玉山讲义附录》)

就像把理与气分开一样，朱子把性与心、性与情分开考虑。据朱子所说，心是身之主宰，其本体是性，性之用是情，并依据张横渠，认为心统性情，因此反对陆子的"心即理"，依据程子而说"性即理"（《朱子语类》卷一二六）。性情是体用的关系，性因情而始得实，但并不是说情就是性。因为他认为，性是理，因此是善的，但情不一定是善的，所以以孟子所谓仁、义、礼、智为"性"，四端为"情"，将两者分为体用。在训释被视为性德之最高者的仁上，朱子不直接将其作为"爱"，而将其作为"爱之理""心之德"（《论语》，《学而篇》注），阐述了性与情、体与用各自有主，并且不相离的妙合处。关于心性的关系也是一样，心具有性，并且是具有管理和主宰情之作用的精爽的东西，总之无外乎气，因此不能直接把它当作理、当作善。因此，在阐述《大学》的明德（智）时，朱子也有如下论述：

> 虚灵不昧以具众理而应万事者也。但为气禀所拘，人欲所蔽，则有时而昏。然其本体之明，则有未尝息者。故学者当因其所发而遂明之，以复其初也。(《大学章句》)

由此可见，朱子排除陆象山的心即理之说和禅的作用即性之论也是理所当然的。

正如《大学或问》中所说的"人之所以为学，心与理而已"

一样，朱子作为学的东西是存心和穷理。存心的工夫在朱子看来是居敬，居敬和穷理被认为是学的二端，两者二而一、一而二。穷理是以已经知道的理为基础，广泛地对于事事物物一一穷尽其理，而以含糊不清为非，要求一一分清是非明确认识，并通过深刻的体验深入透彻。而且，朱子认为，性无内外，物我一理，所以穷尽事物之理，就是"心知至"。这时，要排除佛氏所谓"观心说"，朱子认为以心观心，最终会停留在知觉的范围内而陷入二心的纠葛中，通过以心观物，将心也作为物而穷其理，才能"物格知至"，获得主宰经世之大道的觉地，这就是朱子所说的"贯通"。(《朱子文集》卷六七，《观心说》；卷六十，《答曾无疑》。《大学补传》)

穷究物之理的心之本体，是作为理之内在的性，心具有统摄这种性及其发用之情的灵活作用，所以如果心被气质和人欲所蒙蔽，穷究理之精微就会变得困难。因此，朱子在穷理的同时，提出了居敬的存心工夫。这种敬贯通动静、未发已发，被认为必须是不偏颇的全体工夫。朱子所认为的居敬工夫，是谢上蔡的"常惺惺"、尹和靖的"心之收敛"、程伊川的"整齐严肃"，而整齐严肃贯穿了其他二者。(《朱子语类》卷一二〇。《朱子文集》卷四七，答吕子约一) 朱子的敬是通过静虚、深入沉潜于理而培养之的立场，是唤醒真心而积极地活用其生命的工夫，这一点是不变的，但之所以要以心的外表工夫——整齐严肃为主，是因为存内而略外的话，就会有轻视人伦具体立场的危险。(《朱子语类》卷十七)

朱子晚年以礼来说明理，这是因为他认为理是无形的，难以把捉，而礼是人伦，有形迹，容易看见。朱子编纂《仪礼经传通解》就是出于这个原因。整齐严肃的敬,与以礼为中心的穷理相对应。如此一来,穷理中有居敬,居敬中有穷理,两者妙合。朱子虽然将穷理与居敬并列,却有以穷理为主的倾向。因此,即使论知行,也说"论先后则知在先,论轻重则行为重"(《朱子语类》卷九),虽然强调两者并用,但也有以知为先的倾向。与陆王之学相比,朱子之学可以说是唯理的、主知的。

朱子认为,在天下之物中,都尽其义理精微之极,才能使我们的聪慧睿智极尽心之本体,所以说"众物之表里精粗无不到,而吾心之全体大用无不明矣"(《大学补传》)。也就是说,他认为"物格知至"而心的全体大用才会变得明朗。所谓心之全体,即心体虚而具众理;所谓心之大用,即其用灵活而应万事。朱子所说的心之全体,以广泛地生成万物的仁之理为中心,心之大用则作用于万事的爱之情是其中心。这一思想虽然在朱子的社仓法等"荒政"中得到了体现,但实际上是以胡安定的"明体适用"、周濂溪的"无极太极"、程伊川的"体用一源"为轴心,纯粹且全面,扬弃了缺乏社会性的老、佛的"虚无思想",现实且实用,扬弃了缺乏纯粹性和包容性的"事功之学"。

七、朱子讲友的思想

朱子互相切磋的讲友,主要是儒者张南轩、吕东莱、陆象山。如果用一句话来概括这三子的学风,南轩深密,东莱博杂,象山高明。南轩师从胡五峰继承其学风,其学问也影响了朱子。

后来南轩反而受到了朱子的影响，但他很好地追溯到程学而成就了自己的学问。南轩初期的思想，专门遵从五峰的心学。因此，例如，他认为孔子所说的仁，虽然即是孟子所谓"人心"，但天理和人欲同行而异情，如果工夫上有毫厘之差的话，就会带来霄壤之缪。其要点是，虽然寻求作为仁之端绪的恻隐之心，但因为此心在日常生活中表现出来，所以只要默识并存养扩充之，就能得到仁之大体，其极致达到与天地合德、与鬼神同用。（《南轩文集》卷十，《潭州重修岳麓书院记》）因此必须根据日用之间良心的发现苗裔深入观察、默默寻求。（同上，卷二七，《答范主簿》）这无外乎是五峰的察识端倪、先察识后涵养的说法。

南轩在涵养方面也遵循五峰说的敬，但认为收敛的工夫缺乏生机和觉醒，将其视为错误的（同上，卷二七，《答戚德锐二》；卷三六，《敬斋铭》），有重视心之发动处的倾向。后来，和朱子相切磋的结果，南轩知道了存养和省察并进的必要，反而用力于存养了。也就是说，他认为由于过去在涵养方面缺乏深度，省察无力，在沉潜处缺乏工夫，因此主旨不能达到完美无缺，因而专门致力于敬的涵养，终于了解到了周、程的体认之深。（同上，卷二五，《寄吕伯恭》一、四）因此，南轩虽然致思于程子的居敬穷理，但有重视居敬的倾向。（同上，卷二七，《答俞秀才》）因此，南轩虽然遵从程子以敬为无适，但那并不是拘迫严肃，正如说"静思与临事有异。要当深于静处下涵养之功，本立则临事有力也"，重视专一的静思。在这种情况下，南轩沉潜缜密、优游涵泳，以深造自得为要。（同上，卷三十，《答陈平甫》）南轩之所以以这样的涵泳为宗旨，是因为触及性的生命而寻求其直接的发露,这是明道、上蔡、湖南传下来的。这种学风早在南轩的初期之学中就已潜在,只要阅读《潭州重修岳麓书院记》(同上,卷十)就明白了。

吕东莱是宋代七朝执政的名门出身。自从吕原明传程伊川之学以来,世代继承洛学,直到东莱而吕学发扬光大。全谢山指出,宋乾淳以后,学派分为朱学、吕学、陆学三派,朱学以格物致知为主,陆学以明心为主,吕学则兼取两学的长处,加以润色。门庭径路虽不同,但同样求归宿于圣人。(《鲒埼亭集外编》卷一六,《同谷三先生书院记》)全氏不满《宋史》压制东莱之学,不将其列于道学传而列于儒林传,称东莱平心易气、不与诸公争论,以宰相的度量折衷群儒、化其偏颇,高度评价其功绩(《宋元学案》卷五一,《东莱学案序》),说:

> 朱、张、吕三贤,同德同业,未易轩轾。张、吕早卒,未见其止,故集大成者归朱耳。(同上,卷五一,《东莱学案》)

东莱不仅与朱、陆,而且与张南轩、陈龙川相交往,去其短而取其长,从而形成了自己的学问。

东莱主张致知与居敬、致知与力行、持养与察识并进,但有重视居敬、力行的倾向,其学风与重视心、重视存养的胡氏心学相通。(《东莱文集》卷五,《答潘叔度》;卷四,《与朱侍讲》;卷一六,《礼记说》;卷二十,《杂说》)东莱之学,虽因折衷色彩强烈而缺乏个性,亦因要约疏漏而不无博杂之怀。虽然是浑和的,但缺乏明道那样的高识。

即使讲格物穷理，东莱也缺乏朱子那样的精义入神，在涵养上，也少了南轩那样的深密，但以实理、实用、诚实为要点，切论了实学。(同上，卷二，《大学策问》；卷三，《与朱侍讲》)因此，他排除义利之别论，重视实用。(同上，卷一二，《易说》；卷二，《杂说》)他去世后，家乡婺州(金华)兴起了事功学。此外，重视实用的东莱，认为史实中有道义，遵循《春秋》《史记》之意撰写了《大事记》。

附录　事功学派的精神

所谓事功学派是以功利思想为宗的儒学一派。与理学是以道的纯正及其当为规范为主要着眼点，试图严格指导实事事功的理想型学派相对，事功学派是以实事事功为主要着眼点，认为没有实事事功的话"道"就不可能存在的现实型学派。前者道学倾向强，后者史学倾向强。事功学派分为永嘉、永康两派，都在浙江地区兴起。被称为开永嘉学派之端绪的周恭叔从学于程伊川及其门人吕与叔，永嘉的薛艮斋从学于伊川的门人袁道洁，因此永嘉的渊源可以上溯到程子。这个学派的主要儒者有薛艮斋、陈止斋、叶水心。永康的陈龙川与永嘉诸公共论事功，但与永嘉不同，其学统难以追溯到程子那里。

薛艮斋主张道的体用一致，认为形而上的道和形而下的器是一体的，道内在于器，离开器就没有道，反而把重点放在器上。(《浪语集》卷二三，《答陈同父》)因此，他强调义利一致，重视利。(同上，卷二九，《大学解》)因为像这样以事功为主，所以他在《春秋》论中，也重视史实，认为其中有《春秋》的拨乱反正之大道，认为三《传》的解释乱是非之正。(同上，卷三〇,《经解春秋旨要序》)艮斋广泛钻研了历史、天文、地理、兵制、农业等实用的学问，但在艮斋这里，仍然求归宿于六经，还不至于不需要义理心性的涵养。不过，看到道学家过分重视《中庸》和《大学》，走上清谈脱俗的道路而厌恶之。(同上，卷一七，《与王枢密札子》;卷二五,《抵杨敬仲》)

艮斋之学，传于门人陈止斋。止斋也对田赋、兵制、地形、水利等方面进行了杰出的研究。他也提倡事功，正如说：

> 其为学先于致知充以涵养，默识自得，不可企及，而笃于躬行，周于人情事物，兼博约，贯精粗，不倚于一偏。(《止斋文集》附录,《陈止斋行状》)

那样，强调两者兼用，戒其偏用。止斋以《左传》为阐明经书精神的东西而表彰之(同上，卷四十,《徐得之左氏国纪序》)，又表彰王安石以来被废止的《周礼》，认为此书正确地传达了文、武、周公等人的治政精神与活动，对于治政有大功，并将其推荐给朝廷(同上，卷四十,《进周礼说序》)。

水心也同样主张义利一致，认为没有功利，道义就是无用的虚语，对董仲舒所谓"正谊不谋利，明道不计功"的道德主义进行了批判。(《宋元学案》卷五四,《水心学案上》引,《习学记言》)像这样在事功中看到义理的水心，又说明了理财和道义的一致，认为理财是民生中不可缺少的东西，所以自古以来圣贤善于此术，但因为狭隘的道德主义者将理财与聚敛混合，所以才转移到了小

人的手上。(《水心文集》卷四,《财计上》)水心也遵循永嘉的传统,指出:

> 周之道固莫聚于此书,他经其散者也。周之籍固莫切于此书,他经其缓者也。公卿敬,群有司廉,教法齐备,义利均等,固文、武、周、召之实政在是也。(《水心文集》卷一二,《黄文叔周礼序》)

表彰了《周礼》。只是他推崇礼的精神,但反对重视敬的程、朱,认为只有恢复礼才能得到敬。(同上,卷一〇,《敬亭后记》)他还说,古时候,论道以六艺,并没有特别提出道来讨论它,后世兴起异学,才开始只讨论道。(《习学记言》)水心认为,周、程以下的理学家,不复归古学,而以《易》之"十翼"、子思《中庸》、《孟子》为本,转向心性之学,因此,在谴责佛、老的同时,反而陷入了夷狄之学,所以对此进行了谴责。(同上)

龙川认为成就事功的地方就有道德,治道也是如此,如果只讲道义而不涉及实事,就会堕入空虚,如果不顺应人心之所好而实施之,就会失去其手段。(《陈龙川文集》卷九,《勉强行道大有功》)因此论义利双行,从其立场出发,对理学家将天理与人欲、义与利分开,所谓三代之治以天理道义为本而尊宗之,汉唐以上之治以人欲功利为本而排斥之,对提倡王霸之辨的道德史观进行了严厉批判。(同上,卷二十,《答朱元晦秘书》)全谢山说,永嘉所说的事功是经制(国家制度),发源于程氏,永康则专言事功而无其源,其学更粗莽。

龙川说，对于以心性之学为宗的道学家的精微的穷理和恳笃的德性，自己应该感到羞愧，但在社会大事之际，堂堂正正地举起正义之旗，倾注智慧，应时做出适当的处理，从而建立旷古的大功这一点上，敢大言不惭地说自己有一日之长。(同上，卷二十，《又甲辰答书》)

朱子为当世两大学派的辩难竭尽全力，一个是佛、老及陆子的心学，另一个是永嘉永康的事功学。明末东林学者将此作为朱子的两大辩，予以了高度评价。(《顾端文公遗书》。《泾皋藏稿》卷六，《朱子二大辩序》)

八、宋末朱子学派的思想

朱门中有名的有蔡西山、九峰父子、黄勉斋、李敬文、张元德、辅汉卿、陈器之、叶味道、陈北溪、廖子晦、李公晦等人，都确守师承。其中以蔡西山、九峰父子、黄勉斋、陈北溪最为著名。在朱门的再传中，魏鹤山、真西山非常有名，而在乾淳诸老之后，被推崇为正学大宗主的是真西山。朱门三传中有黄东发、王深宁。最后出现了文文山，他坚守朱子学的节义，以身殉国。

朱门中师事最久的蔡西山，是一位精识博学的儒者，在这一点上，同辈中没有人比得上他，经常代替老师指导同辈。朱子也没有把他当作门人来对待，而是作为老朋友来交往。他通晓天文、地理、音乐、历数、兵阵之说，而他的律吕、象数之学是从家学得来的，父亲牧堂将程子的《语录》、邵子的《经世书》、张子的《正蒙》授予西山，以此为孔孟的正脉。（《宋元学案》卷六二，《西山蔡氏学案·蔡西山传》）西山有《律吕新书》等著作，据说朱子所著的《易学启蒙》实际上多成于西山之手。（《朱子文集》卷四四，《答蔡季通》。《朱子续集》卷二，《答蔡季通》）西山深入探索了造化的微妙，但这如果不是深通于理者就无法知晓，据说在这方面，朱门中也没有比得上西山的。朱子对于其他门人听不到的天道、性等深远的学说，也和西山互相讨论。（同上，《答蒙附录》）总而言之，西山钻研律吕、象数之学，是为了深入探寻自然之理法，并从其立场出发指向人之道。

孔孟主要讲述以人伦大本之道，而《易》或《书经》等书，则是为了探索自然之道而立意的，所以论述了气的象数。气的思想主要流行于崇尚自然的道家，与之浑然一体，带着复杂的内容发展起来，直到宋邵康节，象数之学变得精微，从而详细论述了符合人之道的自然之道。朱子关于所以然、所当然之理的说法，很好地发挥了天道和人道相即的妙处，而继邵康节之后，进一步穷造化之精微，阐明朱子这一立场的是西山的律吕象数之学。总而言之，西山是想阐述人之道与自然的理法有着怎样深刻的关系，讨论造化的本源对于做人是如何的重要。这一学风传到了其子九峰。九峰也和父亲一样重视《经世书》，以《易大传》《书经·洪范》的原理为根据，用数理解释一切现象。九峰在数理观上与康节多少有些不同，但总而言之，这也是基于朱子的全体大用思想。（《宋元学案》卷六七，《九峰学案》）

最能祖述朱子全体大用思想的学者是写了老师行状的黄勉

斋。勉斋根据老师的遗命编纂了《仪礼经传通解》的"续编",这大概是因为勉斋最能理解朱子把礼作为与心之全体相即的用之具象的全体大用思想主旨。勉斋认为,《中庸》诸章都是探讨道之体与用的关系,或把道分为体用,或将其合在一起,或指用而明体,或指体而明用,或把体用总的说出来。就天人之道而言,在天,用从体发出,而在人,则需要从用回到体的用功,通过这种用功,道之用、道之体得以完全。这样一来,用即体,体即用,道就会达到极致。勉斋认为,这是《中庸》的大旨。(《黄文肃公文集》卷三,《中庸总论》)

据勉斋所说,体用之说源自孔子,子思受之而传至孟子,其后失传,宋朝周子继承不传之绪,传至程子。程子的"体用一源,显微无间"的奥义是通过朱子之手开始发扬光大的。勉斋从体用思想出发,阐述了儒学的道统,他把体用视作二而一、一而二,无非是想从二的角度来论述工夫的必要性,从一的角度来论述其自然性。(同上)

勉斋做学问,提倡致知、力行、居敬、敬义,在致知方面,阐述了切身体验,即切问近思的必要,告诫人们不要玩弄知识驰向高远(《黄文肃公文集》卷一五,《答陈泰之书》;卷一七,《复饶伯舆》);在居敬方面,以朱子的畏,即敬虔的心法为要,认为谢上蔡的"常惺惺"、尹和靖的"其心收敛不容一物"、程子的"整齐严肃"也是由此而得(同上,卷一五,《答陈泰之书》;卷三,《敬说》);在敬义方面,认为两者应该相即成为一贯。总的来说,在勉斋的学问里,比起伊川和朱子,可以看到更倾向于尊崇心的浑一。

北溪也继承了朱子的全体大用思想，正如朱子所评价的那样，议论非常精密，是一位善于思考的儒者，在这一点上，同辈中没有人能比得上他。北溪是最热心遵守师说的儒者，他痛感有必要明确朱子学的特色，因此分析整理了朱子学的概念，并明确表达了其内容。《北溪字义》就是出于这一目的编写的。书中涉及朱子的太极、理、命、性、心、情、志、意、敬等概念，北溪对这些概念的内容及相互关联进行了详细的解说。其论旨清晰明了，没有含糊的地方。如前所述，这一方面是因为他善于思考，另一方面是为了遏制异端，有必要明确说明朱子学的特质。北溪以此批判异端，并尖锐谴责其疑似乱真。

北溪所说的异端，是指求道过高，以佛学为宗旨、以明心见性为事，不读书而使学者陷入空无的境地者（指陆氏心学），和立论过于卑微、崇奉汉唐的功利而与三代相提并论，以此为经世济民、不必修德，使学者陷入功利境地者（指事功学派），北溪特别致力于对前者的攻击。根据北溪的说法，异端是为了追求虚无而舍弃伦物，将天理作为障碍而加以排除，结果，将天理和人欲混合而坠入私利，或是专门追求形气的虚灵知觉而形成作用即性。虽然这是朱子说过的，但北溪明确表达了朱子学对异端的立场。北溪特别针对禅的"作用即性"之说进行了尖锐地批判，这是因为他认为最为其激烈批判的陆学最终也是归结于禅的"作用即性"（《陈北溪全集》四门一二，《与赵司直季仁二》；三门二，《答陈伯澡问性之目》；一门一，《似道之辨》；四门二，《与陈寺丞师复一》。《北溪字义》下）。他去了陆学盛行的严陵举行了"严陵讲义"（《陈北溪全集》一门一），讲述了朱子的实学，辩难陆学派。也就是说，陆学派把形气的虚灵知觉作为天理之妙，想要不通过格物穷理，直接达到上达的境界。北溪指出陆学反过来依托圣门自我标榜，却完全是祖述禅的作用即性之说，从而再次唤起孟子辟告子的生性之意，为学者阐明吾道之体统、师友之渊源、用功之节目、读书之次第。(同上，四门一一，《与黄寺承直卿》《与李公晦》；四门一二，《与赵司直季仁》一、二，《与严守郑寺丞》)

北溪不仅对佛老、陆学，对他认为与朱子学精神不同的人，也以朱子之论加以批判，而其论述更加精切。例如，他从仁是生之理，兼备作为爱、宜、敬、知之理的仁、义、礼、智，以及理一分殊的立场出发，指出吕大临《克己铭》中的"物我同体"之说、杨龟山的"万物一体"之说，有流于墨子"兼爱"的弊端(《北溪字义》上。《陈北溪全集》四门八，《程吕言仁之辨》《张吕言仁之辨》)，又从"性即理说""性情体用说"出发，指出情不一定是善的，并从此立场出发，评价以爱直接作为性之仁的韩退之之说、主张性无善恶的苏东坡之说，以及主张性无善恶的胡五峰之说，认为它们有以性为含糊寂寞的东西而失去工夫之定向的弊端。(《北溪字义》)北溪还说，心是统帅性情并以虚灵知觉主宰一身的东西，它从理上发出来的是道心，从形气上发出来的是人心，不能直接以人心为道心，并从这一立场出发，评价主张"知觉即性"的谢上蔡之说，认为其说使性暧昧而陷入佛的"作用即性"(《陈北溪全集》三门二，《答王迪父问仁之目》；二门一，《初见晦庵先生书》)。

这样，北溪通过概念的清晰分析，不仅揭示了朱子学的特色,而且在说明朱子的所以然与所当然之理的时候,认为理有能然、必然、当然、自然,而且仁、义、礼、智、信各自之中具有其他四德,为朱子学的发扬做出了贡献。总之,北溪通过对概念的明确解释,使具有复杂内容的朱子思想更加容易理解,从而阐明了朱子学的特质,致力于防止禅陆的流行。北溪虽然也阐述了切身体验的要点,但由于擅长思考和分析,结果致力于异端和朱子学的明辨,轻视了朱子学中迫切需要的潜思体认的方面、本领一段的涵养方面,最终使其亚流产生陷入知识训诂的弊病。

朱门再传的儒者中,被世人并称的是魏鹤山和真西山,他们都是私淑朱子的儒者。但鹤山兼取永嘉事功之精华(《宋元学案》卷八十,《鹤山学案》),西山与朱子是同乡的关系,以遵守朱子学作为自己的使命。论者(黄梨洲)或说:鹤山和西山并称,鹤山博览群书,识力超绝,而西山只不过是依傍门户,无出头处,墨守之而已。而且其行宜也有愧于古人的地方,其晚节颇多惭德。但是,尽管自从韩侂胄将道学视为伪学以来,近代大儒的书都被禁绝了,西山却慨然独立,以斯文作为己之责任来讲习实践之,上以告君主,下以语学者,毫不顾忌地表明朱子是正学。不久党禁解除,道学重见天日,这在很大程度上要归功于西山的力量。因此,西山作为当时正学的大宗主而受到世人的推崇,也不是没有理由的。(同上,卷八一,《西山真氏学案》)

西山大体上崇尚朱子学,墨守其成说,但在开发朱子学方面,对朱门也不无裨益。西山遵从朱子,主张有体有用之学,认为佛、老是有体无用，功利派是有用无体之学而以之为非，特别是排除了前者的虚无，阐述了实学的要点。(《真西山文集》卷二八，《周敬甫晋评序》)西山不仅著有收集圣人关于心的观点并附上各家议论的《心经》，还著有从典籍中收集政治之论并配上了行政事迹的《政经》，为了阐明在人君的学问中必须特别用力的事情，推衍《大学》之义而写的《大学衍义》，就是根据这一主旨创作的。其中《衍义》很有名，书中作为人君格物致知的纲目，列举了"明道术""辨人才""审治体""察民情"四个方面；作为诚意正心的纲目，列举了"崇敬畏""戒逸欲"两个方面；作为修身的纲目，列举了"谨言行""正威仪"两个方面；作为齐家的纲目，列举了"重妃匹""严内治""定国本""教戚属"四个方面，将各纲目分别又分成几条加以说明。这些都可以说是很好地发扬了朱子全体大用思想的主旨。但是西山的全体大用思想，相对于勉斋、北溪那种重视事用的思想来说的话，有着重视心的倾向。西山在撰写《政经》的同时，还撰写了《心经》，阐述了事用中的心的工夫要点，可以说是表达了这个意图。但是，也有人说《政经》是伪书。

重视实学的西山说，《大学》之道以致知和诚意为两关，这是朱子的说法(《真西山文集》卷一八，《讲筵卷子》《大学致知诚意章》)，但他有重视诚意方面的倾向。据西山说，天理之实而无伪妄是"诚"，天理之正而无偏倚是"中"，天理之公而无私欲之蔽是"仁"。中则仁，仁则诚，以三者为道之全体。(同上，卷三三，《吕敬伯敬仲字说》)天之元、亨、利、贞四德之所以相互运行而无穷是因为本于诚，诚是太极，诚通则为仁、礼，诚复则为智，把仁、义、礼、智说成是诚的表德(同上，卷三三，《跋朱文公诗元亨播群品篇亲书示邓邠老》)，认为此"诚"自"敬"而入(同上，卷三三，《刘诚伯字说》)。据西山说，敬是为了疏浚天理之源、窒塞人欲之陷阱的工夫。(同上，卷二八，《周敬甫晋评序》)而且，这个敬是从戒惧谨独开始的，戒惧是未发，谨独是已发的工夫，所以敬是贯穿动静的。具体地说，敬贯穿省察、克治、存养三者。西山特别注重存养，认为世上的学者昧于操存持养之实，专门从事言语文字之功，因而不诚，其结果，就像用尘暮之镜照万象一样，只追求近似的东西，因而无法窥见天地圣贤之蕴而慨叹之。(同上，卷三一，《问答》；卷二七，《送朱择之》《临斋遗文序》；卷二五，《矩堂记》)如果像这样重视敬的存养，朱学就会接近陆学。元代的朱陆同异论，如果追溯其源头，也可以追溯到西山之学。因此，西山不认为当时流传的陆门杨慈湖之学是错的，反而称赞其持养，也不是没有理由的。当时，慈湖之学受到朱子学者的非难攻击，说他泯灭心思，废弃持养，谈空妙，略事为，西山一一列举了慈湖之说为其学辩护。例如，他以慈湖之语"成身莫如敬"为至旨，认为这有功于后学。(同上，卷三五，《慈湖训语》)另外，认为不仅仅陆学，佛学、道教也有可取之处。例如，虽然他对于一超直入如来的地位、不依靠持戒而达到定慧的禅宗立场是不认可的，但对于以持戒为禅定智慧之本、自禅定进而达到智慧的工夫，却认为这与圣门的"下学而上达"相同并承认之，对于道教关于养生、感应、善恶的持戒诸说，也认为通于吾儒，毫不吝惜地承认。(同上，卷三五，《杨文公真笔遗教经》)总之，朱子之学到了西山，比起穷理，更倾向于强调存养的方面。

朱门三传的儒者有黄东发和王深宁。东发与慈湖是同乡。四明的学者以陆子为祖，以杨慈湖、袁洁斋为宗，所以当地朱子学没有流行，但是从东发开始，其学却开始流行。东发不仅排斥了佛、老，还排斥了张横渠、陆象山，再上溯连杨龟山、谢上蔡也被认为杂禅而谴责之。而且，他对朱子校正《阴符经》和《参同契》也抱有疑虑。在治术方面，他摈弃功利，不仅强烈抨击王安石，而且对朱子主张根据《周礼》平天下的立场，也认为不可轻信。在经义的解说方面，他引诸家来羽翼朱说，但对朱子之说，采取是是非非的态度，有时也舍朱子学而取诸家，没有门户之见。

王深宁博学洽闻，在这一点上宋代很少有人能与他相匹敌。深宁之学，渊源于朱子学，但又不坚持门户，兼取汉唐之核、两宋之纯，无党同伐异之风。据说他所著的《困学纪闻》是宋人考证中最得精核的一部。因此，可以说深宁很好地继承和发扬了朱学中存在的考据方面。

九、元代朱子学派的思想

在元代，朱子学因被科举所采用而受到重视，陆学只是维持余命的程度，但宋元交替时儒学也不振，在北地，赵江汉成为元朝的俘虏后，人们才开始阅读朱子的书籍。江汉之学注重致用，其学传至姚雪斋、许鲁斋、窦汉卿、郝陵川、刘静修。鲁斋是河北的大宗主，与南方的吴草庐并称为元朝两大儒，再加上刘静修，被称为元朝三大儒。鲁斋门下名卿大夫辈出，所以鲁斋又被称为元朝的伊洛。河北之学，江汉开之，鲁斋大成之。雪斋将江汉邀请到元朝，与鲁斋、汉卿切磋，为奠定元代学术的基础立下了大功。

宋末熊勿轩继承了朱子学派黄勉斋、陈潜室、真西山的全体大用思想，尤其高度评价真西山，将其与朱子的全体大用思想并称。（《正谊堂全书》，《熊勿轩集》卷三，《考亭书院记》《晋江县学记》）鲁斋以勿轩的全体大用思想作为圣贤之统的继承者而称赞之（《许文正公遗书》卷八，《熊勿轩文集序》），但在鲁斋的朱子学中可以看到经由勿轩继承西山的地方。鲁斋看到当时朱子学已陷入记诵训诂的弊端，在阐述体用之学时，比起知识思索的方面更注重涵养实践的方面，所以在《大学》中，以正心作为诚意、格致、修齐治平的根脚，在《中庸》中，以德性作为问学中的大节目。（同上，卷三，《大学要略》；卷一，《语录上》）因此，倾向于陆学而论述朱、陆两学之调和的吴草庐评论他说，虽不期待与吾学是同调，但也归于相同，这也不是没有理由的。（《吴文正公集》卷四〇，《俨斋记》）鲁斋虽然对陆学不满，但他的学问也有接近陆学的倾向。

郝陵川切论有用之学，排斥佛、老之无用。（《郝文忠公全集》卷二四，《上紫阳先生论学书》《答冯文伯书》《上赵经略书》；卷二五，《庸斋记》）陵川大体上以朱子学为主，但认为道之全体大用备于周濂溪的《太极图说》中，因而尊崇之，并且认为邵康节的《先天图说》也是同归，致力于两方面的阐明。其学说虽然与朱说有不同之处，但

根本精神可以说是遵从朱子学的。(同上,卷一六,《图说·先天图说》)

静修虽传江汉之学,但另创一派。他重视处理人事的大变大节的义理,认为那是与天地始终存在的天理,因此是与天地之道相通的东西,其中有天地的生意。(《静修文集》卷一七,《孝子田君墓表》)他认为此天理是人心所不能已的东西,是人之生的根源,因此主张将心深藏于天理之中,静中体认而融释之,以自得天心为宗。(同上,卷一八,《驯鼠记》;卷九,《秋夜次韵答范阳郭生》)其中既有与追求心灵超脱悠远的曾点及邵康节的境界相近的地方,也有与李延平在静中寻求未发之气象、以理与心的融释为宗旨的境界相通的地方。静修之所以讲述这样的学问,是因为他从与老庄一脉相承的批判精神出发,将当时以孔孟的时义、程朱的名理自任而凌驾于天下之上的儒者,视作实际上是挟着老子的道术,以一身的利害行动而不知义命是什么的人。

草庐是师从勉斋系朱子学者饶双峰的儒者。勉斋之学传到金华何北山,北山之学传到王鲁斋、金仁山,仁山之学传到许白云;另一方面又传到了饶双峰,接着吴中行、朱公迁相继出现,繁荣一时,但再传不振。何、王、金、许一派得到了朱子学的正传,之后又传到柳道传、吴正传、戴叔能、宋潜溪。

草庐虽以双峰为师,却不遵从其学。原本朱子的全体大用思想被认为是在政治、经济、礼制等事象中,但在朱子学亚流中,产生了经解训诂也被视作全体大用的倾向。这在勉斋系的朱子学者中很多。元胡炳文、胡一桂、陈澔是这一派的儒者。如前所述,朱子学之所以在元朝流行,其原因之一是被科举所采用，但正因为如此，反而失去了朱子提倡的道问学的本来精神而偏向于言语训释之学。这种倾向似乎早在宋末就有了，当时熊勿轩慨叹学者只知诵习朱子之文，而不究其全体大用之学。(《熊勿轩集》卷一,《送胡庭芳序》)

草庐也担心朱子的学徒堕入吟诵词章的俗学，责备朱门的北溪和他的老师双峰的学说都陷入文义的钻研缕析，陷入记诵词章的窠臼，认为这与俗学相去不远。因此，他排除了道问学和尊德性的偏用，但更重视尊德性，在阐述朱子学的同时也称赞陆学。就这样，以朱陆为同归，开启了朱陆同异论的端绪。(《吴文正公集》卷二二,《尊德性道问学斋记》;卷二六,《仙城本心楼记》)这一论调可以从对陆学表示同情的朱子学者真西山和将朱、陆融合一贯而卓然有所见的西山讲友汤存斋中寻求源头，经过吴门的虞道园，从赵东山到明程篁墩，这一论调也变得详细了。

十、明代朱子学派的思想

明朝也效法元朝将朱子学列为科举考试的内容，作为必读之书，敕撰了《五经大全》《四书大全》《性理大全》，虽然朱子学大为普及，但因此又产生了进一步陷入训诂记诵之学的弊端。

明初的诸儒都是朱门的支流余裔，自明中叶陈白沙、王阳明出现以来，学术分歧，发挥了明代理学的特色。阳明创立了与朱子学背道而驰的宗旨，其门徒遍天下，其教义风靡天下。

明朝草创之际，成为教学中心的是何、王、金、许一派的朱子学，其领袖是受到明太祖知遇、裁定明一代的礼乐制度、被称为"开国文臣之首"的金华宋景濂，以及与景濂一起侍奉太祖、成为元史编纂总裁的王子充，二人都是师从柳道传的儒者。宋、王都重视朱子学的知识性方面，以博学致知为宗，认为不那样就不能成为致用之学，但他们并不排斥陆学，反而承认陆学，有折衷朱、陆的地方。因此，景濂说"六经皆心学也"（《宋学士文集》卷二八，《六经论》），子充说"范围天地，经纬古今，综理人理，酬酢事变，何莫非心思之所致也。于是圣贤有心学焉"（《华川卮辞》），讲述了心学之要。景濂门人方正学是与宋末文天祥并称的持节儒者，在节义方面可以说是以身显现了朱子学的精神。虽然正学也一心致力于学问和事功，但他以笃实的践履为切要，以躬行为宗旨。

被称为明代理学开山祖师的是薛敬轩和吴康斋，但我认为，在朱、陆两学的发扬上，具有全体大用之盛的元代草庐之学，明里暗里对后来的朱子学有影响，薛、吴二儒也在此时代潮流中。因此，在这两人的学问中，朱子学博学致知的方面变得稀薄，而涵养践履的方面被强调，使朱子学有了新的进展，这大概是因为他们深切地感受到了当时朱子学沦落为记诵训诂的弊端。

康斋作为一位儒者，可以说是朱子的信徒，他在洗心持敬中浑融了穷理，论述了心学的要点。康斋的家乡与陆象山、吴草庐一样都在江西，因此他的学问能够与当时江西留有余脉的陆学相结合。到了康斋的门人娄一斋，有以陆学的本心作为学问宗旨的地方，同门的陈白沙甚至以通于陆门杨慈湖静澄的心学作为宗旨。像这样，康斋一派的朱子学，以与陆学及其学派一脉相承的心学为要点，可以说起到了王学先驱的作用。因此，康斋被称为"明学之祖"也不是没有理由的。同为康斋门人的胡敬斋虽然重视朱子学的涵养方面，但与其他两人不同，他极力排斥陆禅而纯守朱子学。另外，虽然以涵养践履为主，但信奉朱子学并传承其正统的是薛敬轩，接着出现胡敬斋，与阳明同时代的是罗整庵。

敬轩是恪守宋儒矩矱的儒者。例如，看他的太极论、理气论、心性论等，都遵循宋儒的成说。虽然在理气论上，他认为朱子的"先后论"是错误的（《读书录》卷一、三），但像他那样能够很好地理解朱子理气二元论精神的人很少。敬轩为学的特色是注重躬行，很好地体察了说"气强而理弱"的朱子的心思，把朱子所说的敬与致知作为"复性"的工夫，并且把居敬作为穷理之本，使两者归于居敬一路。（同上，卷五、六）敬轩是如何严格躬行这一工夫的，从他自己叙述每次呼唤心都会说到"主人翁，在室否"，晚上一定会反省说"一日所为之事，合理否"，也可以推测出来。因此，敬轩的居敬工夫，成了如同事天的时候那样严肃、虔诚的存心工夫，但另一方面，需要浑厚包涵、从容宏大的气象、像云雾散开时那样的淡泊气象。敬轩晚年达到了杜甫诗句中吟咏的"水流心不竟，云在意俱迟"那样从容自在的境界。（同上，卷三）

敬斋虽然提倡存心穷理、躬行践履，但尤其以居敬存养为宗旨。敬斋认为从朱门再传的儒者以来至今，朱子学越来越陷入训诂注释、词章功利，才高者驰心于异端佛、老而陷入虚无空荡、灭伦弃物，他痛感其流弊，要求刊落一切浮华，朝向本实。(《正谊堂全书》,《胡敬斋集》卷一,《奉罗一峰》《复汪谦》) 敬斋的异端辨析论极其精微，明确了佛、老、禅之说的本质并一一加以批判。其论述的精辟详密是程、朱以下诸儒所不能及的。总而言之，他认为老子灭道德，佛氏灭心性，结果犯了误认气为理，把心直接作为理的过错。(《居业录》卷七,《老佛编》)

在理气论、性气论、心性论、体用论以及为学论方面，他基于程、朱的二元论立场，在阐明这是圣学之本旨的同时，从这一立场出发排斥异端。(同上，卷八、一、六) 当然对陆子及其一派的心学也加以批判，像说邵康节之学放旷而不实用 (同上，卷三)，张横渠的"太虚说""太和说"是以气为道体，谢上蔡的心之放开是流于庄佛等 (同上)，在先儒的说法中，对于被认为与异端和陆学相近的东西，都一一加以了批判。对于同门的陈白沙、娄一斋，也同样摘出其说加以批判，指责其为陷禅。敬斋虽然以程、朱为宗，但承认两者有小差异。据他说，程子因为涵养之功完全，践履极其纯正，朱子因为穷理玩索之功详密而极文理之纤悉。(同上) 另外，在道德方面，敬斋认为两者之间存在着小差异，但鉴于时弊，似乎是以程子之学为主。(同上)

敬斋在学问上最重视的是居敬。敬斋在居敬方面遵从程子，以整齐严肃为主 (《居业录》卷二、八)，认为这是贯穿动静未发已发的东西，而以主静之功为非 (同上，卷八)，重视存心涵养，排除求索。关于敬，叙述其入头、接续、持续、效验 (同上，卷二)；又叙述敬有积极的存心之功和消极的闲邪之功，有正容貌、整威仪的外在的东西和主一无适的内在的东西（同上）；又对敬与理、敬与诚、修气与主敬的关系加以说明等（同上），横说竖说彻彻底底。敬斋对异端和陆学一派也进行了激烈的攻击，但根据前面所述，可以说背后也受到了他们的影响。

整庵也信奉程、朱，很好地体察了其精神，致力于异端的辨析，但其论述却与程、朱有些许不同。在理气论方面，主张"理者气之理"，提倡理气一元论，否定程伊川的"二元论"，肯定程明道的"道器一体论"。整庵认为薛敬轩的"器即道"的立场，也不免视理气为二物。因此，认为朱子的"理气先后论""理气分别论"将理气视为二物而加以排斥也是理所当然的。据整庵所述，朱子的这种理气分别论源于周濂溪的《太极图说》，对此持批判态度。（《困知记》卷四）

但整庵认为"理者形而上，气者形而下"，将理气分为体用，不允许将此体用混在一起而直接以气为理。（同上，卷四、二）从这一立场出发，说陆象山是将阴阳之气视为形而上的人，对其太极论加以批判。据整庵所说，理气有体用之别，所以有浑然一体之妙。因此，他说看到"理一分殊"就真正明白理气是一体的，也不是没有理由的。（同上，卷四）阐明体用的区别，说明理气的一体是整庵理气论的特征，此论是从对禅和陆、王心学的批判立场出发的，虽然乍一看和朱子的理论有不同之处，但并没有违背朱子的立论精神。这可以从整庵认为性即理，排除了心即理，可以推测出来比起朱子更加明辨了性心。整庵论述了性心的体用之别，认为如果不知道这个的话，就会将用作为体，将人心的妙用作为天理，而陷入异端和陆王的心学中。(《正谊堂全书》,《罗整庵集》卷一,《答允恕弟》) 整庵虽然将性心作为一物之二，但将性作为体、心作为用，比起两者的一体，更致力于从体用的立场来明辨之，从体用的立场来阐明未发与已发、静与动，或是道心与人心的区别，以两者的混一为非。(《困知记》卷一、二、三) 这是因为他痛感禅、陆王的心学之弊病，从这一立场出发，对禅、陆王及其流派进行了强烈的批判和攻击。整庵的性心论、性心之别论比朱子更过度，因此与朱子的说法有不同之处，但很好地体现了朱子的根本精神，排斥了异端。

他对于格物致知、格物穷理、尊德性道问学之论，确守程、朱。只是格物的"格"不像程、朱那样训为"至"，而认为是"通彻无间之意"(同上，卷一)，这也可以说是认为格物贯彻内外物我而"心知至"的朱子学精神的体现。重视存养，在动静方面，以静为主，重视体认，这也是他的为学特色。

整庵年轻时曾笃信佛学，所以通晓佛说，精于佛理，因此对佛学的批判，也悉细委曲。因此排佛论，可以说从敬斋到整庵更加精微了。整庵排佛论的核心在于"佛氏见心不见性"(同上，卷二、四)。据整庵所说，虽然佛氏说"明心见性"，但其所见之性，不外于心之妙用。(同上，卷一) 因此，这是以性为知的东西，虽然叫"本觉"，但也不是超出知觉的东西。(同上，卷三) 因此说事障理障，陷入冥行妄作。(同上) 整庵又认为佛氏不知性是理，为学者也以明心为宗而不格物穷理，因而丧失所谓开物成务之道，对此自不必说也加以批判。(《困知记》卷一) 敬斋为了批判佛氏，以"想像"二字断之，但整庵认为此论未至。因为佛氏看到虚灵知觉之妙而能够洒脱，其所见是真实的，并不是想象的。只是因为一旦见其妙而万事毕，卷舒作用也变得自在，所以认为这是猖狂妄行。(同上，卷二)

主张性心之别的整庵，将站在心即理立场上的陆、王及其一派都评价为禅，阐述其危害之大，也是理所当然的。整庵认为，陆象山虽然排斥禅，但因其应用禅者的诃佛骂祖之机，所以其学仍然是禅。陆象山虽然说格物致知，但总而言之，就是追求心的工夫，所以是禅的"明心说"(同上)。他对陆门的杨慈湖进行了猛烈的批判，读了《慈湖遗书》后说"禅学误人，一至于是乎"(《困知记》卷三)，并列举了慈湖的"不起意说"等一一加以攻击。(同上，卷四) 对于陈白沙，虽然认为近世道学的兴盛是靠白沙的力量，但举出白沙的"霸柄入手""致虚立本""静中养出端倪"等各种说法，并一一对此加以批判。(同上，卷二) 另外，对白沙的门人湛甘泉也进行了批判，认为甘泉的"天理体认说"对天理的认知并不真切，最终将甘泉称为"象山之派下"(《罗整庵集》卷一，《答允恕弟》)。对与白沙同门的娄一斋也批判其说接近禅。(《困知记》卷二)

整庵最大力批判的是王阳明。当时批判阳明的有汪石潭、崔后渠、何柏斋、黄泰泉、张净峰、徐养斋等人，整庵是他们的首领。整庵与阳明及其门人往复书信，批判他们的良知说、格物说，并指出阳明的《朱子晚年定论》不完备，责备其杜撰。

据整庵所说，良知虽是心之明觉，但毕竟属于知觉，所以并非天理。以良知为天理，是以知觉为天理，和把用作为体的佛说是一样的，是无视工夫而陷入猖狂妄行。如果以良知为天理，那么万物上的理都会置之度外，这是禅。(《困知记》卷三。《罗整庵集》卷一，《答欧阳崇》一。《又答允恕弟》)因此，整庵将阳明唯心的格物说断为禅，也是理所当然的。整庵指出，本来此身与万物皆来自乾坤，故其理，乃乾坤之理。惟从我之见，物固为物，有物我之别；从理之见，我亦为物，无内外之别，浑然一体。格物中重要的是分殊上看理一，如此始知至，大本达道得以实行，自诚正至治平一以贯之。然而，俗学溺于外而遗内，禅学局于内而遗外。阳明为救俗学之溺，不杜禅学之蔽，自陷于禅。(《罗整庵集》卷一，《与王阳明》《答欧阳崇一》《答允恕弟》。《困知记》卷三)

与整庵同时的朱子学者有湛甘泉。被整庵评价为难免陷禅之弊的湛甘泉，是阳明的讲友，两人最初共同讲体认之学，致力于拯救朱子学末流的支离之弊，但甘泉以天理作为学问宗旨，阳明晚年以良知作为学问宗旨，因此两学产生差异。甘泉虽然是白沙的门人，却继承了程明道的天理体认之学并将其发扬光大。甘泉所说的天理，是贯穿内外心事，既不堕入格式之固硬，也不涉及生命之私意，中正而无偏倚过不及，并且内具以万物为一体的流行发用、扩充分殊、支节粲然的浑一体。他认为，这种浑沦天理之学可以拯救世儒的支离之学，作为很好地体会到这个的儒者，他举出周濂溪、程明道、陈白沙而尊信之，尤其私淑明道而遵奉其学。(《遵道录》。《湛甘泉文集》卷三，《雍语》)

但是甘泉的天理体认，就像把"随处"两个字冠在上面一样，是动处的工夫《湛甘泉文集》卷二三,《天关语通录》；卷七,《答洪峻之侍御》)，远离明道之学中的静意，以及濂溪、白沙的主静之意，感受到那里有与陆王学相似的生命跃动。尽管如此，甘泉还是以性学为宗，以天理为宗的。总之，甘泉虽然很好地继承了明道的心性浑一之学，寻求客观的、包容的道，但不容忽视的是，那里有经过象山、白沙心学的痕迹。

王、湛二人晚年互相批评对方，形成了相对峙的局面，但由于两学有共同之处，所以其门弟子多是出入两家卒业的。但是后来湛门派并不怎么兴盛，在亚流中出现了很多摄取王学企图调解两学的人。这一派中屈指可数的儒者，是许敬庵及其门人冯少墟。

敬庵继承甘泉的学风，大体说明了性与气、性与心的浑一，但认为如果不通过廓清主观自私的欲念，即气质之障蔽，扫清知解之弊病的克己工夫的话，就难以期待恢复纯粹客观的性之真体的工夫，即"复性"之功，提出"克己"作为学之大本。(《敬和堂集》卷五,《答吴川楼丈》；卷四,《答胡元敬老友》)敬庵之所以提出这样坚苦的工夫，是因为他认为性只是一性，而不外乎天理，比起程、朱更想要坚持性的纯粹性和客观性。敬庵的克己是严苦的工夫，是希望由此达到端本澄源、人我两忘的境界，心与神明相通而以天下为一脉，事理相通达，德业之大事超越人为而成为自然之用。(同上，卷三,《启王荆石阁老二》)因此，它既是工夫，又是超越工夫的本体工夫合一，有认可阳明学的地方。(同上，卷五,《答耿楚侗先生》)敬庵是属于朱子学派的儒者，所以很重视工夫，主张本体与工夫合一。之所以以克己这一严肃的实修作为学之要，是因为当时王门现成派末流提倡低俗朴素的己我之现成而以为没有应当克治的己私，其结果认为克己是无用的，任凭知解高玄而陷入猖狂的弊病。

敬庵从以本于天理的性善为宗的立场出发，承认了阳明的"致良知说""四句宗旨"，但信奉王门正统派钱绪山的"四有说"，与当时提倡王门现成派王龙溪"四无说"的周海门进行了辩论。那是因为担忧上述弊病。(《明儒学案》卷三六,《泰州学案五》,《九解》)

敬庵对于先儒，排除门户之见，以取长舍短为宗旨，认为致力于关于心性之隐微和学问之宗旨的解说、讨论学术的异同、对异端的辩难等都是错误的，专门说明了实修的要点。(《敬和堂集》卷五,《答陈弘宇郡公》《答陈实卿》; 卷四,《与朱偕之水部》) 到了门人冯少墟，由于当时现成派末流的猖狂自恣、俗学的功利客气、时人的蔑视讲学等弊端严重，他于是切论天理与性善，阐述讲学讲论的紧要，以尽对异端的辩驳为"明学觉心"(《冯恭定全集》卷七,《宝庆语录》; 卷二,《疑思录三》; 卷五,《答络缵宁丈》)。少墟也认为阳明的致良知说是以天理为本的而承认之，并将其与朱子的"格物穷理说"视为同旨。(同上，卷一六,《别李子高言》)他特别切论天理的严存，称之为"说心而论理，吾儒之道"，以"理"之一字作为辨别儒、佛的骨子。(同上，卷一,《辨学录》; 卷八,《善利图说》)少墟对过去的儒者以下学与上达、渐修与顿悟、经世主宰与明心见性、用与体之论来说明儒、佛之别感到不满，将从其本源、本体，即从宗旨上辩驳异端作为己任，对儒、佛的心性论、生性论、有无论、本体工夫论等一一阐明其宗旨的异同。总之，佛之所以成为异端，是因为没有得到吾儒作为体的天理，天理和人欲不能两立，因此中间没有路。所以，丧失理的佛氏空无之论，最终只能成为纵欲，佛氏之论不过是为了迎合世俗的好利取名而伸张其辩罢了，其流弊是不可挽救的。(同上，卷八，《善利图说》；卷一二，《关中书院语录》)

论述了理之切要的少墟，又提出了性善说，致力于对现成派"无善无恶说"的辩难。(同上，卷十五，《答杨原忠运长六》)也就是说，这一说法的信奉者指责性善说在本体工夫上都陷入相对状态，对此，他详细论述了这种观点的矛盾和流弊，并对此进行了尖锐的驳斥。总之，他们把善化为无而容忍恶，着意本体而忽视工夫，因而陷入助长的弊病，结果其说是"佛氏之改头换面"(同上，卷一，《辨学录》)。少墟的辩难，极尽精微，对防止"无善无恶说"的蔓延有大功。少墟也和敬庵一样，对于阳明的"四句宗旨"，认为第二句以下是正确的，但"无善无恶心之体"这第一句是不正确的。(同上，《答张居白大行》《答黄武皋侍御》)根据少墟的说法，"此本体工夫共无者也"。他认为，这种说法之所以流行而学术不明，主要是因为本体和工夫的区别不明，指出提倡这种说法的人陷入了将本体误认为工夫、将工夫误认为本体的弊病。他以精辟之论详细论述了要说明本体和工夫的本质，首先得明辨两者，而后说明两者是一体的。(同上，卷十五，《答杨原忠运长四》)然而，少墟之学终究在于静时透彻于本体之上，而后在动时逐一加以点检。(同上，卷十五，《答杨原忠运长二》)

敬庵师徒之学，虽可称为通过王学的新朱子学，但当时仍有人信奉朱子学，对异端和陆王加以批判。

阳明去世后，王学如洪水般风行各地，隆庆以后其影响波及科举，使以朱子学为主的原有标准发生了变化。其间有一派对陆王及佛老坚持批判立场。冯贞白、陈清澜、王浚川、吴苏原、郝楚望等属于此派。其中贞白和清澜强调朱子学的特色，对佛老、陆王加以批判，但浚川、苏原、楚望多少有些差别，阐述了唯气的思想，并从其立场出发，批判了宋明理学的唯理、唯心的思想。

贞白著有《求是编》，对《传习录》诸条一一辩难阳明之说，期间对陆学派和禅学也加以批判。他以朱子的格物穷理作为圣学的致用之实学、体用内外浑一之学，认为这是儒不同于佛、老的本质所在。而且从这一立场出发，认为就心来说直接追求浑一的阳明心学，反而混淆偏枯，丧失真的浑一，违背了圣学的致用之道（《贞白五书》，《质言·修学篇》），最终王学也不出朱子学的范围（《求是篇》卷三）。贞白自不必说持褒朱贬陆的态度，但对陆学与对王学稍有不同，有将其作为孔门的别派加以承认的地方。（同上，卷四）

清澜著有《学蔀通辨》，明辨朱陆，对陆王、异端，尤其以陆学为中心进行了彻底的批判。原本近世儒学之所以具有深刻的内在性，是因为受到庄、列、禅等所谓异端的刺激，以此为媒介扬弃儒教的人伦立场，想要从心之本体上寻求其本源。据清澜说，从德性上寻求心之本体的是圣学，朱子学遵循此道，而从心之灵妙，即神上寻求它的是庄、列、禅，陆王派心学遵循此道。(《学蔀通辨》终编上、后编中)因此，他将这些学问断为"养神一路"(同上，后编上)，认为以往的异端辩难之所以不彻底，是因为没有明辨这上一截本源的骨髓(同上，后编中、终编下)，痛论关于"养神一路"的体段、其下手的工夫及患害，说明异端之学全部归一于此的理由，并对此加以彻底的批判。(同上，后编上、中、下)

清澜认为修朱子之学才能免于"养神一路"的异端，但他认为朱子的宗旨在于主敬涵养的立本、读书穷理的致知、身体力行的实践的齐头并进，有时只说其一，不过是因病施药的手段罢了。(同上，《提纲》)因此，需要涵养与思索、居敬与穷理的并用、存心与致知的互发、知与行的相须、博与约的不偏，以此来避免异端。但清澜重视穷理的方面，认为如果重视涵养就会陷入异端。(同上，终编中)对于想要辨明朱子与庄、列、禅、陆、王的清澜来说，这是理所当然的。清澜严守朱子的二元论立场，以此对抗异端，也是基于同样的主旨。清澜辩难异端、陆王，说明他是一位擅长辩才的儒者，而且既是理论家又是历史学家。他论述了中国佛学的变迁，举出罪福轮回、识心见性、改头换面的三障，并从其对儒学产生的影响来看，认为经过"儒佛本同末异论""儒佛同归论"，最终改头换面，成为阳儒阴佛，因此将陆学断定为阳儒阴佛。又讲到陆学对"朱陆同异论"的影响，从"褒陆贬朱说"变成了"朱陆早异晚同说"，最终变成了"阳朱阴陆说"，并将阳明的《朱子晚年定论》断定为阳朱阴陆。(同上，续编中、前编下，《提纲》)

清澜的异端辨以宋胡致堂的《崇正辩》、明叶子奇的《草木子》、胡敬斋的《居业录》、霍渭崖的《象山学辨》、罗整庵的《困知记》、崔后渠的《序杨子折衷》等为先驱，而清澜认为，自己异端辨的特色是将陆学断定为"养神一路"而突入其骨髓，他尖锐地批判了以往朱陆同异论者的观点。但其动机在于尽朱子异端辨的源委。清澜异端辨的另一个特色是基于激烈的民族意识来辨华夷（同上，续篇下），这些都对清初的民族主义和朱子学的勃兴产生了很大影响。

清澜对作为异端及陆王辩难之基准的朱子学的解释，不仅是从朱子学与异端的对比上来看，而且是从与陆王的对比上来看，认为朱子学的立场是与它们冰炭不相容的，但是这样的理解方法，是否能尽朱子学的全体还是个疑问。因为，如果像这样将朱子学与陆王学严格区分开来，并从理论上加以阐明的话，也不是没有对朱子学深处所流动的体验层面，也就是与陆王学相辅相成的方面缺乏理解，从而使朱子学变得平淡无味的嫌疑。在这一点上，他的朱子学可以说与清初猛烈批判王学的张武承、吕晚村、陆稼书等的朱子学相通，并成为其先驱。

明代的朱子学也被明末的东林学派发展成为深刻的体认之学，并开发出了新生面。说这一派的学说是通过了王学的新朱子学更为恰当。其原因之一在于东林学发源于王门。此学派的始祖顾泾阳师从王门的薛方山，开始笃信阳明的致良知说。（《顾端文公遗书》，《泾皋藏稿》卷二，《与李见罗先生书》）方山虽属于王门，但排斥空见顿悟而主张实务敦行，重视气节清议，又斥责朱、陆的门户之别，论述作为两者之源的孔孟是同归的，其学折衷朱、王，多带有朱子学倾向。(《广理学备考》,《薛先生集》,《审异》《送谢阳溪序》《书考亭渊源录后》) 东林学派通过方山追溯到朱子之学，从而形成了自己的学问。东林学派的领袖是顾泾阳和高景逸。这两人虽然信奉朱子学，对陆王学持批判态度，但也不是没有采取折衷两学而取其长弃其短的地方。(马世奇,《泾皋藏稿原叙》,《陈几亭集》,文录一,《高子遗书序》,《三鱼堂文集》卷二,《学术辨中》;卷五,《答嘉善李子乔书》)

东林学的特色，可以说是在朱子学的基础上，以静谧而深刻的体认自得之学为要点，注重气节清议。(张杨园,《备忘》三) 因此如张杨园所说，以"静悟"二字作为工夫的入门(同上)。因此，他对于周濂溪以下罗豫章、李延平、陈白沙、罗念庵等主静派之说是同情的，也不是没有理由的。(《泾皋藏稿》卷十八,《小心斋札记》卷四、九,《高子遗书》卷一,《语》;卷九下,《静庵华翁七十序》;卷八下,《与吴覲华》) 东林的体认自得之学也是在与陆、王思想的接触和家国正处于倾覆的时代相遇中，经历了苦难的体验，才使其更有深度和力量，尤其景逸之学在这一点上是最优秀的。在这一点上，朱子学派中能与他匹敌的人很少。东林的诸儒对陆王学的末流进行了尖锐地批判，对挽救他们的任情猖狂的弊病有功绩。他们认为这种流弊的根源在于阳明"四句宗旨"第一句中的无善无恶的心体论，并致力于对这一理论的辩难。对于这一理论，除了顾泾阳、泾凡兄弟，钱启新、史玉池等东林诸儒以外，湛门派的冯少墟、蕺山刘念台等也加以辩难，其中，泾阳、泾凡兄弟和少墟之论最优秀，取得很大的功绩。(《明儒学案》卷五八,《东林学案·顾泾阳传》,《高

子未刻稿》卷六,《東邹南皋先生二》)

东林学派的开山祖师是顾泾阳。他很重视理学名节，但厌恶把它作为富贵利达的工具，景逸也持节自绝生命。东林学由顾泾阳开其源，高景逸使其精微，至孙淇澳转向别派。淇澳对义理之性与气质之性、天与命、性与生、道心与人心等持一元论，对采取二元论的宋儒之说持批判态度，这与采取纯正至高理想立场的宋儒精神并没有不同。只是对流行于宋儒或顾、高的主静之学，认为是流于禅的陷空偏枯而排斥之，因此以静的体认自得为宗旨的东林学风到他这里也不得不说是一大转变了。(《明儒学案》卷五九,《东林学案二》,《言性图》《困思抄》)

与泾阳、景逸等人共同对现成派末流的"当下即是论""无善无恶论""本体即功夫论"等进行了论辩，并在挽救其流弊方面有功的有史玉池、顾泾凡、钱启新等人。玉池师事泾阳，尤其认为工夫即本体，阐明了当下的真义，致力于挽救无视工夫的现成派末流的弊端。(同上,卷六十,《东林学案三》,《史玉池论学》)泾凡与兄长泾阳一起指出"无善无恶论"的流弊，加以批判，并阐明了义理与血气的区别，显示了节义的真义。在学问上，泾阳痛感上从玄妙门讨入路、下从方便门讨出路的弊病，领悟了如果不明辨江西的顿悟和永嘉永康的事功，道就不明的朱子精神，认为今天这两害合而为一且为害甚大，并从《朱子文集》中收集朱子的辩难之论编纂了《朱子二大辩》，以此来拯救时弊。(同上,卷六十,《东林学案三·泾凡传》。《小心斋札记》。《泾皋藏稿》卷二二；卷六,《朱子二大辩序》)启新是东林书院竣功后，与泾阳一起成为讲席之主的儒者，大体上尊奉程、朱，但由于以物心为一体，以主静体认为要，其学与景逸类似，但缺乏景逸之学那样的克明与生彩，有着浑和的地方。(同上，卷五九，《东林学案二》,《笔记》)

东林诸儒到其末流，也没有出现能够很好地切身体会顾、高的学问精神，发挥其真正价值，并能启迪其秘蕴的有力量的儒者。只是景逸门下出现了陈几亭，他重视生机，将性命与康济合为一，强调万物一体，创立了新说，而景逸之学到他身上也发生了转变。(《明儒学案》卷六一，《东林学案四》,《学言》)东林诸儒，在国家内外多难多事之际提倡清议以保全节义，其风格类似于东汉末的儒者。东林原本不是朋党之名，而是讲学之名。景逸认为欧阳修的《朋党论》中的"小人无朋，唯君子有之"尚未尽道，又认为君子为朋、小人为党的论说是不对的，他进而论述了君子小人都有党，君子之党盛，小人之党败，则天下治。(《高子未刻稿》卷四，《御部·朋党论》)当时景逸认为，比起党之有无，不如说君子小人之别更为重要，而且这也不是对他人的要求，而是对自己的要求。因此，关于清议和节义，这些也必须是基于对性体本源的静湛默识的自然之用。然而，到其末流，像薛玄台、刘静之、刘本孺、黄白安等人那样，出现了违背此主旨，向外高言清议节义，严格区分是与非、善与恶、君子与小人，疾恶不义与小人而愤激于情者。《明儒学案》的作者黄宗羲对东林的诸儒十分同情。他的老师刘念台虽然痛惜东林诸儒的殉节，但在顾泾阳的朱子学中，已经看出有严格区分善恶而陷入申韩之惨酷的危险。(《刘子全书》卷十四,《修正学疏》)

第七章

明学的精神——唯心的思想

一、陆学的先驱

心学的集大成者明代王阳明的思想来源于宋代陆象山的唯心论。象山在被门人问到自己学问的由来时，说读了《孟子》而自得。(《象山先生全集》卷三五，《语录》)明代薛应旂说，宋朝兴起百余年了，达到直窥堂奥、追本溯源、独得那信心之学的是陆象山。(《四明丛书》，《定川遗书》附录，《薛应旂正学祠记》)象山也可以说是继承孟子以来的绝学，启发其心学的儒者。心学倾向早在北宋程明道的思想中就已经出现，到了他的门人谢上蔡，如前所述，这种倾向更加明显。这是从张横浦开始的，横浦继承程学，对佛教持批判态度(《横浦文集》卷三，《少仪论》；卷四，《端论》)，但也有学习大慧宗杲的关系，其思想将禅的心机应用到儒上，所以更加唯心。横浦也遵循程子之学，以格物作为学之先。不过，他认为格物虽是穷理，遍及人心内外，但穷一心之理则通天下之理，穷一事之理则通万事之理。(同上，卷一七，《重建赣州州学记》)这种穷理当然是深造自得之学，据此心即理、理即心，内念外物皆会归于此。(《四部丛刊》，《张状元孟子传》卷一九)因此，象山以《孟子》的"求放心"为学，说"心通则六经皆吾心中物也，学问之道无过于此"(《横浦文集》，卷一八，《答李樗书》)，又认为知天事天也在于尽心存心(同上，卷九，《书传统论》《金縢论》)。像这样，在心的活泼泼中看到天理之所在、性之所存的横浦，像程明道一样，在痛痒的知觉中说仁，又像谢上蔡一样，以觉说仁，直至说"仁即是觉，觉即是心。因心生觉，因觉有仁"(《横浦心传录》卷上)，也是理所当然的了。但是，横浦比这两个人更重视心的跃动和生命的流露。因此，他说，通过闻见得到的东西不如践履之深，并提出"勿吃别人痰唾"的禅家之语，说"须一一自己胸襟流出"(同上, 卷中)，慨叹时人所做之事并非从胸中流出。当被问到人多为闻见所累的缘由时，他回答说"缘自家无主人"(同上, 卷上)。因此，即使在穷理中，也应重视自己心的主体性。横浦由此达到了"心即理，理即心"的地步(《四部丛刊》,《张状元孟子传》卷一九)，这大概是因为他相信心的客观性。因此，他又认为六经之旨取于我胸中而通(同上)，说先得圣人之心，则六经是我心中之物(《四部丛刊》,《张状元孟子传》卷一八)。因此，其"六经之书焚烧无余，而出于人心者常在，则经非纸上语，乃人心中理耳"(《横浦心传录》卷中)的论述也就不足为奇了。

重视心的思想不仅有明道系统的儒者，也有像横浦一样伊川系统的儒者。王震泽、林艾轩等也是如此，全谢山将这些儒者视为陆学的先驱。(《宋元学案》卷五八,《象山学案》,《全谢山序》)虽然朱子贬斥震泽，王阳明却称赞他。谢山说，读了他的文集(《信伯集》)，颇启象山之萌芽。(同上) 王阳明评其学，称其所到甚高明特远，不在游、杨诸公之下。(《王文成公全书》卷二一,《与黄勉之》)震泽说，自己的心即圣人之心，所以要传圣人之心，只要扩充此心即可。这无异于说明了心即理的旨趣。他善于玩弄禅的机锋，让人立刻省悟。有这样的一则故事：当有人寻问《孟子》所谓"万物皆备于我"之语的时候，他正容回答道"万物皆备于我"，那人就立即省悟了。(《宋元学案》卷二九,《震泽学案》,《震泽记善录》)不管怎样，震泽的思想与禅有过接触，这是毋庸置疑的。但当有人说他对释

氏有所依赖时，他回答说自己的看法与释氏相似。(同上,《震泽文集》附录)

艾轩师从和靖的门人陆子正，子正又从游于震泽。(《宋元学案》卷二七,《和靖学案》; 卷四七,《艾轩学案》)据谢山说，艾轩之学，本于和靖者少，本于震泽者多。(《宋元学案》卷四七,《艾轩学案》,《全谢山序》)艾轩不作著述，而是口授学者，让他们心通理解。他经常说："道之全体存乎太虚。六经既发明之，后世注解固已支离。若复增加，道愈远矣。"(《四库珍本初集》,《艾轩集》卷一〇, 附录, 周必大撰《神道碑》)即使读经书，他也不主张把重点放在注解训诂上，因此说太虚中有易简之理，如能真实见得此理，《论语》不过是其注解。(《艾轩集》卷六,《与泉州李梼》)如何求得太虚中的真实易简之理呢？艾轩说，致知是初学的第一件事，但不可求之过深，只在日用之事上求之不止即可得之。古人之所说，皆求之于日用。(同上, 卷六,《与杨次山》)因此，比起从经书和经解中求道，艾轩更重视日常之间的实际体会。因此，艾轩说："日用是根株，文字是注脚。须见得日用处，注脚自可晓。"(同上)对于伊川的解经，他认为大头项虽好，但解说不恰当(《艾轩集》卷十, 附录,《遗事》)，对其持批判态度，也并非没有理由。

二、陆象山的思想

据说二程子会见周濂溪后，"吟风弄月以归"，有了孔子所谓"吾与点也"(《论语·先进篇》)的心境。据象山说，此心为明道所存，伊川却丧失了它。(《象山先生全集》卷三四，《语录》) 从这件事也可以推测，象山之学是从明道流传下来，对朱子所宗的伊川持批判态度。朱子和象山是南宋思想界的双璧。吕东莱为了这门学问，为了使两学之异同会归为一，邀两人在鹅湖相会。两人对周子的"无极而太极"一词的解释不同，两人之间进行了争论，这对当时的学界产生了很大的影响。

朱、陆都以格物穷理之学，即理学为宗，但若极论其差异，朱子是二元的、唯理的，且是分析的、归纳的、主知的；象山是一元的、唯心的，且是综合的、演绎的、直觉的。这是基于两者的世界观、人生观、社会观的不同，因此，朱子在阐述理与气、性与心、理与心之相即的同时，也不得不将两者分离开来，而象山则专门阐述了它们的相即。两人在鹅湖会见时的讲论，可以说如实地体现了两学的差异。当时朱子阐述了泛观博览而后归约之学，象山认为必须先发明人之本心，然后再去博览。因此朱子称象山的教学为"太简"，而象山则评价朱子的教学为"支离"。(同上，卷三六，《年谱》) 朱子在给项平父的书信 (《朱子文集》卷五四，《答项平父二》) 中说：象山所说专门以尊德性为事，而我平生的学问则是道问学方面多一些。所以从事象山之学问的人，其持守多可观者，但看得义理却不细密。我虽然认为义理之说是正确的，但于紧要为己为人上的事却不得力。因此，他阐述了必须互相取长补短、不落在一边的意思。对此象山指责朱子的舍短取长之说，认为如果不知道尊德性就不可能有道问学。(《象山先生全集》卷三四，《语录》)

象山说"道外无事，事外无道"，阐述了道与事的即一，或者道与器的一体，认为那里有天人合一的要领。从这一立场出发，批判了二元的伊川之说。例如，伊川的天理人欲别论，源于以心之静为性、动为欲的《乐记》之说，它与老子相通。《书经》中的人心道心论也是如此，如果像伊川那样以人心为人欲、以道心为天理的话，那就是认为人有二心，这就陷入了《庄子》的天人二分论。(同上)象山认为《太极图说》中的"无极而太极"之语是本于《老子》，不是周子的东西，也是出于同样的理由。(《象山先生全集》卷二,《与朱元晦一二》; 卷一五,《与陶赞仲一》)

象山采取一元立场的理由之一，是因为他认为，理是实理，所以它是一切眼前的东西，因此正如说"汝耳自聪，目自明，事父自能孝，事兄自能弟，本无少缺"(《象山先生全集》卷三四,《语录》)那样，理必然是日常人伦中完全绝对的实在。据象山说，这是人心的固有，是天下人所共同依靠的东西。(同上, 卷一一,《与李宰》; 卷十四,《与包详道》)因此，在回答哥哥复斋关于在何处做学问的问题时，他说即使在人情、事势、物理上可以用工夫，辨别事物的善恶真伪，也不会在那里用工夫。(同上)象山把理作为切近的实理。因此，他将人人固有的道德心情、孟子所谓"四端"就这样作为理，是理所当然的。所以说，人心至灵的话，理就清楚了。(《象山先生全集》卷二一,《杂著》; 卷一一,《与李宰》)象山说自己的学问是读了《孟子》之后自得的(同上, 卷三五,《语录》)，这也不足为奇。这样心即理说就成立了。"宇宙即是吾心，吾心即是宇宙""宇宙内事乃己分内事，己分内事乃宇宙内事"，这些话清楚地说明

了这一事实。(同上,卷二二,《杂著》)

主张心即理的象山认为,此心本灵,此理本明(同上,卷十,《与刘志甫》),根据人本来之性,可以处理天下的万变、天下的至危(同上,卷三十五《语录》)。但事实却与之相反,这是为什么呢?据象山说,此心就是理,本来就是人人固有的,但人们不了解这一点,心被己私、物欲或意见等遮蔽,从而阻碍其流行。因此,象山提出孟子所谓"求放心"之语,以本心之复为关键,本心复则如凿井取泉,"左右逢原""物各附物",各自都自足。(同上,卷三十六,《年谱》)象山之所以举出孟子的"先立乎其大者"这句话,也是出于同样的旨趣,所谓"其大者",在象山这里不外乎是这个本心。象山对说"除了'先立其大者'一句,全无伎俩"的某人,回答道"诚然"。(同上,卷三四,《语录》)象山的立场是观察本源、提缀大纲。象山寄托于本心的绝对,任其活泼泼地流行发动而安。因此,他又说,老夫所能做的,只是能了解病痛。(同上)

象山也举出"因循",要求循理,或者在格物穷理中也要求细致的理会和仔细的玩味。但是,就像"顺风吹火"一样,必须任凭心的本来性和自然性,依靠其发动,不能像"起炉作灶"那样玩弄作为。(同上)这是要求在本体上下工夫,也就是本体即工夫的立场。《毛诗大序》中说:"风以动之,教以化之。"象山把风作为血脉,把教作为条目,这正是重视本体命脉的宗旨。工夫必须顺应本体,这样一来,万事都能处理自如,这就是象山的立场。因此,象山说:"大纲提缀来仔细理会去,沛乎无碍。"(同上)象山在庄子所谓"发机栝",还有"斩钉截铁"那样本心活泼泼地发动中，看到了理通于万事的样子。象山说自己的说话都是自家的东西，从天上下来，从肝肺迸出(《象山先生全集》卷三四，《语录》)，也是这个原因。所以这样的心这样的理不是固定的。因此，当然不能像告子那样将其生硬地把捉或执定。象山说："善亦能害心"(同上，卷三四，《语录》；卷三五，《语录》)，说的是对善的执定之害。因此看见门人静坐求悟入却反而束缚自己的心，象山吟咏道："翼乎如鸿毛遇顺风，沛乎若巨鱼纵大壑。"(同上，卷三五，《语录》)常教人要得心自在快哉。象山排除心的外驰外索而以收敛存养为宗旨，以心迫切太紧为非，而以平平淡淡为要，说心常得主宰，以物为物，不为物所役，这也是基于同样的主旨。象山说："自家主宰常精健，逐外精神徒损伤"，"退步思量，不要骛外"，"存养是主人，检敛是奴仆"(同上)。这种态度在象山的讲学中很常见。因此，例如，他认为工夫常随自己的力量，依自己之分为重要(《象山先生全集》卷二，《与吴显仲》；卷三，《与曹挺之》)；在读书方面，比如说对文义明白的地方要诵习观省，对可疑的地方要优游厌饫以待之，或者平平淡淡地看，仔细地玩味(同上，卷四，《与符舜功》；卷十，《与曾宅之》；卷一一，《与朱济道》；卷三五，《语录》)。如果心得主宰，就能够"转法华"。这就是象山对六经的态度。因此，他说："学苟知本，六经皆我注脚"(同上，卷三四，《语录》)，"六经注我，我注六经哉"(同上)。因此，象山说："汝耳自聪，目自明，事父自能孝，事兄自能弟，本无欠缺，不必他求，在自立而已。"(同上，卷三四，《语录》)像他这样责自立、说自信也是理所当然的。象山说："自得，自成，自道，不倚师友载籍。"(同上，卷三五，《语录》)象山强调"自"的立场。这些都无外乎是来自重视心的立场、心即理。"心"就是理,在象山这里,它如前所述是具体的、现实的道德活力,如果在此之上追求心之体,就会弄虚见而陷入意见之中。因此,对于门人杨慈湖的本心之问,象山始终举"四端"之心来回答（同上）,或者说"我不说一,杨敬仲说一"（同上）来告诫他。这是因为无论到哪里都要注重实吧。象山讲"实见",排除虚见。象山知道一实有能击碎万虚的活力,所以说:"千虚不博一实。吾平生学问无他,只是一实。"（《象山先生全集》卷三四,《语录》）"吾之学问与诸处异者,只是在我全无杜撰。"（同上）象山之所以能这么说,大概也是因为能掌握此理之实。孔子说:"吾道一以贯之。"（《论语·里仁篇》）据象山说,孔子的一贯之道是实理,所以这个说法是实理。如果没有实理,即使说一贯也是虚说。（《象山先生全集》卷三五,《语录》）这是对朱子一贯论的批判。象山厌恶好议论弄辞说而不见实,对立议论的人说:"此是虚说。"（同上,卷三四,《语录》）又有人问象山之学的入处,他回答说责己自反、改过迁善而已（同上）,无非是说了求实之要。关于讲明和践履,象山引用《大学》《中庸》之论,说不先讲明,则为妄行,而讲明也必须是实学,并指出以口耳之学作为讲明的不是圣人之徒。（同上,卷一二,《与赵咏道二》）因此,象山向詹子南说,古人之学是实学,没有后人那样的议论说辞之累（同上,卷七,《与詹子南三》）,说"日享事实之乐,而无暇辨析于言语之间"（同上,卷一〇,《与詹子南》）。

据象山说,因为心即理,所以很容易理解,也很容易遵从。所以他讨厌以辨析为事、作繁杂之说。象山对于门人李伯敏所谓尽心是什么，性、才、心、情怎么区别的问题，告诫说这是口说而非"为己"的学问，不是真正的获得血脉骨髓而理会实处的态度。(同上，卷三五，《语录》)这是因为他痛感辨析和说辞有使易简之道支离、使明白的道理变得不明白的弊病。象山说："后世言道理者终是粘牙嚼舌。吾之言道，坦然明白，全无粘牙嚼舌处。此所以易知易行。"(同上，卷三四，《语录》)象山在鹅湖之会上唱和哥哥复斋的诗，吟咏道："易简功夫终久大，支离事业竟浮沉。"(同上，卷二五，《鹅湖和教授兄韵》)这是责难朱子教学的支离。象山从年轻的时候开始就对程伊川持批判态度，看了伊川的话，感觉就像损伤自己的身体。例如，他认为伊川《易传》中的"艮背行庭"的注解，陷入了辨析，反而丧失其真髓，而用"无我无物"一语来解释这句话。(同上，卷三四，《语录》)象山深知，驰才智弄辨析，会犯下狂犬驱逐土块的愚蠢。所以，他以孔子之言语为易简、以有子之言语为支离也是理所当然的。(同上)子贡之才自然也不为象山所善。象山在给朱子的书信中评价子贡之学，说："揣量模写之工，依仿假借之似，其条画足以自信，其习熟足以自安。"(《象山先生全集》卷二，《与朱元晦二》。这里引用之语与卷三四《语录》中的言语稍有不同)象山说这句话切中了朱子的膏肓。(同上，卷三四，《语录》)站在心即理立场上的象山对朱子做出这样的批评，也是有其相应的理由的。门人李伯敏将"纷纷枝叶谩推寻，到底根株只此心"的诗呈给了老师，据说象山对此表示赞同(同上，卷三五，《语录》)，这一诗句清楚地表明了陆、王等唯心论者的立场。

象山说："吾与人言，多就血脉上感移他。"(同上，卷三四，《语录》)

象山的议论具有鼓动人的心情、使之兴起的力量。在朱子的白鹿洞书院，象山对其门人讲授《论语》中的君子小人义利章，使他们感泣的故事很有名(同上，卷三六，《年谱》)，总之象山是一个能立即感化人的妙手。一般来说，唯心思想家中拥有这种能力的人很多，而象山对门人杨慈湖的扇讼之训(同上)，就显示了这种能力的一端。他之所以能很好地教化有着擒龙打凤之才气的傅曾潭，也是因为拥有这种能力。詹子南记录如下：

> 某方侍坐，先生遽起，某亦起。先生曰："还用安排否？"(《象山先生全集》卷三五，《语录》)

这里有能使禅之机锋延伸的东西。

象山是唯心的思想家，但对佛教持批判态度。因此，象山也论儒、佛之别，但不单纯认为两者在有与无、虚与实上有区别，而是认为义与利、善与利、公与私上两者有别。(同上，卷三五，《语录》;卷二，《与王顺伯》)象山说，儒以经世为宗旨，佛以出世为宗旨，其根源也在这里。(同上，卷二，《与王顺伯二》)因此，他列举了"实际理地不受一尘，佛事门中不舍一法"(《景德传灯录》卷九，《沩山传》)这一佛语。对于说佛教也遵循基于本心之自然的人伦，所以其道与儒一样是公共之道、大中之道，以此来为佛辩护的人，他指出在佛的方面这并非是全体、中心，因此不是真正的公共大中之道，而是偏颇的。这总之是因为佛道本于己私私利，并以此作为异端之说进行了批判。(《象山先生全集》卷二，《与王顺伯二》)但象山不把佛或老庄当作异端，而把一切违背我理的东西都作为异端。

三、陆门的思想

陆学中被老师陆象山称为有擒龙打凤之手段《象山先生全集》卷三四,《语录》)、被张南轩评价为有扬眉之机的傅曾潭《南轩文集》卷二四,《与朱元晦一三》)之传衰微，浙江明州的沈定川、舒广平、袁洁斋、杨慈湖，也就是明州四先生之传兴起，尤其杨慈湖之传十分兴盛。据说浙江的陆学之所以兴盛，是因为杨、袁居于贵显的地位。《陈北溪全集》四门一,《与陈寺丞师复一》）据清朝陆学者李穆堂所说，宋淳熙以后到庆元为止，明州的士人都以陆学为宗。《陆子学谱》卷一七,《袁太师韶》引《宋史》本传)

沈定川说，吾儒之学在于植根本、识肩背，不能让陋巷偏僻之习使精神疲劳。《四明丛书》,《定川遗书》附录,《定川言行编》）由此可见，定川也理解了老师心即理的精神。因此，在读书方面，他说"为学未能识肩背，读书万卷空亡羊"《定川遗书》卷一,《箴友》），又称赞陶渊明的"好读书不求甚解，每有会意便欣然忘食"之语，说这才是真正的读书。因此，他对史籍传记的选取也极为简约。虽然接受了陆子心学的立场，但定川和吕东莱兄弟切磋辩论古今，从而了解了周览博考的益处，认为如果不讲求世变的推移、治道的体统、圣君贤相的经纶事业的话，胸中所蕴藏的东西对经世是没有用处的。因此，定川即使晚年在病中也没有废弃看书。(《宋元学案》卷七六,《广平定川学案》引全谢山撰《四先生祠堂碑文》)因为定川尊敬朱子(《定川遗书》附录卷一,《朱子答沈叔晦》二、三),所以定川之学晚年有些变化也是受朱子学的影响吧。

舒广平说:"此心不放,此理自明。圣贤事业,岂在他处耶。"(《四明丛书》,《舒文靖类稿》卷一,《再答叶养源书》)认为持敬的人为强制是错误的。这是尊重陆子心学的立场。因此,他认为沈季父所谓"易之极即心之极"这一观点极为正确。(同上,卷一,《答沈季父书》)广平从老师象山那里得到了心之所同然,即悦理义之心是天之赋予的教诲,以安于理义为宗旨。这也是得到了陆学的精神吧。广平与兄弟一同受业于陆门。据说兄弟们都顿悟了,而广平以顿悟为非,说刻苦磨砺,改过迁善,日有新功而始不违背师之教诲。(《洁斋集》卷九,《舒元质祠堂记》)因此,他在给杨慈湖的书信中说,象山对程伊川、有子之言的批评,如果轻易示人,就会误人。(《舒文靖类稿》卷一,《答杨国博敬仲书》)他与张南轩、吕东莱、朱晦庵相交,特别是对朱子,称赞说"晦翁当代人杰,地步非吾侪所及"(同上,卷一,《答孙子方》),听到有人诋毁朱子就会告诫对方不要轻率地议论。广平深通经术,有常平论、茶盐论、保长论、义仓论。(《舒文靖类稿》卷三)据说,这些都是适合时宜后世所取法的。广平的经术有依据朱子学的地方吧。

袁洁斋认为,"此心之精神"就是治道的根源,天地间的万事都无非是这种精神的流行。(《洁斋集》卷一,《都官郎官上殿札子》)洁斋所说的精神,无外乎象山说的本心。因此,学问归根结底,无非是得到这个本心。而且,这种本心这种精神,是每个人都可以自得的，所以学以自得为贵。(同上，卷十,《通州州学直舍记》)据洁斋说，象山去世后，自得之学，在杨慈湖这里开始大兴。慈湖始学于象山，后超然立独见，开明人心，大有益于后学。学于慈湖的人必须从事这一自得之学。(同上，卷七,《书赠傅正夫》)但是，据说洁斋的本心之学，以主静存养与兢兢业业的敬为宗旨，主静存养则不失本心，敬则不欺。(同上，卷十,《静斋记》《敬义立斋记》)其中可以看到寄宿着朱子学存养的影子。清乾隆帝论洁斋之学云："学为君子儒，体用亦相符。性悟虽宗陆，身名未异朱。"(《洁斋集》,《御制题袁燮洁斋集六韵》)根据真西山的《袁正献公行状》记载，洁斋从少年时代起就有志于经世之业，学以体用兼综为旨趣，认为"学不足以开物成务，则于儒者之职分为有阙"。他与吕东莱及事功派的陈止斋交往，博览群籍，取其切要，合其精华而成书编。因此，他阐述了读书的要点："学通古今，多识前言往行，古人所谓畜其德也。"(《四明丛书》,《袁正献公遗文抄》卷上,《答舒和仲书》)洁斋有把朱、陆当做同归的地方。因此对于舒广平之子和仲所谓朱子的教法是尊德性和道问学两件事，陆子的教法是尊德性，袁洁斋先生是遵从陆子的，他回答道：尊德性实际上是根植于道问学的，并非失于一偏者，这也是朱子的意思。

虽然沈、舒、袁三家有与朱子学折衷的方面，但杨慈湖又使老师陆象山的心学向另一条途径发展了。慈湖的心学，离开了以具象的实心为宗旨的象山，正如"云间月澄"的评价一样，向着以心的静虚明澄为宗旨的方向转变。王阳明说："杨慈湖不为无见，又着在无声无臭上见了。"(《传习录》卷下)指出其学倾向于无。不得不承认，慈湖之学与其他三家相比，有接近顿悟的地方。因此，从陆学的本流来看，虽然有些偏颇，但其关于制行之说是值得一看的。提出本心的疑问时，通过象山的一问省悟了心即理的慈湖，知道这是不容口说辨析的直截了当的东西，并时常举出《孔丛子》中孔子的话"心之精神是谓圣"来说明本心。所谓圣是命名无所不通者(《四明丛书》,《慈湖遗书》卷二,《临安府学记》)，慈湖列举精神之语，是因为陆子所说的心无方无体、静澄虚明，有变化却没有营为，意思明显，心是灵活作用于日常的社会生活、人伦间的东西。(同上，卷二,《申义堂记》《永嘉郡学永堂记》;卷三,《绝四记》)慈湖深信此心之精神清明无所不通，因此对心的复清之论，如《易·系辞传》的"洗心"、《大学》的"正心"持批判态度，认为这不符合孔子的意思。(同上，卷二,《永嘉郡治更堂亭名》)

根据慈湖的说法，心之精神是人们固有的、灵明的、不假外求外得的，但是，因为意起，我立，为必，为固，它被碍塞而丧失其灵明，因此孔子告诫弟子止绝这四者。但是，慈湖认为，因为意的产生，有时会强行，有时会固执，有时也会坚持自我。这就是慈湖之所以形成"不起意"之论的原因。那么，心和意怎么区别呢？慈湖说，二者本来是一，因为心被遮蔽，所以不能成为一。一则为心，二则为意；直则为心，支则为意；通则为心，阻则为意。如果使心就那样作用，即使变化云为，也不会支离。心本来就不必说，也不能说。所以孔子没有说心，只是要求学者绝意，并且说"予欲无言"，那是因为害怕起无意之意。求无意也脱不了意。如果是这样的话，说心、意本来是一也是多余的，当然二更不足论。(同上，卷二，《绝四记》)慈湖之所以如此论述不起意，是因为他彻底站在本心的一的立场上，担忧心陷入支离。因此，说伊川之主一以之为旨则起意，周子之光风霁月以之为意图，也会陷入起意。(同上，卷二，《复礼斋记》)从这一立场出发，慈湖认为《大学》中为学的顺序以起意为本，并对其表示怀疑。(同上，卷一三，《家记七·论大学》《论中庸》。《慈湖遗书补编》，《叶绍翁四朝闻见录》)

就这样，慈湖彻底站在了无的立场上。正因为如此，其学才有离开在具体的实心上说本心、说一的象山心学的倾向。慈湖在象山的扇讼之训中理解了老师的心的立场，但为什么会转向违背老师的心学呢？大概是因为知道了老师所说的心是一根手指都无法染指的具有绝对性和纯粹性的东西，并被这一点深深吸引了吧。只是这里必须注意的是，慈湖阐述静澄之心，虽然是站在绝对无的心的立场上，但其心是自然发用于日常社会生活、公共场所的东西，除此之外没有别的东西。在这个意义上，这种心就是平常心，也就是所谓道心。杨慈湖说："礼仪三百威仪三千，皆自道心中流出。"(同上，卷九，《家记三·论春秋礼乐》)

如上所述，慈湖提倡不起意，那么如何才能绝意呢？慈湖在此说明了"觉"的必要。他说"觉谓之仁"(同上，卷七，《家记一·己易》)，以仁或知作为觉的内容，这里有了儒对于佛、老的自觉。这种觉的立场是慈湖从早年所开始追求的，对于共同生活的自觉在慈湖那里也有着重大的意义，这一点是毋庸置疑的。

从心即理当然可以得出自我即理的立场。这在象山心学中已经可以看到了。慈湖接受了这一观点，认为《易》中所说的宇宙千变万化都是我的作用，把我的作用和自然的变化视为一，其间不允许支离，《己易》(同上，卷七，《家记一》)详细论述了此间的信息。

黄宗羲在《宋元学案》(卷七六)"广平定川学案"中，引用文信国之言："广平之学，春风和平；定川之学，秋霜肃凝；瞻彼慈湖，云间月澄；瞻彼洁斋，玉泽冰莹。一时师友，聚于东浙。呜呼，盛哉！"很好地说明了上述四明先生的学风。

四、朱陆同异论

比较陆、杨的心学，象山的心学是动的，慈湖的心学是静的。象山去世后，只有慈湖的心学繁荣起来，这或许与宋代好静的时代精神有关。概而言之，象山死后朱子之学兴盛，陆子之学走向衰落。其中一个原因是，受到了善于思辨的朱子门人陈北溪尖锐的陆学辩难。北溪一方面认为陆学派依傍废弃读书穷理而专门打坐、以知觉运动为妙诀的禅的宗旨，一方面认为陆学是假托儒的改头换面之辈，对此加以批判，并亲赴陆门赵复斋、詹子南之学流行的浙东严陵，在此地停留进行所谓"严陵讲义"，提倡圣门之实学而辩难陆学。(《陈北溪全集》四门一二,《与赵司直季仁》一、二,《答黄先之》；四门十一,《与黄寺丞直卿》《与李公晦一》)但是根据明代王子充所说，四明的学者以陆子为祖，以杨、袁为宗，所以当地没有朱子学，直到黄震、史蒙卿出现后，朱子学才得以

流行。(《王忠文公集》卷六,《送乐仲本序》)

《宋史》除了《儒林传》外,另立《道学传》,明确了朱子学谱系,但陆象山、杨慈湖等人仅名列《儒林传》中。《元史》也没有明确记载宋代至元代的陆学谱系,直到清初,在李穆堂、黄梨洲、耒史父子、全谢山、王梓材的努力下,陆学谱系才得以明确。据他们的研究,宋末以来陆学迅速衰落,到元代陈静明和赵宝峰出现后才略显中兴。陈静明得陆子之书而修之,探索陆门傅曾潭等槐堂派之书,讲授陆学,其学在陆学残编断简中兴起,从而使世人都知道陆子的存在。其学接近陆子之正系,其余裔与吴草庐之余裔一起存在于江西,并延续至明初。(《陆子学谱》卷一九,《陈静明先生苑》。《宋元学案》卷九三,《静明宝峰学案》)

赵宝峰专门私淑杨慈湖,传其静虚之学,其余裔存于浙东。(详细参见《陆子学谱》中引用的《宁波府志》本传。《宋元学案》卷九三,《静明宝峰学案》)陆学派除了上述四明派以外,还有鄱阳汤氏一派,在江南西路较有势力。汤氏的大哥是存斋,其次是晦静,季弟是息庵,其中存斋、息庵以朱子学为主,晦静遵从陆学。晦静的陆学传到了汤东涧和徐径畈。(《鲒埼亭集》卷三四,《奉答临川先生序三汤学统源流札子》。《宋元学案》卷八四,《存斋晦静息庵学案》)徐径畈出现后,杨、袁以来的陆学再度兴盛起来,但其去世后又衰微了。徐径畈之门出现了谢叠山和徐古为,吴草庐之师程月岩则是与谢叠山、徐古为二人同调的陆学家。但是程月岩调和了朱、陆两家的说法。这个源头在汤存斋。汤存斋以朱子学为主,是朱门再传真西山的讲友,他论述了孔、孟、伊洛的源流和朱、陆的异同,并将其融合贯通，卓然有所见。据说真西山也要求他用心于内践履实。（《鲒埼亭集》卷三四，《奉答临川先生序三汤学统源流札子》，《宋元学案》卷九三，《静明宝峰学案》）

总之，综上所述，陆学自宋末以来虽然走上了衰落的一路，但其余脉不绝。这里需要注意的是，这些余脉隐然弥漫在朱陆的同异、折衷的立场之中。

朱陆同异论兴起于吴草庐，但其源流可远溯到宋末。朱子去世后，其全体大用思想变得十分流行，这大概是因为朱子认为自己的最终目的是为了阐明心的全体大用。朱子所说的全体大用，是指心本虚而具备万理，本灵活而应万事，所以其体全，其用大。在朱子看来，这必须通过格物致知，即道问学才能得到。（参见《大学章句》）但是，如果说朱子的最终目的在于阐明心的全体大用，那么朱子也可以说是以尊德性为根本，这样的话，朱、陆也会被认为是同归的。而且，朱子的全体大用论也可以说是朱陆同异论的源流。但朱子的场合实际上是在政治、经济、礼制等具体事用上被要求的。继承这方面的有陈北溪、黄勉斋等人，但在这一系统的学者里面，也有人认为经解和训诂都是遵循朱子的全体大用思想的东西，并致力于此。他们忘记了朱子所说的道问学的根本精神而偏向言语训释之学。朱子的全体大用思想也传到了真西山，与陈北溪、黄勉斋重视事用相对比，西山的全体大用思想有重视心的倾向。（《正谊堂全书》，《敬斋文集》卷一，《复汪谦》）西山在撰写《政经》的同时，还撰写了《心经》，大概是为了表明在事用上不能忘记"心"。西山之所以如此留意于心，大概是因为与陆门杨慈湖、袁洁斋接触了吧。（参见《真西山文集》卷三三,《慈湖先生行述》,《慈湖训语》,《洁斋先生训语等》)在宋末切论全体大用思想的是熊勿轩。勿轩虽然是勉斋系的学者,但他将西山与朱子共同作为阐明了全体大用之学的学者,这是胡学所没有的,并对此加以称赞。(《正谊堂全书》,《熊勿轩集》,《晋江县学记》)勿轩专门讲全体大用之学,试图救正朱子学末流诵说之弊。而勿轩的思想,则影响了被称为元代两大儒的许鲁斋和吴草庐。与陆学有接触的西山思想,则被继草庐之后提出朱陆同异论的明初程篁墩所继承。

鲁斋的朱子学比起知识思索的方面更注重涵养践履的方面。因此,倾向于陆学的草庐在论述朱陆两学之调和时说,虽不希望与我学相同,但也一定会相同,这并不是没有理由的。(《吴文正公集》卷二二,《俨斋记》)鲁斋本来对陆学不满,但他的学问也不是没有调和朱、陆两学的倾向。这一点如上所述。草庐虽然排除了道问学和尊德性的偏用,但反而更重视尊德性,在遵朱子学的同时(同上,卷二二,《尊德性道问学斋记》),也称赞陆学,说陆先生之道如青天白日,其言语如震雷惊筵一样(同上,卷一〇,《象山先生语录序》)。这样,朱子学的读书讲学才是真知实践之地,陆学的真知实践必须从读书讲学进入,因此说二师之教是一,以朱、陆为同归。草庐虽指出了朱子学末流之弊,但并未论及陆学之弊。(参见张武承《王学质疑》附录《朱陆同异论》)

朱陆同异论,经过吴门的虞道园,到赵东山、程篁墩时,就有些精微了。东山起初精研朱子学,但晚年从事陆子的心学,喜好其易简直截。(《陆子学谱》卷一八引《江南儒林》本传。《程篁墩文集》卷三八引《书赵东山陆子像赞》)东山也以朱、陆为"殊途而同归",对于其特质,追溯到两学的源流进行说明,并举朱、陆的书信论证其同旨。(《道一编》引《对江右六君子策略》。《程篁墩文集》卷三八,《书赵东山对江右六君子策》《书赵东山陆子像赞》)据篁墩说,双方初年如冰炭般互异,中年半信半疑,晚年如辅车般归于同旨。朱子晚年兼取陆学。朱子的道问学也以尊德性为本,陆子的尊德性也以道问学为轴。(《道一编·序》)本来草庐以下的同异论者,认为朱子学的主旨在于敬,从这一立场出发,又认同心学,掀起了讨论两学同旨的风潮,篁墩也不例外。不得不承认,这种风潮受到了真西山《心经》的影响。该书汇集了古圣贤和近世濂洛诸儒关于存心工夫的说法,以朱子的《敬斋箴》《求放心斋铭》《尊德性斋铭》作为结束。西山除了《心经》之外,还有《政经》,试图通过这两者来体现全体大用思想,但篁墩却只取《心经》来作注。篁墩以朱子《大学章句》中的"明德说"作为朱子的全体大用之论,并且说心中体备而其用周,因而不必措心他求。他从这个立场出发,认为心是本,而以政为用是错误的,结果,认为《政经》是后人的附会。(《程篁墩文集》卷三九,《跋真西山先生〈心经〉附注》)这样,篁墩就认为朱子道问学的主旨在于尊德性,由此来挽救朱子学末流训诂记诵的弊病,向世人展示同乡前辈朱子的真面目。当时对于阐述朱陆同异论的篁墩的《道一编》,朱子学者称其抑朱扶陆而骂之,但篁墩表示,《道一编》的朱陆同异论是有真理的,不能诬蔑,并对此加以反驳。(同上,卷五四,《复司马通伯宪副书》)

陆学再次受到关注是王阳明出现以后。根据阳明的说法,朱子学的末流之所以陷入支离的弊病，是因为不知学本来是心学。于是，阳明发扬陆子的心学精神，试图以此来挽救这一弊病（《王文成公全书》卷七，《紫阳书院集序》），但由于当时扬朱贬陆的风潮盛行，只好提出朱陆同归的论调来实现它。根据《年谱》，阳明论述朱陆同归是在正德六年，四十岁的时候，对于以道问学和尊德性论述朱陆之是非的人，他指出朱子以道问学为主是为了拯救躐等妄行之弊，而陆子以尊德性为主是为了拯救陷空支离之弊；朱子也以尊德性为要，陆子也以道问学为要，并排除其是非之论。四十七岁的时候，阳明曾写过《朱子晚年定论》，叙述了朱陆同归的微旨。四十九岁时，他创作了《象山文集序》，又论述了朱陆同归，其中，他明言陆子之学是孟子之学，因而绍述圣学道统，辩驳对陆学陷禅的诽谤。这里的阳明之论，倒不如说是扬陆的，只是为了使其委婉采取了同归论的形式而已。阳明不久提出致良知说，此后再未论述朱、陆的同归。(同上，卷七，《象山文集序》) 阳明早就以心学为宗，按理来说，早就该作扬陆贬朱之论，之所以极力压制而作朱、陆同归之论，是因为心中多少存有乡愿阿世之念。(《传习录》卷下)

五、明初的心学

宋明两学的差异可以说是唯理论和唯心论、性宗和心宗的区别。从心学的观点来说，明代的心学始于陈白沙。据《明史·儒林传》记载，明初的诸儒都是朱子门人的支流余裔，从陈白沙、王阳明开始学术分化。但是朱子学到了明初也产生了重视心的倾向。在被称为明朝开国文臣之首的宋景濂，以及王子充之学中已经有这种倾向。从其后薛文清、胡敬斋等明初著名的朱子学者的学风来看，虽然都采取了遵守朱子学的立场，但是朱子学二元性的地方，或者说以缜密的分析和博大精深的知识为核心的朱子学特色变得稀薄，产生了一元的倾向和重视心之存养的倾向，从某种角度来看，这可以说是开启了接近陆子心学的风潮。(拙著《王阳明与明末儒学》第一章第一节) 但是，以心学为宗的立场得以确立是在陈白沙之后。

陈白沙的老师吴康斋在梦中看到朱子的容貌，便向他求教，可见他对朱子的尊崇。但或许由于明初的风潮和家乡江西有陆学的余脉，以及其人品等因素，他的学问与薛文清、门人胡敬斋等人的朱子学相比，带有陆学的倾向。虽说是陆学的，但也不是充满了动态跃如生命力的象山风格，总的来说，和以虚静为宗的杨慈湖心学有相近之处，但也有和慈湖不同的地方，其学需要坚苦的反省克己工夫，拥有对神明的心的虔诚以及皈依神明后内心的安宁。康斋的学问到了门人白沙，心学的立场也变得明确了。白沙之学被认为是明学先驱的原因就在这里。

白沙认为，宇宙之事象，例如日月之晦明，山川之流峙，四时之运行，万物之化成等，都是道之妙用，因此道是天地所不能及之至大，超越言诠之虚无，所以用言语难以名状。如果要勉强名状，只能举一隅，示三隅。以一隅反三隅是按状之术，但这比名状道还难。只能默识神通，即必须依靠自得。白沙之所以说自得，是因为他将此道视作藏于一身之微，即人心中的东西。(《白沙子全集》卷一，《论前辈言铢视轩冕尘视金玉下》)据白沙说，这种虚无的妙道，是思虑达不到的，所以当然也不是通过各种事情上的穷理，也就是说通过外求和积累就能达到的。白沙主张通过静坐退藏，排除一切的安排思索，洗涤心灵，求见天机的原因就在这里。也就是说，"断除嗜欲想，永撤天机障"(同上，卷五，《随笔》)。白沙说，若除去天机之障则"身居万物中，心在万物上"(同上)，而且正如"窗外竹青青，窗间人独坐。究竟竹与人，元来无两个"(《白沙子全集》卷五，《对竹》)这首诗所示，物我成为一体。所谓天机，是作为无与有、静与动之枢纽的一个生生之机，即生机，并且是在心中的东西，所以白沙称之为"端倪"。因此，白沙要求静坐使心变得虚明静一。从以静虚为宗旨这一点来说，白沙之学与周濂溪、程门的杨龟山及其一派的罗豫章、李延平等，也就是所谓主静派之学有相通之处。但是，从举天机、说端倪这一点来说，又是驶向另一条路径。也就是说，那里有陆学唯心思想的面目。白沙说："为学，须从静中坐养出个端倪来，方有商量处。"(同上，卷二，《与贺克恭黄门二》《与罗一峰》)自得此端倪的话，天地也依我而立，宇宙也在我之内，万化也由我而生，没有一处不到，没有一息不运。(同上，卷二，《与林郡博七》)所以白沙称之为道之霸柄，他说："反求诸身，霸柄在手。"(同上，卷四，《示黄昊》)

白沙之所以举出天机和端倪，大概是因为担心失去工夫的本来性，即自然性吧。白沙虽然尊重工夫的自然性，但并没有排斥切至的工夫。所以，白沙虽然也有寻求曾子那样超脱的地方，但又说如果不加以文理之密察的话，就会产生弊病。《中庸》所谓"鸢飞鱼跃"的立场，也与"戒慎恐惧"及《孟子》的"勿忘勿助"相辅相成，如果突然说出来，就类似于梦话。(同上，卷二，《与林郡博七》)白沙的立场是，只有这些工夫成为天机、端倪的发用，才能发挥其真正价值。这就是白沙的立场，与周濂溪以下的主静派有不同之处。另外，白沙之学并非没有杨慈湖所说的"觉"，但其主旨是通过静坐来培养天机、端倪的涵养之学。因为端倪是真心的端绪，因此在看法上与王阳明所说的良知相似，但相对于阳明专门把一切托付给心活力的流露，陈白沙则要求通过静坐来涵养它，所以两者的面目各异。

如果像白沙这样采取重视心的立场，会不会出现轻视读书穷理、蔑视六经为糟粕的弊病呢？与白沙同门的胡敬斋，评白沙之学"不读书穷理"(《居业录》卷二)，白沙的门人贺医闾担心白沙轻诲书籍走向过高之意(《贺医闾集》卷二，《言行录》)。白沙说："为学，当求诸心，必得所谓虚明静一者为之主，徐取古人紧要文字读之，庶能有所契合。"(《白沙子全集》卷四，《书自题大塘书屋诗后》)然而看白沙的诗句，却说"吾能握其机(天机)，何必窥陈编""寄语了心人，素琴本无弦"，又说"古人弃糟粕，糟粕非真传"。(同上，卷五，《答张内翰廷祥书，括而成诗，呈胡希仁提学》)这在以心之自得为第一义的白沙看来，也许是理所当然的。象山将六经称为"吾注脚"，白沙则称"六籍也无书"(同上，卷五，《赠陈醴湛雨》)。所以说白沙轻视读书穷理也不是没有道理的。夏东岩说"六经载道之文，圣贤传授心法在焉"，指责白沙将其视为糟粕而非真传。(《明儒学案》卷四，《崇仁学案四》，《读白沙与东白论学诗》)以六籍为陈编，以心为第一义的白沙，认为著述不过是玩物丧志，对据称在那上面几乎耗费了一生精力的朱子持批判态度也是理所当然的。

白沙之学中并非没有在老师吴康斋那里所见的朱子学面貌、曾点、邵康节的超脱之风，或是程明道的浑和气象，但正如黄宗羲所指出的那样，总而言之是以主静存养为吃紧工夫的唯心论。(同上，卷五，《白沙学案上》)虽说白沙之学是唯心论，但与其说是直接受用孟子心学方面的动态的陆象山，倒不如说是与象山的意图相反，汲取了以心的清虚明澈为宗旨的象山门人杨慈湖的主静之学。

黄宗羲说，明学到陈白沙始入精微，到王阳明始大，白沙和阳明之学近似，但为什么阳明没有论及白沙呢？(同上)对此，王学派的胡庐山说那和白沙没有论及薛敬轩是一样的。阳明没有讨论白沙，或许是有其相应的理由吧。阳明似乎并非不知道陈白沙(《杨园先生全集》卷四五，《近古录》三。《耿天台全集》卷五，《先进遗风》。参见楠本正继《宋明时代儒学思想之研究》四〇九页)，之所以不谈论白沙，是因为两学之间存在罕见的断裂，以主静为宗旨的白沙唯心之学，对于崇尚直截易简、生命跃动的阳明来说，是不是没有什么吸引力呢？说得极端一点，虽然都是唯心之学，但阳明方面是汲取孟子、陆子之流的动态的东西，白沙方面则是汲取慈湖之流的静态的东西，两者之间有动与静之别，这又是明学与宋学之别。王学派的唐荆川说，白沙之所以主静，是因为世人随波逐流，失去了真正的源头，所以必须"活看"。（《唐荆川文集》卷六，《答吴沃州》）这是荆川要将白沙的主静说，通过阳明的心学来加以活用。朱子学者中也有人指责他们的唯心之学一律都是禅，朝鲜李朝的朱子学者李退溪比较白沙和阳明如下说道：也就是说，白沙并不是纯粹的禅，最初讲圣贤之书，杜门静悟之后体会到了日用上的物理，并将其征于圣训中才开始相信，所以他没有废除书训，也没有忘记物理。所以它接近朱子学。与之相反，王阳明是纯粹的禅。（《王学辨集》引《李退溪传习录辨》）明末新朱子学者高景逸论白沙与阳明之别，认为阳明有孟子、陆子之学风，白沙有曾点、邵康节之风。（《高子遗书》卷五，《会语》）这是妥当的见解吧。与白沙学风相同的儒者，有他的朋友罗一峰。一峰之学似乎与阳明门下的归寂派，即聂双江和罗念庵的归寂说有关联。

阳明之学直接与陆学相连，但其媒介与其说是陈白沙之学，不如说是与陈白沙同门的娄一斋之学。据阳明《年谱》记载，阳明十七岁时在广信谒见娄一斋，听了宋儒的格物之学，被教导圣人必能学，与娄一斋有深契之处。关于一斋之学，其详细情况无从得知，但他看到搬运树木的人得法，便说这就是道。（《居业录》卷一）同门胡敬斋认为，此说与禅的运水搬柴之说相同，是以知觉运动为性，据此，不合义理的东西也可以成为道，并对此加以谴责。（《明儒学案》卷二，《崇仁学案二·娄一斋传》）但是，搬运树木的人也未必得道。只有得法，才能合义理而成为道。法是什么？无外乎象山所谓"血脉骨髓都在自家手中"（《象山先生全集》卷三五，《语录》）。一斋之学被吴康说是确实的，但正如上文所述，有认为其理在于遵从心之妙用的地方的方面。因此，在那里可以看到有陆学的手法。一斋和吴康斋一样是保留了陆学余脉的江西人，所以一斋接受了陆学学风，也不是没有理由的。不管怎么说，阳明拜谒一斋，可以说是有了接触陆学学风的机缘。

王学后来风靡一时，大概是因为它符合崇尚心之流动的明末社会风潮。白沙主静的唯心论，可以说与这种风潮格格不入，反而与崇尚知思、静肃旨趣的宋代社会风潮相通。因此陈学的衰落也不是没有理由的。但陈学被阳明门下的归寂派和明末新朱子学派的思想所吸收，保持了其余脉。

六、王阳明的思想

王阳明领悟到"圣人之道吾性自足"是在正德三年，即三十七岁，王阳明在龙场的时候，这就是所谓龙场之悟。佐藤一斋说，阳明在那里第一次领悟到了圣人之道。(《传习录栏外书》卷上)此时阳明认为五经是我心中的东西，所以只有通过心悟才能得到，否则，认为那是捕鱼的筌、醴中的糟粕。(《王文成公全书》卷二二,《五经臆说序》)这一立场直到晚年都没有改变。因此，他在晚年也说："六经者非他，吾心之常道也。""六经者吾心之记籍也。"(同上, 卷七,《稽山书院尊经阁记》)

阳明在龙场之悟后的第二年开始阐述知行合一，并对诸生进行讲解。至此，阳明的心学也发挥了其特色。根据阳明的说法，《大学》中"如好好色，如恶恶臭"，揭示了真正的知行关系，据此则好恶和知觉是同时的，所以知行合一。知行本来就是一，知是行的主意（目的），行是知的工夫（手段）。所谓知无非是行之始（始原），行是知之成（成果）。（《传习录》卷上）晚年，阳明对此又作了如下说明，即知的真切笃实处是行，行的明觉精察处是知。（同上，卷中，《答顾东桥书》）这样一来，知行一体的道理就更清楚了。阳明之所以这样以知行为合一，是因为他认为其分说会产生使知陷入妄想，使行陷入妄行的弊端。总之，他是把知扩充到行，把行扩充到知，以行为知，以知为行。不过，相对于程、朱等人的主知立场、知行分说立场而言，阳明的知行合一说是以行作为中心的。

提倡知行合一的阳明，将对是非善恶的道德知觉，即良知作为与好恶之情浑然一体的东西是理所当然的。阳明也表示，如果判断遵循好恶，就会陷入主观而失去客观性，但也并不是说只有基于超越了这一点的理解而做出的判断才具有客观性，而是主张把知情作为一体，把良知作为好善恶恶之情，好恶就是尽是非。（同上，卷下）因此，他以《大学》的所谓"自慊"为致良知，即所谓致知。晚年，他讲述良知是以天理的自然明觉发见，即一个真诚恻怛之心为体的（同上，卷中，《答聂文蔚二》），也是出于同一主旨。不管怎么说，他并不是轻易地承认了好恶之情，但是离开了它，就不可能有真正的道德法则、判断和知觉，这就是阳明的心即理、知行合一的立场。

与知行合一说一起，对于当时习惯了朱子学思考的人来说，被认为奇异的是阳明唯心的格物说。他以去心之不正而全其本体之正为格物，当时人们似乎难以理解阳明的宗旨，苦于得到其入手处。为此，阳明采用了通过静坐先使心体觉悟的教法。阳明之所以提倡静坐悟入，一是想要惩治末俗的卑污，以高明一路开导接引诸生。但是不久看到这个教法也产生追逐光景、流入空虚、追求新奇的弊端，其后，他讲述了心体的廓清和存理去欲的实践工夫，认为由此不仅可以拯救上述弊端，还可以拯救从事记诵诗章、讲说而陷入私欲功利的朱子学末流的弊端。阳明提出明镜论，论述省察克治的要点，或者说事上磨炼的理由就在这里。正德十三年，四十七岁的时候，阳明从事平定贼人的工作，从阵中给杨仕德等人送去书信说：

破山中贼易，破心中贼难。区区剪除鼠窃，何足为异？若诸贤扫荡心腹之寇，以收廓清平定之功，此诚大丈夫不世之伟绩。（《王文成公全书》卷四，《与杨仕德薛尚谦》。《王阳明年谱》）

由此可知，此时的阳明提出了痛切省察克治的实践工夫。阳明之所以要下这样的工夫，是因为他担心静坐悟入稍有不慎就会偏静陷空，导致因药而生病。因此，对于心猿意马、心神不定、思虑人欲很多的初学者来说，虽然有必要采取静坐的工夫，但如果以为不需要省察克治的工夫的话，即使在静时有所得，也会在动时倾倒，所以指出只有与动时的工夫相结合，才能动静都定下来，说明了其要点。（《传习录》卷上。《王文成公全书》卷五，《与刘元道》）阳明说事上磨炼也是理所当然的。

此时，阳明明确表明了自己对异端的立场。根据阳明的说法，佛家说无，道家说虚，但那是以出离苦海或者养生为目的，所以最终在本体上加上意思，因此它们反而丧失虚无之真意而阻碍本体。佛家和道家之所以犯了这样的错误，是因为它们遗漏了我圣人的上一截，比不上吾儒的彻上彻下、大中至正。因此，如果遵从儒之道，佛家的出离和道家的养生都将在其中。(《传习录》卷上、卷下) 由此可见，阳明并非没有想要以儒为本、三教合一的倾向。

站在唯心论立场上的阳明，认为学必须有头脑，对此提出切论是理所当然的。王阳明认为，朱子的格物穷理之所以支离决裂，是因为在学上"欠头脑"。要想学有头脑，与其培养枝叶的工夫，不如培养根本，寻求生意的畅达。(同上，卷下) 阳明之所以对朱子在格物上提出的"察之于念虑之微""求之文字之中""验之于事为之著""索之讲论之际"四项工夫持批判态度，原因就在这里。(同上) 那么，阳明作为学问头脑的是什么呢？阳明认为，万理都是诚意的流露，就像从根上生枝叶一样(《传习录》卷下),《大学》所谓格致，其实是一种培养灌溉根的工夫；而诚意是格致的主意，如果舍诚意专门从事格致，那就像是不植根而培养灌溉一样，耗费精力却无济于事(《王文成公全书》卷八,《书王天宇卷》)。因此，阳明将《大学》的要旨归于诚意也不是没有理由的。(同上，卷七,《大学古本序》) 但后来阳明把致良知奉为学问之宗，于是把《大学》的要点归于致知，认为通过致知能穷尽全部(同上)，直至说良知是诚的明觉精察处，诚是良知的真切笃实处。

据此可知，良知不是冷酷的感知，而是与好恶之情融为一体的温血的知觉。因此，阳明认为真诚恻怛是良知之体。(《传习录》卷下；卷中，《答聂文蔚二》)但良知是先天的，因此要求立诚之功。

阳明阐述良知是从年轻的时候开始的，而把它作为学问的头脑是在正德十六年，五十岁以后。根据阳明的说法，良知实际上是千古圣圣相传的滴骨血。也就是说，这是一种通过血即刻辨别真伪的判断知觉，据此诚伪可以立即明确。因此，他将其比拟成佛氏的心印。(《王文成公全书》卷三四，《年谱二》)阳明像这样直率地在心之感应，即已发之心上寻求本源，用仁、义、礼、智说明人性，批判朱子以仁、义、礼、智来说明人性并以仁来概括的说法，认为这些是心的表德，只不过是《孟子》所谓"四端"。(《传习录》卷上)

据阳明所述，知道良知之学是真的头脑，是依据天之灵。(《王文成公全书》卷五，《与邹谦之》)他认为开悟诸生没有比得上良知更直截了当的，并将其比喻为舟的舵，认为如果操纵它，即使是在惊风巨浪中也能避免倾覆。(同上，卷六，《寄邹谦之四》)

在此对阳明的《大学》说做个概略的叙述。王阳明以《大学》的所谓三纲领、八条目为浑一工夫，极力排除工夫的支离。据他所说，由于不了解浑一之处，或如佛、老二氏那样，流于虚罔空寂，丧失经世之道，或如五伯功利之徒那样，以智谋权术为事而丧失仁爱恻怛之诚。阳明以至善为天命之性，其灵昭不昧者即至善之发现，称之为明德之本，即良知，将良知视为道德判断的标准与理、性的根源。阳明认为至善是我心的天然自有之则，其间不可有拟议加损。至善就像这样是良知的天则，所以其发现能定是非，应感变动又不失天然之中。这就好像在规矩的方圆中一样。因此三纲领也一言以蔽之归于致良知。(同上,卷七,《亲民堂记》；卷二六,《大学问》)八条目是三纲领的工夫，阳明把修齐治平归于修身，以修身的工夫作为格致诚正，把格致诚正归于致知(致良知)。所以说良知之外再无知，致知之外更无学。(同上,卷六,《与马子莘》)站在浑一立场上的阳明，对于正心、诚意、致知、格物，也把心、意、知、物作为一物，把正诚致格作为一事，即身之主宰是心，心之发动是意，意之灵明是知，意之所着是物。从物的方面可以说是格，从知的方面可以说是致，从意的方面可以说是诚，从心的方面可以说是正，因此，根据一物的各个方面各有各自的工夫，在这期间即使有先后的次序，其实也不过是一事。也就是说，阳明认为从骨髓上来说，只有一个工夫，不能有内外彼此之分。所以，譬如他又说："理一而已。以其理之凝聚而言则谓之性，以其凝聚之主宰而言则谓之心，以其主宰之发动而言则谓之意，以其发动之明觉而言则谓之知，以其明觉之感应而言则谓之物。"(《传习录》卷中,《答罗整庵少宰书》)阳明这种浑一的立场，在其格致诚正论中可以清楚地看到这一点。阳明在寄给朱子学者罗整庵的书信中作了如下叙述：

> 故格物者，格其心之物也，格其意之物也，格其知之物也；正心者，正其物之心也；诚意者，诚其物之意也；致知者，致其物之知也。(同上,卷中,《答罗整庵少宰书》)

根据上文所述，阳明认为朱子的格物说欠缺头脑也是理所当然的。阳明的唯心论从他的格物说就可以看出是概括性的。与此相比，陆子的唯心论反而仅仅停留在心上，因而阳明评价陆子之学粗而不精一，也不是没有理由的。(同上，卷下) 阳明在提出致良知说之前，将格物称为"其所用力，日可见之地"(同上，卷中，《答罗整庵少宰书》)，并将其作为真切的工夫，但从将致良知作为学问的头脑开始，认为致吾心之天理（良知）于事事物物是致知，事事物物得理是格物。但他认为格物是致良知的实地之处，因此如果没有格物的话，致良知也会变得影响恍惚，悬空无实。阳明认为，不仅格物，诚意正心也是致知（致良知）之功。王阳明在临死前，给聂文蔚的书信上面这样写道：

> 随时就事上致其良知，便是格物；着实去致良知，便是诚意；着实致其良知而无一毫意必固我，便是正心。(同上，卷中，《答聂文蔚二》)

这就是阳明将《大学》的要点归结为致知，而致知要尽力而为之的原因。

讨论了学问头脑之切要的阳明，对于《孟子》所谓"有事"和"勿忘勿助"的关系，也将后者作为前者的警觉，认为如果前者不断进行的话，后者反而是不需要的，指出如果将后者作为前者的工夫，就会失去实地的下手处，陷入沉空守寂，结果前者的工夫也比不上有致良知的头脑者。(同上) 这是批判了将"勿忘勿助"作为"有事"之工夫的讲友湛甘泉的观点，阳明从同样的立场出发，对甘泉的"随处体认天理"论也加以批判，认为这是想要使枝叶的生意繁盛并复之于根本上，与培养根本的生意并使之通达到枝叶上的致良知工夫相比，有迂曲与直截的差异。(《王文成公全书》卷六，《寄邹谦之》一、五) 他认为，有事无事、动静的问题，只要以致良知作为学问的头脑，自然就能得到解决。也就是说，良知本来是不动也不静的，良知明白了，静处的体悟也可以，事事的锤炼也可以。因此，这种方法没有有事无事的区别。所以，阳明认为致良知，不必论动静感寂、未发已发(《传习录》卷下)，甚至孟子所说的"夜气"和程、朱所说的"敬"都不必说了(同上，卷下、卷上。《王文成公全书》卷七，《大学古本序》)。阳明所说的良知，是在自我提高的过程中复归其本来，在自己下工夫的过程中不断超越自我的一种生命的心体。所以致良知之学是本体工夫一体之学。阳明以《中庸》之语对此作了如下说明：也就是说，本体本来就是不睹不闻的东西，本来就是戒慎恐惧的东西。因此，如果了解其真意，即使说一般被称为工夫的戒慎恐惧就是本体，被称为本体的不睹不闻就是工夫也可以。(《传习录》卷下；卷中，《答陆原静书》) 阳明又用佛教的语言叙述了这一主旨：有心皆实，无心皆幻。无心皆实，有心皆幻。(同上，卷下) 像这样用"无"来说明"有"，用"有"来说明"无"，无非是想表明本体和工夫并不是固定不变的，而是本来一体的生命的东西。

如前所述，阳明提倡良知，说明本体工夫一体，但他并没有提倡以本体工夫一齐穿透之法，即直下悟入为事。因为他认为，如果轻易追求这种顿悟，就会不用实地之功，而玩弄光景，因此反而违背其旨。如果知道阳明的良知是从千死万难中得来的，那么他这样说也是理所当然的。因此他在良知之上提出"致"字以责其要，也不是没有理由的。(《王文成公全书》卷六,《与陈惟浚》)但是，正如王门的王心斋和王一庵一样，阳明的本意在于说良知，而不在于说致良知，王阳明之所以必须说"致"，是因为出现了把良知作为空虚的东西来追求超脱，或者直视知觉以凡情为性，或者陷入佛氏的陷空，或者陷入告子的恣情的人，但从阳明心学原本就采取工夫与本体相即的立场来看，这种说法也不违背阳明的宗旨。不管怎么说，在关于本体和工夫的阳明之说中，下面揭示的四句宗旨最能说明这一点。

> 无善无恶心之体，有善有恶意之动，知善知恶是良知，为善去恶是格物。(《传习录》卷下)

这第一句，因为门人邹东廓所传的是"至善无恶者心"(《邹东廓文集》卷二,《青原赠处》)，所以引起了后世的议论，但是如果能很好地理解王阳明的良知就是作为道德法则的知觉，是本体工夫的合一体，因此可说是无而有、有而无的绝对无的实在的话，心体可以说是至善的，也可以说是无善的。但是，关于这四句宗旨，虽说是建立在本体工夫一体之上，但门人中出现了在本体上讲工夫的王龙溪和在工夫上讲本体的钱绪山，意见也不同。对此阳明说，龙溪的顿悟是接利根学者的教法，绪山的渐修是接中根以下学者的教法，如果相互使用而不执着于一边，就会有很大的益处，姑且阐述了两可调停的说法。但毕竟世上利根的人很少，如果把龙溪的顿悟作为不论根之上下而通达万人的教法，就会养成悬空虚寂，产生躐等的弊病，像绪山的说法那样，说明了与工夫相即的立场的重要性。不管怎么说，阳明的本体工夫到了晚年越来越真切，越来越简易了。因此，他寄语安福的同志说："凡工夫只是要简易真切。愈真切，愈简易；愈简易，愈真切。"(《王文成公全书》卷六，《寄安福诸同志》)

认为心即理，以心体为良知的阳明，以"真吾"作为良知也是理所当然的吧。所以良知的好恶，就是"吾"的好恶，而且是天下公共的。《中庸》所谓"无入而不自得"的境界，也是循着这种作为良知的"吾"而得到的，《论语》"志学"以下的工夫，也只不过是循着作为良知的"吾"。(同上，卷七，《从吾道人记》)

阳明的良知说在其晚年，以良知作为造化的精灵，直到将其视作与张横渠的太虚是相同的东西。也就是说，良知之虚与天之太虚同体，有形象之物都具备于此太虚之中，无一物不为太虚之流行发用，而无一物能为太虚之障碍。(《传习录》卷下。《王文成公全书》卷六，《答南元善》)

在晚年阳明的致良知说中，使后世的朱子学者也感叹的，是以良知为本的"拔本塞源论"和"万物一体论"。(同上，卷中，《答顾东桥书》《答聂文蔚二》)据阳明说，《大学》即大人之学，大人以天地万物为一体，对天下人不分内外远近，作为同气同体的同胞，以昆弟赤子的骨肉亲爱，即家族的亲情来保全和教养之。因为这样的一体之心，没有圣愚之别，是世人本来具有的，所以如果看到世人的困苦，人都会深切地感到心痛，这就是良知。因此，致此良知就自然可以公是非、同好恶，"以天下为一家，以中国为一人"，即以天地万物为一体。如果能遂其情，天下就会平治。那为什么人会仇视骨肉，天下祸乱不断呢？那是因为人心被私利私欲所遮蔽，被我见我智所妨碍而失去其流通。因此圣人教人克去此私、蔽，复归于心体之同然，即万物一体之仁心。这就是古圣人的教育，教育的目的在于培养这种仁心。如果人们不执着于身份上下和职业贵贱，而按照我的才德去完成职分，知足安分，同德一心，以保全万物一体之仁心，就有望实现互通有无而相互扶助的道德理想社会。阳明万物一体论，以程明道《识仁篇》的万物一体之仁为主旨，包摄张横渠在《西铭》中所述的四海同胞思想、《易·履卦》程传所述的知足安分、一德定志的思想，远溯《礼记·礼运篇》的大同思想等，并从良知的立场说明了以上思想。

阳明的致良知说，如上所述，是从陆子追溯到孟子，启发心即理的心体而得到的，但他在以良知之学教导门人的时候，并没有固执于一种教法，而是根据其根机和习气的程度，进其长，矫其短，努力不使之陷入一边。因此，阳明说良知，有时强调其体，有时强调其用，既有强调无的方面，也有强调有的方面，有时强调本体，有时强调工夫。换句话说，他有时把体说成用，把无说成有，把本体说成工夫；有时把用说成体，把有说成无，把工夫说成本体。因此其门下产生各派也是理所当然的。如果将其分类，大致可分为现成派(左派)、归寂派(右派)、修证派(正统派)三派。

七、现成派的思想

王阳明晚年曾对门人说，"尔胸中原是圣人"(《传习录》卷下)，"人胸中各有个圣人，只自信不及，都自埋倒了"(同上)，又说"道即是良知。良知原是完完全全，是的还他是，非的还他非，是非只依着他，更无有不是处。这良知还是你的明师"(同上)，以良知为现成，但尚未达到以此作为学问宗旨的程度。以现成良知作为学问宗旨的是现成派。此派认为当下即现成，直接以作用为无，以用功为障道而排斥之，将我心直率的流露、自然的发用直接作为本体。因此，这一派的儒者中间流行"个个人心有仲尼"(《王文成公全书》卷二十，《咏良知四首示诸生》)之语，也不是没有理由的。他们认为，良知是现成的，如果不领悟有即是无的话就不知道良知的真体，于是说直下的承当、直下的信、一了百当，切论顿悟之要，排除渐修。因此，他们自然而然地产生了轻视工夫的倾向，任凭单纯朴素的性情和知解情识而陷入恣肆悬空的弊病，最终甚至产生了轻视人伦道德、世俗纲纪的风潮。明末社会道义的颓废，在很大程度上应归咎于此派的末流。明末的现成派思想不仅在儒学中流行，在禅学中也流行起来，两者浑然一体，走向了猖狂一路。

现成论是由王阳明的门人王龙溪和王心斋所倡导的。龙溪以四句宗旨的第一句，即"无善无恶心之体"为线索，认为阳明的本旨是想要将意见和情识全部扫尽，使人直下悟入良知的绝对无处（《王龙溪全集》卷三，《答吴子问》），所以说四句宗旨不是究竟之论而是权教，提出了如下的无善说、四无说：

> 若说心体是无善无恶，意亦是无善无恶的意，知亦是无善无恶的知，物是无善无恶的物矣。若说意有善恶，毕竟心体还有善恶在。（《传习录》卷下。《王龙溪全集》卷一，《天泉证道纪》；卷二〇，《绪山钱君行状》）

对此，钱绪山举出阳明的四句宗旨之说，对龙溪之说加以批判（《传习录》卷下），这被称为有善说、四有说。对此，龙溪认为绪山之说执于有而达不到心体的绝对，必须领悟到无善无恶的心体，从无处立根基，使意、知、物一齐从无产生，这样才能达到有即无，得到有无即一的真机。他说这是"无翼而飞，无足而至"，非积累而成。（《王龙溪全集》卷首附录，徐阶《龙溪王先生传》；卷一，《抚州拟岘台会语》）他甚至还说，这就像没有规矩就出天下方圆一样，相比之下阳明学更等于以规矩出方圆。（同上，卷一〇，《答吴悟斋》）这样的话，龙溪的立场就会超越阳明吧。龙溪的这种悟入，与自有入无而走向玄虚的杨慈湖不同，是自无入有而走向浑融的。龙溪为什么不说自有入无的悟，而是说自无入有的悟呢？因为他认为心体的无就是现在的有，即是无，即是现成。提倡自无入有之悟的龙溪，排除后天诚意之学，提倡先天正心之学也是理所当然的。而且也可以理解，这不是沦落为空寂的，而是生生

化化、活泼泼地展现德业神机的动态的东西。因此，其心体的无中当然蕴藏着万化之机，即生机。(同上，卷四，《东游会语》)

与王龙溪齐名，对后世产生巨大影响的还有王心斋。心斋的现成论拥有机锋，且富于践履的地方颇多(《近溪子集》，《数》)，比龙溪的现成论更为易简直截。心斋提出了排除一切拟议，直下省悟性的要点，但即使只是说悟，也多是排除空理，就日用的实事实用进行说明。心斋说，尊身即尊道(《王文贞公全集》卷二，语录上)，认为宇宙由我而成，万物由我而立，阐述了自我的现成和自我的自信的要点；并主张尊身[同上，卷四，《大成歌》(寄罗念庵)]，如果因为贫穷而身体冻馁的话，反而会失去其本，所以重视实事。心斋的实学，在其孝悌论中表现得最充分。他认为孝悌是性之真切处，不仅是性，而且是天之命，是指导家国的基本。(同上，卷二，《语录上》；卷五，《与南部诸友》；卷四，《孝箴》《孝弟箴》) 阐述自我之现成的心斋，最终认为求道只需遵循自己的乐趣即可，"乐是学"，不需要烦琐的读书穷理及与讲友切磋。[同上，卷四，《大成歌》(寄罗念庵)《乐学歌》]

心斋之学的亚流中，出现了能赤手空拳搏龙蛇之辈，或拈禅机，或玩弄事功术策，又出现了以气骨任侠为事，以名教、道理格式为约束，以工夫为障道而加以排除的风气。心斋之学一传至罗近溪，再传至周海门，与此同时现成论也变得阔略肤浅。近溪以自有入无的杨慈湖的端本静澄之悟为非，遵从自无入有的龙溪的圆融之悟(《近溪子集》，《射》。《明道录》卷七)，主张当下现成、直下的承当，一切放下。他还主张以自然为先、工夫为后，以自然为工夫之本，提出"赤子之心"，最易简适当地表示出良知的现成（《明道录》卷七），并且强调当下的信，以此作为透悟的要点，使用了立谈瞬目之间使人悟入的手法。（同上）然而在龙溪，却有堕落于见解，工夫上缺乏切磋的地方，并且其议论也不无粗大散漫的遗憾。但龙溪之学追求本体生机的充长，其晚年则以实地为要，主张在孝悌慈上约束心性，会聚万物一体之仁，终于使六经、《语》、《孟》之学归于此而笃责实学。据近溪说，这是朱、王也没能到达的地方。（《明道录》卷四。《近溪子集》，《一贯编》，《论语》《孟子》《大学》《四书总论》）

近溪的实学思想到了耿天台就变得更加真切了。天台在人伦的实事实修中寻求万物一体的生机（《耿天台全书》卷三，《与李公第二书》《与胡杞泉第二书》；卷六，《牧事末议》；卷一五，《武泾宁国二县学记》），开始以龙溪本体上的工夫为非。天台虽然高度评价了心斋、近溪的悟（同上，卷三，《与邹汝生》），但由于他安易地看待良知的现成，其实学思想也变得平浅了，在本源上也不无欠缺清楚的嫌疑（《明儒学案》卷三五，《泰州学案四·耿天台传》）。

近溪的现成论传到了门人周海门。明末现成派末流多排斥绪山的有善说，而提倡龙溪的无善说，这在很大程度上要归功于海门的力量。海门与信奉有善说的湛门派许敬庵争论，指出了伴随有善说带来的着有的弊端，并对此加以尖锐地批判，切论了龙溪的无善说。（《九解》。《东越证学录》卷一，《南都会语》）但是，海门现成论的特征是强调自我的现成。也就是说，将当下的自我作为现成，并将其视为宇宙的实在。根据海门的说法，就连仁、

义、礼、智也不过是自我的题目而已。《东越证学录》卷六,《程门微旨序》。《二程微旨》）

明末的现成论到了颜山农、何心隐、李卓吾变得面目一新。据说其所论有名教不能束缚的地方，造就了以讲学为豪侠之具、以豪侠助长贪婪横逆之私的风气。山农崇尚自然的性情，认为人只要在放逸时下工夫就可以了，以闻见、道理格式为障道而排斥之，以人的欲望为天机而崇尚之，忌其窒塞，认为"财色皆性"。山农又任游侠，好救人之难，为此不惜倾家荡产，冒犯三公之怒，并为之欣喜，对民众生活寄予深切同情，并立志从事社会政策的事业。《明儒学案》卷三二,《泰州学案一·颜山农传》。《耿天台集》卷一二。《何心隐集》附录,《梁夫山传》）

心隐也崇尚性情的自然，但在心隐这里，其内容是以意气为核心展开的。《何心隐集》卷三,《答战国诸公孔门师弟之与之别在落意气不落意气》）根据心隐的说法，意气有小和大，小的如战国荆轲、豫让的意气，不过成就了自己的侠义；大的是孔门师徒的意气，与道相配，成就天地之生生、民物之化育。所以五伦之中他重视友朋之道，急救师生友朋的危难（同上, 卷三,《与艾冷溪书》《辞唐可大馈》），并且想通过它来培养天下英才供上之用，使天下归仁，这也是理所当然的吧。但是，如果像这样以意气为宗旨的话，难道不会喜欢张仪、苏秦那样的权谋术策之道吗？心隐论述了《阴符经》中的杀机，据说他能自然而然地在私欲中以聪明鼓动人。《何心隐集》附录引《梁夫山遗书序》。《小心斋札记》卷十四）但是，心隐秉持心斋的实学思想，虽然仅仅停留在宗族的层面上，但他开创了革新的事业，建设了共和社会。(同上，卷三,《聚和率教诲旅俚语。聚和率养论旅俚语》《聚和老老文》《修聚和词上永丰大尹凌海楼书》)

卓吾也主张尊重人的性情，高举"童心"来说明其主旨。所谓童心是纯真的孩子的心，一颗没有虚假的真心。卓吾叹息因为读书闻见而此童心的率真丧失了，不出自童心的行为和文章都被其视为虚假而加以排斥。据卓吾说，六经、《语》、《孟》是道学家的口实，因此是虚假的工具，小说戏曲反而是童心的表现。(《李氏焚书》卷三,《童心说》)卓吾敏锐地看破了道学家的假面，骂他们的行为和文章都是虚假的，只不过是沽名钓誉的工具(同上，卷二,《答友人书》《复邓鼎石》《与焦弱侯》。《竹窗三笔》,《李卓吾一》)，反而称赞《老子》的"无方"之治和张仪、苏秦的术策。他还贬低历来被诸儒视为名臣的历史上的人物，赞扬作为"小人"的人物。(《李氏藏书》卷十四、六十。《李氏焚书》卷五,《孔明为后主写申韩管子六韬》;卷三,《兵食论》)特别是对于程、朱一派严格的伦理主义、教条主义，抱有强烈的反感，骂他们是欺天罔人之徒，自己则以异端自任。(《李氏焚书》卷二,《答友人书》)因此，卓吾暴怒于当时道学家的伪善和政治的堕落，并且以放任其情作为依从人性，最终做出了被认为是反社会的自由奔放的行为(《李氏续焚书》。袁中道撰《李温陵传》)，也不是没有理由的。卓吾的思想中与众不同的是，以"穿衣吃饭"作为人伦物理，尊重人的本能和基本生活(《李氏续焚书》,卷一,《答邓石阳》。《李氏说书》)，又重视男女感情，提倡男女平等，主张言论自由。不过，需要注意的是，在上述思想的背景中有现成派的三教一致思想。(《李氏续焚书》卷二)

如上所述，卓吾虽然主张尊重人的自然性情，但并不容忍自甘堕落的人。不过，正如据传他说过"酒色财气，一切不碍菩提路"那样（《明儒学案》卷一六，《江右王门学案一》，《颖泉先生语录》），有时也会出现极端的言论，因此造成紊乱社会人伦纲纪的后果。所以对于卓吾，虽然当时并非没有人承认他是内心正直的人（《正学堂稿》卷三，《答舒梦滩书》。《小心斋札记》卷1），但社会上的有识之士也猛烈抨击他。这如果看了陈龙正所说的杀其身、烧其书是世教之福的评语（《陈几亭外书》续三，《李贽全昧道理》），就领悟大半了。

八、归寂派的思想

王阳明有诗云："人人自有定盘针，万化根源总在心。却笑从前颠倒见，枝枝叶叶外头寻。"（《王文成公全书》卷二十）所谓定盘针是比喻心的良知。据阳明说，良知作为道德法则，是根据时间、处所、地位处理万事的灵活生命，因此是学问的根本头脑。这首诗的意思是说，与良知之学相比，从来以事事物物上的穷理为事的格物致知之学，是忘记内在根本的培养而追求外在枝叶的繁茂，也就是去根本而驰于标末。归寂说认为上述阳明的根本枝叶论中有致良知的根本精神，于是在此基础上将良知分为虚寂之体和感应之用，通过主静归寂来立体，将感应事为的发用交给纯一本体的自然力量，以所谓"立体达用"作为圣学的正法眼藏。（《聂贞襄公文集》卷七，《答邹西渠书二》；卷七，《答松江吴节推书》《答东廓邹司成书三》）此说由阳明的门人聂双江提倡，经罗念庵、刘两峰，到王塘南变得精微。但是双江的归寂说，试图将原本动态的阳明心学还原为静态的东西，这就违背了王学的发展方向。因此，双江受到王门诸士的强烈谴责，处于被孤立的状态。(《明儒学案》卷一七，《江右王门学案二·欧阳南野传》)双江的归寂学说被念庵继承，两峰也在晚年信奉了这一派说法。念庵起初倾向于双江的说法，但中年以后，看到那里有偏于静、倾于内的弊端，于是他立足于体用浑一，致力于对虚寂之真体的自得体认，以期消除偏弊。(《罗念庵文集》卷一，《续困辩录抄》)东林的高景逸称赞念庵的虚寂达到了浑一的真体。念庵的归寂学说受到后来朱子学者和王学者的高度评价，如称其得到阳明的真髓，或称其学纯粹无疵，或称其主静"刀刀见血"，以及称赞他是阳明学的功臣。(《顾端文公遗书》，《泾皋藏稿》卷八。《孙夏峰集》卷九，《题念庵集后》；卷二一，《报张湛虚》。《李穆堂初稿》卷八，《致良知说下》。《南雷文定》，《吾悔集》卷二，《章格庵先生行状》。《撰杖集》，《子刘子行状》。《理学宗传》卷十、十一。《大桥讷庵先生全集》附录，《讷庵先师论陆王书后序》)但念庵晚年多说"知止"的要领，认为教学者应以默识为先，重视躬行。(《罗念庵文集》卷四，《与刘仁山》)胡庐山说念庵起初谈静、说归寂，但中年则不同。(《胡子衡齐》，《续问下》)

两峰以虚作为生生之体，重视生机。(《明儒学案》卷一九，《江右王门学案四·刘两峰传》)归寂说到了念庵的门人万思默、两峰的门人王塘南，也开创了新生面。思默将静地摄心、默识自心作为宗旨，其学风大致与塘南相同，塘南称颂其学精深。(《自考录》。《续自考录》)塘南认为念庵的归寂说也难免"头上安头"的弊端，想以更精深的静功来透悟浑一的真体。其透悟真是即感而超感、即寂而超寂、即生机而超其相，在有无双泯、悟修两绝的基础上，成为是连心性和透悟之语也成为剩语那样透彻的境界。(《明儒学案》卷二十，《江右王门学案五》，《论学书》《寄汝定》《语录》《三益轩会语》)高景逸说塘南之学难免有倾向透悟而遗弃事物的弊端，但称赞其静功透悟的深度。(《高子遗书》卷八上，《观白鹭洲问答致泾阳》)李见罗评价王塘南之学，如玉莹金精、杰出如山斗，又称赞其晚年通性的深度。(《正学堂稿》卷八，《答吴养志书》)

九、修证派的思想

修证派与其他两派，特别是与现成派相比较，有些欠缺生彩的嫌疑，但继承了王学的正统，致力于救正其他两派的流弊，同时也应对了朱子学对王学的论难。现成、归寂二派，或是启发王学秘蕴，或是探寻王学本源，各自很好地发扬了其精神，但或是流于动，或是沉于静，产生了远离王学宗旨的倾向，特别是现成派产生了显著的弊端。因此修证派致力于纠正两种弊病，但比起归寂派的偏静之弊，更致力于矫正现成派末流的流荡之弊，因此产生了接近朱子学的倾向。但是修证派的思想毕竟与王学发展方向、明代思潮方向有不一致的一面，所以不怎么兴盛。修证派虽是阳明门人钱绪山、邹东廓、欧阳南野等人开创的流派，但这些学者中已有接近朱子学的萌芽。举个例子，东廓虽然遵循阳明的致良知说，以理归于心，却倾向于关注作为心之根源的性(《邹东廓文集》卷七，《龙华会语》)，这不能不看作有试图折衷阳明之心学和朱子之性学的倾向。因此东廓私淑于周子和程明道，同时也承认了宋儒的立场和遵从宋学的明儒的立场。现在列举修证派的特色，如下所示：

（一）修证派及其末流的诸儒，多试图阐明阳明所说的良知是天理，是善的东西，良知的"良"不仅指先天性，而且指道德性及道德价值。特别是泰州的方学渐脱离现成派，强调了这一点，并提出了朱子的《大学章句》开头的说法来论证这一点。(《明儒学案》卷三五，《泰州学案四》，《桐川语录》《心学宗》)

（二）他们认为阳明所说的致良知是以格物之实地为要，因此并不废除朱子的格物穷理和读书穷理之功，驳斥了朱子学者认为王学不需要这些的指责。

（三）他们在阐述阳明的知行合一说时，注意了行的方面，在致良知方面，以诚意为宗旨，催责了实地之功。特别是绪山看到了现成、归寂两派的弊病，慨叹阳明去世后实地之功废弃，因而失去了阳明以诚意为学之本的主旨，于是切论此工夫之要。(同上，卷一一，《浙中王门学案一》，《会语》)

（四）他们传达阳明本体工夫的主旨并没有错，但另一方面提出居敬、小心、慎独、戒惧、洗心去欲、毋自欺、反躬力行、迁善改过等实地的工夫，比起悟来，他们更倾向致力于修。当然，这些功夫都要基于本体之自然，例如，东廓以阳明主张根据良知不必说的"敬"作为圣学的要点(《邹东廓文集》，《族谱后序》；卷五，《简方时勉》)，南野将阳明作为"有事"中工夫的"勿忘勿助"作为致良知的要点等(《欧阳南野文集》卷一，《答陈盘豁》)，他们一般有比阳明更重视工夫的倾向。尤其到了季彭山的龙惕说（警惕说），这一特征显得尤为清楚。(《明儒学案》卷一三,《浙中王门学案三》,《说理会编》) 刘师泉将工夫二分为悟性和修命(同上,卷一九,《江右王门学案四》,《易蕴》);尤西川以动处的察识为要点(同上,卷二九,《北方王门学案》,《拟学小记》);张阳和在几上立善恶之别,以其察识辨别作为学之要,说"本体本无可说,凡可说者皆工夫也",直到以本体上的工夫为非的地步(同上,卷十五,《浙中王门学案五》,《不二斋论学书》)。这样一来,重视工夫的倾向就会越来越强,离阳明本体工夫合一的主旨就会越来越远。

修证派的大儒多为阳明门人,再传以下的虽然没有出现值得注意的人物,但在此期间,出现了师从邹东廓的胡庐山和李见罗,值得注意。这两个人在心性论上意见不同,互相争论,但都以实地的工夫为要,在矫救归寂派之偏、现成派之狂上有功。庐山虽然信奉王学及陆学,还有程明道的心学,但使陆王学对程朱学的特色更鲜明了,辩析了两者的黑白。其论辩令人联想起朱子门人陈北溪的《性理字义》。正因为如此,在王学精神的深刻体认和开发方面,不无遗憾之处。庐山信奉心学,对佛教持批判态度。但他的儒佛辨,并不像以往那样,不将其放在性与心、理与觉之别上,而放在心性的尽与不尽以及全与偏上,这是其特色。(《胡子衡齐》卷二,《六锢》;卷八,《申言》上、下)

如前文所述,李见罗的老师邹东廓以阳明心学为宗,也有寄心于性的倾向,但见罗却严格区分了心性,以性作为学问之宗,完全排除了心学之说。也就是说,性是做工夫致用的命脉宗主、经纶的枢纽，而心不过是性之所发，所以如果以心为宗，自然就会变得支离，陷入空疏，最终不得不成为恣情。从这个立场来看，他认为阳明之学自不必说，朱子之学也是心宗之学，对此加以批评。(《正学堂稿》卷四，《答陈幼溪丈书》；卷十，《答陈兰台书》；卷八，《答蔡似高书》)见罗提出《大学》的"止于至善"，即"知止"，作为复归此性的工夫，在修身上求其实地，并且将止和修作为两双，以此作为学问的宗旨。这种止修说的特色在于，与以往不同，不以知止作为学之终而是作为学之始，不仅将修身作为经世之本，而且以之为透性的工夫，并且把两者分成主意和工夫，同时以之作为一体。(同上，卷一六，《答郭青螺书》；卷一五，《答韦纯显书》)见罗的修身说在拯救当时轻视实修的现成派末流弊病上有功劳。从见罗严格区分心性、提倡性宗、排斥王门的心宗这一点来看，似乎彰显了宋儒提倡性学的精神，但从重视学问的命脉宗主上有主张性学的本旨这一点来看，见罗的学说也可以说是开启了王学的一个方面。

十、刘念台的思想

刘念台虽然对朱、王两学持批评态度，但他是开启王学秘蕴、创立新儒学，为明末思想界增添一大生彩的儒者。其学大体上可以说是经过了朱子学的新王学。念台特别重视阳明思想中血脉生命的东西。因此，即使是说性，也要结合心、情来叙述，比起立性提出其题目，更要将其作为心体来说明。(《刘子全书》卷七,《原旨》《原性》;卷一,《人极图说》)念台认为,如果不是这样,性就会坠入相对,失去有无全一、一源无间、流通无碍之道,支离其血脉生命而导向空荡。因此,以空说性的佛氏、以玄说性的老氏之学自不必说,对此提出理之定名的宋儒之论他也加以攻击,指出宋儒在排斥佛、老的同时反而陷入了佛、老的弊病。念台对以未发说性的朱子之论,评价说"逃空堕幻",这件事足以理解这一主旨。(同上,卷一一,《学言中》)根据念台的说法,心体是血脉生命,所以不允许将其分说。以这样的心体为宗的是孔子之学,孟子以下至阳明的诸儒之论,将其分言而失去了孔子的本旨。(同上,卷四十,《年谱下》)那么,念台所说的心体是什么呢?它是以意为内容的,意是心之存主,即心之主宰。意好善恶恶,因此有两用,作用虽然相反,但却是一种作用。因此,念台认为是"两在而一机""存发只是一机""一于善而不二于恶"的至善。(同上,卷一九,《答史子复》《答叶润山四》;卷九,《答董生心意十问》)因此,他在排除以意作为心之发动、作为善恶相杂处的程、朱之说的同时,将作为心之存主的意从作为心之发动所发的念中区别开来,说两者的混同使得儒教的心学不明,是使儒堕落为佛、老的原因。(同上,卷九,《商疑十则答史子复》;卷一二,《学言下》)总之,这是因为念台看到,对道德价值的好恶之情中,有判断善恶的知,保持心的走向而不落于无的虚寂、不落于有的流荡,能得到体用一源、显微无间的几微,才有真正的上宰,即贯穿宇宙人生、德业纶终的本体的面目。念台认为,如果不将意作为体,而像朱子那样以理为体,或者像阳明那样以知为体的话,就难以避免陷入虚见而成为支离。念台以诚意作为学问立命之符，其批判朱、王两学的理由就在这里。但是据念台所说，自己的宗旨是发扬阳明的好恶论，尤其是以行为主的阳明知行合一论的微旨，探寻其根源而得到的。关于阳明知行合一的立言宗旨，即一念的萌动也要行之，一念的不善也不能藏于胸中，要求将其彻底扫除，如此提倡知行合一，真是丝丝见血。而念台探寻阳明作为知之真切笃实处的行之本源，以此为诚，以诚为"心髓入微处"，将其作为知行合一的本体，而对于阳明的良知，反而因为这是诚之发窍，所以不如说是第二义。

根据念台的说法，通过以意为心体，以诚意作为学问宗旨，阳明所说的良知方才能够拥有其血脉生命，致良知才能得到归宿地。(《刘子全书遗编》卷十三，《阳明先生传信录三》) 如上所述，念台以诚意作为学问宗旨，但先儒所说的慎独、居敬、格致、正诚、思等方面的工夫，都是通过诚意方才能够得到头脑，因此工夫也就可以直接成为本体。念台也论述了本体与工夫、悟与修的一体，但鉴于时弊，认为工夫即本体、修即悟，有着重视工夫与修的倾向。(《刘子全书》卷十九，《答秦履思二》) 但是，因为他把诚意作为学之头脑，所以在念台这里，更确切地可以说是在下工夫的同时又超越了工夫。

王门三派中，只有现成派兴盛，风靡一代，但其弊端也很显著。其末流忘记了王阳明所说的心本来就是伦理的源泉，只任凭安易浅薄之情，最终产生了蔑视伦理的风潮。在此期间，有儒者出来，或者重新开发程、朱、陆、王的思想，或者恢复古学,指出人类生活支柱的伦理必须通过静肃之心、有主宰之心,或者笃实的日常实事实修来维持,从而致力于挽救这一流弊,但在气数的趋势下,是怎么也无能为力的,他们的苦心也无法阻止这股横流。心本来是动的,但是如果就那样随动而流,反而会失去其本体。"水流心不竞,云在意俱迟"的精神,在当时已经不能发挥力量了。陆、王的心学到了明末虽然依存于心,但反而失去了心，结果自己挖掘了墓穴。在痛斥陆王学的清初朱子学者中，有人揭出王学的弊端，以此作为国家灭亡的原因。但在陆王学者中，也有人认为王学者并非都陷入了诡异，举出在功勋、风节、清修中优秀的王学者的名字，说这些人都对致良知有功，也有人称赞这一点。(第六节以下，详细内容请参见拙著《王阳明与明末儒学》)

第八章 反宋明学（复古学）的精神——唯气的思想

一、唯气论的源流

可以说是宋学精神象征的朱子的二元世界观,在由元至明的过程中,逐渐向理气一元的世界观转变,这一点,如果观察从元至明中期的朱子学者的理气说,自然就能明白了。为什么会变成这样呢?这当然与宋、元、明精神文化的整体有着有机的关系,但其主要原因是:把理结合气来思考的倾向变强了,换言之,人们强烈地意识到了气相对于理的重要性。如果这种倾向再往前推进一步,当然会产生唯气的世界观,代替唯理的世界观。这种世界观发生在明朝后期以后,因此它并不能成为明代思想的主流,只不过在明代思想史上留下了一个痕迹而已。在明代后期的思想界中,众所周知,王阳明的唯心思想成为主流,风靡一代。

如果重视气的存在,当然会重视作为气之灵妙的心之存在。这种倾向在明初的朱子学中已经可以看到,但是他们没有阐述唯气论和唯心论。他们纯守朱子唯理的形而上学精神,批判了禅和陆子的唯心论。其结果是,他们虽然在世界观上是理气一元的,但在心性论上,却明白地遵循朱子学的精神,采取二元的立场,没有忘记与唯心论划清界限。

明初如上所述,兴起了重视心的朱子学,但一般来说,朱子学形式化了,丧失了其崇高的理想主义精神,反而产生了庸俗化的弊端。因此,明初朱子学者对宋代陆子提出的唯心论进行了回顾,试图以此来超越禅的唯心论。完成这一事业的是王阳明。阳明出现后，自宋代朱子以来盛极一时的唯理思想不得不让位给唯心思想。

唯气的思想，从某种角度来看，也可以说是唯物的思想，而发起这一思想的是与阳明同时的王浚川，接着出现了吴苏原、郝楚望，呈现出活力。这一派排除宋明的理学、心学，以孔孟为宗，排斥新儒学，致力恢复古学。因此，这一派也可称为复古派。

这一派的人物，高举反唯理论、反唯心论的旗帜，对此加以尖锐地批判。追溯此派渊源，可以追溯到宋代张横渠。他们的唯气思想承袭了横渠关于气的思想，因此对横渠的太虚说（虚气说）赞不绝口。通过浚川的论述：

> 横渠此论，阐造化之秘，明人性之源，开示后学之功大矣。（侯外庐编辑《王廷相哲学选集》，《家藏集》《横渠理气辨》）

我们可以知道。

浚川又说：

> 《正蒙》，横渠之实学也。致知本于精思，力行本于守礼。精思故达天而不疑。守礼故知化而有渐。（同上，《慎言》《鲁两生》）

由此可见，横渠的实学是气思想的本源。正如郝楚望所说，横渠确实说气，但晚年更说理。（写本《时习新知》卷七）横渠之所以开始说理，大概与他和二程子见面后，互相讲学切磋有关系。横渠虽然起初说气，但结果还是以理为主，所以明清气的思想家在思想上虽然遵循了横渠，但对横渠唯理的观点持批判态度。

横渠之学，宋代无人继承。这固然是因为他的门弟子中不得人，更重要的原因是他关于气的思想不适合以深刻的内在精神为高尚、憧憬形而上学世界的宋代人。明末关于气的思想，之所以未能在时世发挥力量，大概也是因为不适合当时强调主观、崇尚自我、喜好理情一致、任凭感兴的风潮。

明末关于气的思想，在阳明的唯心思想渐渐产生流弊时抬头，到了清朝又有所发展，对我国（日本）的古学派也产生了影响。气思想的兴起，对中国的传统思想、传统精神的发展，究竟有没有贡献呢？还是阻碍了呢？关于这一点，每个人的评价都不一样。

二、王浚川的思想

王浚川是与阳明同时代的儒者，虽然与阳明没有交涉，但与阳明的门生、后来对其致良知说加以批判的黄久庵是朋友的关系。浚川是当时著名的文学家，他认为"夫文也者，道之器、实之华也"（《王廷相哲学选集》，《慎言》《文王》），认为沉溺于修辞而创作对社会生活无用的浮华之文是错误的。这大概是因为他笃定地将志向用在了经世济民上吧。对浚川来说，学是实学，所以虽然《易》说数，但圣人不论数而论理。他说，这是因为以尽人事为要，又说"得其义，则象数在其中"，指出邵康节以数论人事之变，是弃人为而尚定命，这是废置人事而成为异端，是害道之甚。(《王廷相哲学选集》，《雅述上》) 浚川是合理主义者，因此否定了五行灾异的妄说和鬼神风水的迷信。(同上，《雅述》上、下；《慎言·御民篇》《保傅篇》《五行篇》，《君子篇》；《家藏集》，《与彭宪长论学书》《答孟望之论慎言》《灾变警戒人主》) 此外，他在音律、天文、农业等自然科学方面造诣也很深。

浚川阐述了气一元的世界观，如说：

> 有太虚之气而后有天地，有天地而后有气化，有气化而后有牝牡，有牝牡而后有夫妇，有夫妇而后有父子，有父子而后有君臣，有君臣而后名教立焉。(同上，《慎言·道体篇》)

以气作为造化的根源、人伦名教、即道之体。据浚川说，无论是太虚、太极、阴阳、鬼神、魂魄，都无外乎是气，天地万物都由气产生，有形无形都是气，性神也是气的固有，道理也是气之具，气虽有聚散，却是永远不灭的实有，而非虚无。(同上，《慎言·道体篇》；《家藏集》，《太极辩》；《内台集》，《答何柏斋造化论》) 从作为造化之宗统的气浑沌尚未分化为物这一点出发，称之为元气；从不能以象数来名状这一点出发，称之为太虚；从元气之上无一物之主宰和道、理，其为至高的存在这点出发，称之为太极。(同上，《雅述上》；《家藏集》，《太极辩》) 而且说，动静是气之感，阴阳不过是气的名义。浚川说"元气之外无太极"(同上，《太极辩》)，认为"太极已见气"的邵康节的太极论是对的。从这种唯气的本体论来看，他认为周子的"无极而太极"论是一种不以气为主，而以无为主的老子之说，阐述了周子的"无极"之旨，指出朱子所谓"无声无臭，而实造化之枢纽，品汇之根柢也"无非是虚空之谈说。(同上，《太极辨》;《内台集》，《答何柏斋造化论》)

以气作为道、理之体，之根的浚川(《王廷相哲学选集》,《雅述上》;《慎言·五行篇》,《太极辩·横渠理气辩》)指出，伊川说阴阳是气，所以阴阳是道，朱子说"理能生气""天地之先只有此理""未有天地时，毕竟只有此理"，其他程子所谓"冲漠无朕"、朱子所谓"无声无臭"，是与老、庄、列以独立于气的悬空之道作为根本的本体论相同的东西，不过是改易其面目立论而已。(《内台集》,《答何柏斋造化论》,《家藏集》,《答薛君采论性书》,《雅述》上、下,《家藏集》,《太极辩》)据浚川说，他们所说的理是虚而无所归宿的，所以没有机发，有机发的只是气。因此，像朱子那样，说有理则能动静而产生阴阳，是支离颠倒之论。(《家藏集》,《太极辩》)

以元气为道体的浚川认为，如果气有变化，那么理(道)也会变化。从其立场来看，朱子认为气有变化但理不变，自然人事都会变化而道是不变的，所谓"天地间万形皆有敝，惟理独不朽"的观点是分言理气的，所以类似于老庄的绪余痴言。他举出尧舜的揖让变而为汤武的放伐，废井田而开阡陌，封建罢而郡县置的事实，说明了道的变化。(《王廷相哲学选集》,《雅述》上、下)所以，他说"气一则理一，气万则理万"，把专说理一、遗弃万理称为偏(同上，《雅述上》)，又认为朱子以万物各自具有一太极的理论是错误的。

所谓气有变化，理也会变化的理是什么呢？据浚川说，那是"因时而宜"的东西。(同上,《雅述下》)这应该是所谓"时中""分殊"性质的东西吧。这很好地显示了气学的部分特质。浚川经常根据运动变化的情况来说明理，所以否定了把静作为性之真、动作为性之妄，说在静虚中有应对万事的一个理而主张未发主静，以此来立体应对万事之用的说法。(同上,《雅述下》,《答薛君采论性书》)但是，浚川并没有排除静虚的工夫。他说：

> 圣人养静以虚，故中心无物。圣人慎动以直，故顺理而应。此皆性学之不得已者。(同上,《雅述上》)

也就是说，静和动都是天性，性合内外(同上)，阐述了动静交养的要点，没有一概以主静为枯寂无觉而加以排斥。他看见理学家偏于主静，陷入无益于人道的佛氏的清净虚静，为救其偏弊，说明了察事机慎动的工夫。(同上,《答孟望之论慎言八首》;《雅述》上、下)因此，他说，《礼记·乐记》中所谓"人生而静天之性也"不是圣人之论(同上,《雅述上》);说周子的主静立极误人(同上);说横渠所谓"心宁静"是禅定(同上);说程明道的定性是禅僧的虚静(《王廷相哲学选集》,《雅述下》)。浚川对阳明的致良知说、湛甘泉等人的天理体认说持批判态度，也是因为考虑到这些说法使后生沉溺于心性之幽玄，耽溺于虚说，因此不求经世之术，不达应变之机，不仅不堪天下国家之任，而且在变故之际，狼狈不知所措，其结果恐怕会误人误家国。

在人性论方面，浚川也排除了宋儒的二性论。据浚川说，性是气的生理，所以性气是一体的。(同上,《答薛君采论性书》)如果离气论性，则性归于虚，离性论气，气就成了失去生动的死途(同上,《家藏集》,《性辩》)。因此又认为生即理，排除了宋儒的性即理说，在性论方面，反对他们的本然(天命)气质的别论。论述性气一体的浚川，对宋儒的性善说加以批判也是理所当然的。浚川认为，孟子在谈及性时，既谈及其善，也谈及恶，但宋儒只采用前者，认为说"性相近也，习相远也"而表示性气不离之宗旨的孔子的性论是下乘，说孟子的性善有功于圣门，这反而违背了孟子的本旨。(同上,《家藏集》,《横渠理气辩》)最终，他评价宋儒的性论，认为没有达到性气相须的一贯之道，而是追求超然于形气之外的不灭的性，直至依傍佛氏的真性。(同上,《雅述下》)而且圣人的性也离不开气质，其之所以是善的，是因为气质完全清粹，而众人的性是恶的，则是因为气质偏颇而浊驳，所以说必须通过学问教育来变化气质。(同上,《答薛君采论性书》)

浚川在论述性气一体的同时，也阐述了心性、性情的一体。因此，作为生之理的性即是仁、义、礼、智，这是不言而喻的，它出自心之爱、宜、敬、知，因此都是由知觉运动的作用而得以成就的。其结果，浚川反对朱子所谓知觉运动是气的作用，所以有存亡聚散，而性(生之理)则没有这个的理论。(同上,《家藏集》,《横渠理气辩》)

浚川认为学问的要点是见、思、行，即广阔的见闻、知识，深刻的思考和接习(实习)。(同上,《雅述上》《慎言·见闻篇》《潜心篇》;《家藏集》,《石龙书院学辩》)他特别说明了见闻的要点,说:

> 物理不见不闻,虽圣哲亦不能索而知之。使婴儿孩提之时,即闭之幽室,不接物焉,长而出之,则日用之物不能辨矣。而况天地之高远,鬼神之幽冥,天下古今事变杳无端倪,可得而知之乎?(同上,《雅述上》)

但其见闻,关键在于得道,所以他认为没有自得就不能成为真。他要求:

> 潜心积虑以求精微,随事体察以验会通,优游涵养以致自得。(《同上,慎言·潜心篇》)

因此,或提倡德性之知,任良知,或冷然讲授书籍,反对徒作清虚之谈。(同上,《雅述下》,《石龙书院学辩》)

三、吴苏原的思想

吴苏原认为,天地间万物生成变化的妙用条理,不属于理而属于气。所以理是气之理,离开气就不存在理。他说,即使气是杂糅不齐、纷纭舛错的,也不能说其中没有理,"若谓'理者气之不杂者也',则几矣"(写本《吉斋漫录》卷二)。从这一立场出发,对程、朱理气说中的先后论、形而上下论、太极论中的统体各具论等加以批判，对他们的理气二元论诸说一一进行论难，此外对张横渠的虚气、太虚、太和的说法，甚至对吴草庐的理气一体论，也说避免不了理气两言，对此进行了批判。但对于周子的《太极图说》《通书》之说，则认为其很好地阐述了理气一体的主旨，认为程明道的道器一体论精密。(同上) 苏原像这样以理即气、气即理来说明理气的一体，但那是以气为本的。因此可以说其与程明道、吴草庐、罗整庵等人以理为本的理气一体论的宗旨是不同的。后者是唯理的，而前者是唯气的，即气一元的。我国（日本）的朱子学家尾藤二洲比较明道和苏原的观点，提到这一点，对宋明两学的差异作了如下论述：

> 道亦器，器亦道。此语极有深意。勿以亦字为即字。吴廷翰则曰："理即气，气即理。"不独未达伯子（明道）之旨，其究必至以心为道。明儒卤莽，大抵如此。(《素餐录》)

苏原之所以排除理气的分言，是因为他认为，据此则会将理作为超越性的存在，结果会陷入任凭臆见，以理为恍惚之存在的异端。按照苏原的说法，气是理的实体，如果不揭示气，理就会陷入空，阴阳之道也成为对天地万物的运行发育没有用的东西，仁义之理，也会寂然无感，静而无动，堕入无为，结果天人分化，失去万物的生化、经纶裁制的妙活，也就得不到全备的大道。所以他说"愚敢断然以气为理，岂有别说"（写本《吉斋漫录》卷一)。

苏原从同样的立场出发，论述性气的一体而排除其分言，又说如果没有气质之性，就不可能有天地之性，仁义也是气，德性也是气(同上)，认为程子的"论性不论气，不备；论气不论性，不明；二之则不是"的观点是分言性气的未透彻之说。(同上，卷二)因此，他反对分言性气而以性为善、以气为不善的观点，认为不善也不是性外的东西，将善、不善归结于性的偏全。从气即性的立场出发，他承认了告子的生性说，但从将善、不善归于性的偏全的方面来看，告子之论却不知道性气有偏全，所以说这是以恶伪为性而使人陷于禽兽，"告子语是而意非"(同上)。苏原之所以排除了性气的分言，是因为他认为这会将作为有生后之存在的性视为未生前的存在，会陷入佛氏的空性。从这样的立场来看，苏原并没有完全承认孟子的性说。那是因为孟子的性善说，遵从《易》的"继之者善也"的宗旨，从有生后探寻其本源，但与《易》的"成之者性也"的意思不太相符，在明察性是有生后的存在这一点上还有不足之处。(写本《吉斋漫录》卷一)

苏原在认为性是德性，仁、义、礼、智的本源这一点上与先儒并没有不同，但认为不应该把德性直接视为善，其善恶取决于气之多寡、厚薄、偏全、清浊。所以，如上所述，他认为气即性，性气的分言是错误的，因此说孟子的性论不如孔子所说的"性相近也，习相远也"的性论。(同上)

苏原作为性之本体的东西是不偏不倚、无过无不及的"中"。而且，这被认为是贯通道心人心、天理人欲的极则。所以道心人心都是心，同时也是性。所谓性，不过是此心之"中"。所谓"执中"的中，因而是兼具道心人心的东西。因此，对于人心也可以说是中，但对于道心未必就能断定是中。(写本《吉斋漫录》卷二)另外，对于人心与天理、天理人欲与中的关系也能同样考虑，明道以人心为人欲，但善恶都作为天理，不以善恶来区分两者，而以其过不及为非，以"体贴天理"为要点，这是看到了圣人的气象。(同上)苏原提出"中"而以道心与人心、天理与人欲的分言为非，从同样的主旨出发否定了性的内外分言、义利的分言，认为如果将这些分开来说，就会遗弃人伦而产生异端的陷空弊病。苏原以仁义为性，为什么把"中"作为性的本体呢？这是因为，如上文所述，仁义也有偏倚过不及，以"中"(中正)作为不离开仁义、更高层次的存在。他提出周子的"中正仁义"之论的理由大概就在这里。(写本《吉斋漫录》卷一)虽然中是比仁义更高层次的存在，但因为气即性，结果也只不过是气之全而不偏者。因此，对于性之善也同样认为气之全而不偏者是善。苏原总之是以气为中心来思考事物。

苏原虽然认为气即性，但对主张心即理的陆、王等人的心学持批判态度。这是因为，心是灵活的，即使是良知这种敏锐的道德感知，总之也不过是性之所发。虽说心是性之大体，但与性相比，两者之间有先后大小的差别，因此如果没有性，心就无法发挥其本然。因此，如果认为心即理，将一切托付于心的妙用灵机，则离却性之大的地方，即人伦而失是非之别，背离了《中庸》所谓"大本达道"，难以期待经纶的实现。(写本《吉斋漫录》卷二、四)因此苏原作了心性之辨,以心宗之学为非,提倡性宗之学。因此,甚至对于说"心统性情"、以天地作为心之师的张横渠的说法,他也批判道,这是不明白心性之本源、心性之辨。(同上,卷二)苏原对于禅和陆、王等人的心学进行了尖锐地论难也是理所当然的。对于禅,指出其明心见性之论,不分心的纯驳真妄,专以其灵活妙机为性;无心之说则以一超径悟、虚静高明为事,认为其中有灵机,于是以虚见为妙悟,结果陷入绝伦弃物之弊,以心性之辨来论述儒、佛之别。(同上,卷三、四)对于陆子,指出因为不知道他所宗的孟子的心学是性宗,所以欠缺性上的工夫而成了似禅。因此,对于陆学,指出其虽然离却了人伦,但还没有达到禅的绝伦。(同上,卷三)但对于杨慈湖、陈白沙之学,则以之为陷禅(同上,卷二),依傍陆子而其宗旨却不同,其说源于禅的明心见性、本来无一物、一切直入之说,完全是禅的改头换面,并对此进行了详细地批判。对于阳明的心学,指出阳明所说的良知是性之所发,如果不在性上用工夫的话,就难免会导致真与伪、善与不善的颠倒。阳明以良知为自知,但这不仅犯了以偏全相杂的心去寻求良知的过错,还陷入了以心观心的佛氏"观心"的弊端。阳明所说的致良知,是将良知作为穷理来扩充之,所以与禅的绝伦无用不同,但良知本身是性之已发,是偏全相杂的,所以以致良知为有用是"近理而大乱真"(同上,卷二、四)。

苏原之所以对陆王心学进行论难,如前所述,是因为担心其陷入佛氏的空。所以在为学上,认为工夫必须用在事物言行上，说明了《大学》的格物致知、《论语》的忠、信、恭、敬的为学之要，又以读书讲学为要旨。在格物致知的工夫上，他以包容性、实然性、浑一性为宗旨，对宋儒的穷理说持批判态度。苏原也训格物为"至物"，但反对以物为事、直接以格物为穷理，认为说起物，则包括道德学行等内外，所以事在物之中，因而事不如物之广大；且物是实而理是虚，物是万殊而理是一，因此认为穷理比不上使致知有着落、使工夫有先后次序的格物落在实处，在格物致知和穷理上设置了始终先后之别。(同上，卷三) 当然，他批判阳明唯心格物说，称为佛之空见，也是理所当然的。

苏原在知行论上是主知的，为知行设置了先后次序，认为由知到行才有知行合一，只有分言知行才能期待知行合一。从这一立场出发，他认为排斥知行之分言的阳明知行合一说，说一却反为二。也就是说，它不仅使知行支离，将行导向冥行，而且以明确知之真妄、良与不良的学问为不必要，因此反而不能达到真知(良知)。总之，他认为阳明知行合一说是使知行都妄的东西而非难之。(同上，卷三、四) 苏原论述了知行的先后，对于《中庸》的"道问学"和"尊德性"也设置了先后之别，对以尊德性为本的陆、王和吴草庐之学进行了批判。(同上，卷四) 苏原像这样为工夫建立次序，认为那里有全体归一，对于《大学》"亲民"解中朱子的"新民说"和阳明的"亲民说"，认为朱子的说法建立了从上到下、从己到人、从亲到疏的顺序，在教养上设置了先后的顺序而得到了以万物为一体的《大学》"明明德"的主旨，对此加以称赞；指出阳明颠倒了这一次序而陷入墨子的兼

爱之中，认为这是诐淫邪遁之突出者，对此进行了批判。(同上，卷三)

苏原认为由知至行的工夫，即使用功不同，其本也能成为一，其实就像经中的纬一样，其前提是通过存养的工夫得以贯彻。例如，在论述道问学、尊德性时，他说之所以"道"问学、"尊"德性，是因为以戒惧为本，知行也以"敬"为始终。(同上)从这一立场出发，他批判了阳明认为敬是画蛇添足、孟子的夜气也不足为训的致良知说。(写本《吉斋漫录》卷三、四)苏原主张敬和夜气的存养，指出佛氏之所以陷入绝伦无用，是因为失去了头上的一念——敬；而告子的不动心则陷入了把定而失去了作用，因为没有使用敬和夜气的存养；而阳明则破坏了人伦庶物之用，这是因为他听任心而未致存养之功。(同上，卷四)

总而言之，苏原提倡唯气的思想，从其立场出发排斥陆王派，有时也对宋儒投以批判的锋芒，但不得不承认在他思想的基础中还存在着宋学的影子。但到了郝楚望，提倡古学，对宋明的理学、心学都进行了彻底地批判。

四、郝楚望的思想

郝楚望认为，宇宙中只有一气，《易》之太极是气之未分的阴阳，阴阳是气之已分的太极，因此两者相同。(写本《时习新知》卷七)从这一立场出发，他认为张横渠的气一元论发扬了孟子的养气之旨 (同上)，但对其晚年尊理进行了批判。因此，自不必说，

他认为周子、朱子的无极太极论也是错误的。(写本《时习新知》卷四、七)

楚望认为宇宙人物的成化、身心内外的作用,以及经纶时务、道德功业等,一切都是生气所成(写本《小山草堂集》卷一。写本《时习新知》卷四),因此道的实体,存于拥有此灵机的生气。认为如果以道为高于生气的存在,那就是遵从了以空无寂灭为宗旨的佛、老的死法。(写本《时习新知》卷三)所以说:"虚孕实,实藏虚,无藏有,有含无,一阴一阳之道也。贵无贱有,执实遗虚,皆一隅之见。"(同上,卷二)重视生气的楚望,反对求道体于阴、静、虚、无,而求之于阳、动、实、有,并且认为前者为后者所包藏。(同上,卷四)因此,他论述"太极之道动而已"(同上),周子的无极太极论,以及以此为宗的宋儒之说,是分离显微而遵从道家的(同上)。这样一来,佛、老的厌道求静自不必说,他还批判了宋儒的主静、静坐之论,指出他们以经世为宗,但最后却因为与世疏远而无法完成经世的使命,对此加以批判。(写本《时习新知》卷七、四)

楚望重视气之灵机,即生机,认为命、性、理、心、情、气质、形容都不过是一气随时变化的名字,甚至连道也是强名,即方便上的名目(同上,卷八),因此认为宋儒的二元论,使浑沦的命脉支离,偏于上而失去用,陷入了佛的虚空(写本《小山草堂集》卷二)。

主张气一元论的楚望,当然没有排除欲望。他认为欲也是气之用,只有善用才能成全天地之大德。从这一立场出发,他认为周子的无欲说是错误的,而遵循孟子的寡欲说。(写本《时习新

知》卷三、八）

据楚望说，生气本来就不是妄为的，其中有道德的目的和秩序，这就是宋儒所说的理。气本来就是善的，所以理也是善的，因而性也是善的。学应以性善为宗旨。(同上，卷四) 楚望说"性不离习，习与性非二"(写本《小山草堂集》卷二)，论述了性是超越习之善不善的绝对存在，不为习所累；又说"善与性非二也，性即善，善即性"，以善作为高于性的绝对价值。楚望认为，这种善是"太极之全体""人生之太虚"。他以"继之者善也，成之者性也"的《易》之说作为此论的明证。他认为只有这样考虑，才能真正见得善和性。从这一立场来看，以性为不善，是论述习以后的，未达到见性；认为性有善不善，是论述性以后的，未达到见善；所谓性无善也无恶，是指性而作为性，但未及知道指善而为性。(同上) 像这样以善为性以前的绝对价值的楚望，甚至连佛氏的"妙净不染"、老子的"自然无为"，也认为都是沿袭了圣人的性善之说，并将其与荀子的性恶进行比较。他说：

> 二氏崇尚虚无，犹知见性。荀卿溺于习，反疑性为恶，固不若二氏。(同上)

楚望像这样连佛、老二氏的见性都愿意承认，大概是想要追求善的绝对性的结果。陆桴亭曾评价楚望的《九经解》，认为手眼高，见识开阔，但在经解中引用佛经来寻求证据，因此名为辟佛，但其实是推墨附儒的。(《思辨录辑要》卷三三) 楚望之所以举老、佛之语来解经，恐怕是因为在过于高远中追求儒的理想的缘故。楚望指出，无论如何都要重视了解善的绝对性，这样才能获得化习之不善的力量。(写本《小山草堂集》卷二)

在心性论上，楚望也排除心宗，主张性宗。因为心是身的主宰，所以难以避免形质的凝滞，心就是神明因为体是虚的。虚是性之德，所以心比不上虚性之遍满。因此，学问不应该以心为宗，而应该以性为宗。(同上)

楚望之所以在性善上以善为宗，在心性上以性为宗，如前所述，是因为他想追求高远的理想，因此在他那里能感到和宋儒乃至佛、老的理想主义有一方面相通的地方，然而楚望却认为，如果不能在人伦庶物、日用常行的实事实践中看到其真切处，就会流于空虚，失去道体的真处骨髓，所以切论了下学。因此，他认为"大道无隐秘，只此日用子、臣、悌、友之常，身、心、视、听、言、动之间而已"(写本《小山草堂集》卷九)，而专门说下学而不说上达的《论语》才显示了上达的真实道路。他以"下学而上达"这一《论语》之语作为学之正宗。据楚望说，宋明的理学，虽然讲实学，但如朱子以《大学》为诚正之学，阳明以致良知为宗，他们以心法为宗而单举之，因此成为上达即下学，陷入了佛、老的偏枯无实、绝伦无用。(写本《时习新知》卷四。写本《小山草堂集》卷九) 楚望认为，从《论语》到《孟子》，从《孟子》到《大学》《中庸》，渐次明确了上达的境界，但仍不失下学即上达的主旨。后世的佛学专门讲上一段，即上达，那是偏举剽窃圣贤之学的上一段，即上达。(写本《小山草堂集》卷三) 宋儒之论高于《中庸》，阳明之论高于宋儒，共同离开下学而走向上达。如果比较佛学和宋明理学，佛学是上达即下学，宋明理学是以上达为先、以下学为后。所以，楚望虽然认为下学即上达，但不得不在两者之间设置先后之别。(写本《时习新知》卷四)

楚望在实事实践中看到了心性的隐微，排除心法之学，认为心不能虚位而见，只有在实事实践的具体地方才能存养它，否则就会陷入佛氏"观心"的弊端，变得顽空无用。(同上，卷三)原来，孔孟没有心法。虽然孟子说心的存养，但那并不是说心法。即使是经世民物之学，如果以心、知、意等心性之学为根本，它们就不能摆脱离开下学朝向上达的佛、老的弊病。从这一立场出发，他批判了朱子的致知、阳明的致良知，认为都是发挥禅的意思，为浮图树红旗的。(同上，卷三、二、六)张子的《正蒙》隐奥深刻，邵氏的《皇极经世书》极尽高远、《观物篇》荒诞，朱子的知识是小道而非民之急务，指责他们都是不要下学。(同上，卷六)

楚望以下学为要，把事行作为心知最精切的地方，把心知收摄到事行中，专以事行作为学之宗旨。因此，他说"圣学以行为真知"(同上，卷二)，《大学》讲述的格物致知无外乎是人伦庶物的实事实践，也就是行(同上，卷四)。他说，之所以用正心诚意的工夫说格致，那是因为行虽然包含心意，但是心意却不能包含行，所以说必须要根据行之实。(同上，卷六)从这一立场出发，他认为以穷理为格物的朱子之说，是穷究理之隐微而将事与理、行与知二分，陷入了支离偏枯，阳明为了拯救此弊而提出的致良知之学，因为以知为宗，所以陷于偏枯无实。(同上，卷二、四、八)楚望说，圣贤说"学习温故"而不说良心，说"博约文行"而不说知先行后，他痛论"无已则先行后知"的理由就在这里。(同上，卷六)据楚望说，《论语》开卷的"学而时习之，不亦说乎"这句话揭示了行先知后。(《明儒学案》卷五，《诸儒学案下三》，《四书摄提》)

主张行先知后的楚望，提出了"时习新知""时习温故"。据楚望说，习的善化正是存性的关键。因此，如果专以性为宗，就会偏向上一段而陷禅。(写本《小山草堂集》卷三)"温故"是圣贤之学。学不是觉，而是"效"之义，即效法而行。法是道的所当然又是自然的成法。这种仿效自然之成法的行既是温故又是学。因此学之中有规矩准绳，既没有偏固之失也没有陷虚之弊。因此，《论语》不讲性与天道，而讲人眼前的日常行为；《大学》讲明德、意、知，却不外乎家、国、天下；《中庸》虽讲性命的隐微，但也不超出庸行。楚望以此作为圣贤以事行为主旨的论证。(写本《时习新知》卷四)然后从这一立场出发，他认为宋明理学家所说的不睹不闻、无欲主静、静坐澄心、危微精一、未发气象、养出端倪、致良知、诚敬、思等诸心法，是根据光景兴趣、虚来揣摩的东西，因此不是学，断定他们称"道学"或"理学"而提出"学"之字是违背了圣教。(同上，卷二、四)

但是楚望并不是认为不需要心法，而是将脱离实事实践而偏用单举作为问题。所以他也提倡诚敬。也就是说，诚是自然生德的实体，它不同于以有为空的佛道，而是以无为实的儒道的本质。(同上，卷三)《大学》之道也通过诚被穷尽，再也没有可以增加的东西了。(写本《小山草堂集》卷二)他提倡诚的主旨在于求诚于实的致用中,因此,如果求之于寂然不动的无事之处,那是说迂阔无用的佛的空道,不用说也排除了吧。(同上,卷四)关于敬也同样,他认为《论语》中所说的"执事敬",指的不是内心的戒惧,而是事上的工夫。因此,他说:"临事接物处吃紧。"(同上)这就是所谓即外收内的工夫。(写本《时习新知》卷二)所以他说经世之业在其中。从这一立场出发,他评价宋儒所说的敬,以静坐操心、主一无适为事,以内心的静修为专一,在念头上玩弄精神,这与老子的"抱一"、佛氏的"禅定"并无不同。(同上,卷二、四)

楚望把存心养性作为实事上的工夫,以《大学》的"修身"作为其真切处,并以此作为《大学》的纲领。据他说,所谓身是通内外上下的气之凝集,即内是心、意的实处,外是事、物的统纪,因此身是与天地万物为一体的公共存在,所以修身不仅仅是做身体里的伎俩之心法,而是正、诚、齐、治、平都在其中的工夫。(同上,卷五、六、七、八)如果不以修身为本,只偏举正、诚,就会陷入老、佛二氏的玄虚。不仅《大学》,九经也没有偏举正、诚。偏举正、诚的是宋儒。(同上,卷七)曾子之所以不说"省心"而说"省身",就是因为他很好地体会了这一主旨。(同上)

从上述主旨出发,楚望训"礼"为"履"(写本《小山草堂集》卷三),当然对此予以重视。也就是说,礼之体是中、用是和,而中是太虚的自然,和是日用平常的天理。所以他说"执礼"是下学的切要处,也是上达处。(同上)因此他认为舍弃礼而专门高谈性命是错误的。楚望指出《大学》《中庸》是礼书，攻击宋儒把它们从《礼记》中抽出来作为道学之书，脱离礼而论《中庸》之道，并将其尊崇为深奥的性命之书，认为他们一边排斥佛、老，一边却空谈心性为佛、老服务，终至犯下了危害圣学的过错。(写本《时习新知》卷六)

楚望提出了自己学问的纲领，他说：

> 学以性善为宗，以养气为入门，以不动心为实地，以时中为妙用。以性善为宗，则仁无不显；以养气为入门，则用无不藏；以不动心为实地，则感无不寂；以时中为妙用，则应无不神。(同上，卷一)

楚望之所以说不动心，是因为他知道《易》中所谓寂然不动，是达到至神的。但楚望所说的不动心，是动处实地的安定工夫，因此不是告子那样的无念、厌动求静的工夫。(同上)楚望提出养气作为不动心的工夫，认为养气之外无养心。(写本《时习新知》卷七)那是因为，气是通有无内外、动静虚实的全一存在，下能导出经纶裁制的实用，上是支撑心性道理的原动力。因此，如果不在气上用工夫，只从事于心性、性理的话，工夫就会失去依据，沦为虚见，偏内而遗事，成为将经世民物置于度外的异端。楚望因此作气先心后之论，切论养气。他说：

> 论性，必论气始明；论理，必论气始备；论学，必论气

始实；论工夫，必论养气始切。(同上)

楚望在程子的性气论中，以"论性不论气，不备"为是，以"论气不论性，不明"为非，也不是没有理由的。因此，他称赞孟子的养气而排除宋儒的养心也是理所当然的。以养气为切要的楚望，连佛家、道家的调息、观心、数息都认为是好的，他指责宋儒将这些作为方术家的方法来加以排斥。(同上) 不过，楚望所说的养气，与方术家的消极养气不同，而是具有直接发露于人伦庶物的积极性。所以他又说："养气应务烦难时得力，正是实用。"养气如果不伴随集义，恐怕会陷入自私。因此，楚望虽然将两者视为一体，但认为如果不得养气，则恐怕会丧失生生的大道，所以以养气为集义的根本。(写本《时习新知》卷八) 他甚至认

为，如果以养气为宗旨，宋儒所说的格物穷理、存养省察诸法，都不必特意讨论。他断言："千头万绪，一个养气了当。"（同上）

楚望之所以说"时中为妙用"，是因为他认为，理通于事才能成就儒业，道和于世俗才能维持伦理名教。因为宋儒以心法为宗旨，执着于体而忘记用，丧失中行而成为狂狷。（写本《时习新知》卷二）所谓时中，是随时的中之用，即是和又是庸。楚望认为道的本源在气的生成中，将未发之中与已发之和视作一体，认为如果没有后者就没有前者。这样一来，楚望认为，《尚书》所说的"执中"，也是日用平常的随时工夫，即时中，否则天地的运行也会停息，失去生成的妙道。因此，他评论宋儒的未发之论，认为与圣人执中的本旨不同，而与佛氏的寂灭同类。（同上，卷四、五）

附录

附录一　明代儒学的展望

宋学所求的道是实理，其学是实学。其源头发自韩退之。到了宋朝，胡安定、孙泰山、石徂徕创立了明体达用之学，韩琦、范仲淹、欧阳修等在政教中体现了这一点，从而奠定了新儒学成立的基础。而且在当时相应地兴起了批判精神，不再盲目地视经典为神圣，也开始对其进行自由解释。这是圣人之道根据生活的现实，并作为迫切的需求而被活用的结果，由此又形成了格物穷理之学。也就是说，在追求事物的所当然之理的同时，也追求其所以然之理，并赋予了其存在的意义。这种格物穷理之学的兴起又是宋代文化气数使其如此，从绘画领域有着深远精神的写实主义抬头也能看出。

但是实理是在人类深层精神的内在中寻求的，所以理的内在其实就是实理之所以为实理。寻求内在的理是从周濂溪开始的。在他身上，中古以来的隐逸精神被儒家的自觉所转用。钱穆否认到周子这里寻找宋学的源流，但这样就无法理解宋学深远精微精神的由来。北宋绘画和宋朝的青瓷、白瓷所具有的高洁、清澄、严肃，也反映在宋学精神中。这种精神通过对矛盾纠葛的现实的敏锐感受性和克明缜密的观察，寻求严正静肃的理法作为道。这也是宋学二元论成立的原因。宋学大成于朱子。其派中虽然出现了真西山那样的醇儒，但多拘泥于文义的穿凿，以博学洽闻为学，从而陷入了训诂记诵。

朱子在集儒学大成之际，外部排斥佛、老，内部排斥陆子心学，以及陈龙川、陈止斋、叶水心等人的功利事功之学。在朱子的力排之下，两者后来都不太兴盛，只有陆学保住余命，经过元朝发展到明朝。因此，宋学与明学的差异也可以说是朱、陆两学的差异。一言以蔽之，就是性即理与心即理。这是基于两者对现实的感受性、道的存在性、作为实理存立的终极场所的心的意义赋予的不同。也就是说，理是作为理法上的严正、静肃的东西来追求，还是作为生命上的亲爱、流动的东西来追求，两者是不同的，从而产生了二元论和一元论的差异。朱子学主张细致地观察现实，一一探究事物的法则。因为如果不那样做，就很难在现实中活用道。而使之存立的是儒家的伦理，它源于人的本性，而支撑它的是心。但是，在这种情况下，朱子敏锐地感觉到内心存在矛盾和纠葛，所以没有坦率地肯定心的活动。因此朱子之学具有严肃性和超脱性。这里有认为"性即理"的理由，也有二元论成立的理由。结果，朱子又追求了与老庄、佛教意义不同的静的思想。但也可以说，正因为是二元论，朱子学自身也难逃苦恼和烦闷的命运。要想消除这一点，就必须一元论地从亲切的生命活动中寻求道，为此，必须存立并涵养纯正的心，并依存于它。这样一来，通过内在的自然发动，伦理活动就会活跃起来。即不应是性即理，而应是心即理。陆学采取了这一立场。从一元论的角度来看，陆学可以追溯到程明道。胡文定一派的学问也可以说是一元的，但是，将其概括为心即理的地方又有陆学的特色。

明学是从陆学展开的，从严格到亲切、从知性到情感、从静态到动态的展开是宋学到明学展开的样子；从院体画到文人画，从青瓷、白瓷到青花瓷的展开也可以看出宋代文化向明代文化展开的样子。但是宋代文化的风气也随着临近宋代的终结而崩溃。从宋末经元朝，崇高紧密、冷峻高洁的宋代风气逐渐向明代风气过渡。元代的时候，官僚知识阶级下野，由此文化在地方普及的同时变得庶民化，充满了野逸精神。如果说宋学是从隐逸精神的超克中兴起的，那么明学则可以说是从带有庶民性的野逸精神中兴起的。明学与宋学不同，把"道"情意化为亲切的流动性的东西的原因也在这里。这种倾向在明朝中叶以后，随着社会活动的丰富而变得活泼，并因庶民生活呈现出活力而变得显著，明学也在这一基础上形成了。

在从宋末到元朝的动荡时期，人们对以心即理的简易身心受用为本的陆学感兴趣也是理所当然的。因此，元朝表面上兴起了朱子学，但后来开始兴起朱陆折衷之学和以陆学为本之学。继吴草庐之后，郑师山等大儒提出折衷论，接着赵东山主张朱陆早异晚同说；另一方面，陈静明、赵宝峰则根据陆学建立了学问。但是，元代的政教是以朱子学为中心，陆学只不过停留在时代潮流底层的状态。

到了明朝，朱子学成为官学，被用于举业，因此兴起了所谓"大全学"。这是因为朱子学是最适合国家教化和政治的东西。朱子学复兴的气运很强，但时代的风气逐渐形成了适合陆学复兴的态势。因此，无视陆学的朱子学，最多只能是墨守其说。

顺应朱子学复兴的气运，曹月川和薛文清的河东派、吴康斋的崇仁派兴起了。这些都是摆脱了朱子学末流的弊病而取得其实功的学者。其中，文清基本上只是严格遵守朱子学的规格，而月川和康斋用力于实践方面，具有陆学的风气。特别是康斋没有出仕，而是在野致力于德性的涵养。他的朱子学带有野逸之风，给明代初期的儒学界带来了新气象。因此，在《明儒学案》中，崇仁派被置于开篇，我认为也是有其意义的。崇仁派繁荣，康斋门下出了三个秀才。其中之一的胡敬斋虽然强烈排斥陆学和佛学，但在朱子学中却十分重视居敬。其居敬具有朱子学的严肃性，但与将居敬、穷理作为学的两翼稍有不同，认为通过居敬可以得到穷理。因此，可以说他的学问有依存于心之头脑的倾向。这是陆学的倾向。还有与胡敬斋同门的娄一斋以心性涵养为宗旨，有比敬斋更接近陆学的倾向。

康斋还有一个叫陈白沙的门人。康斋之学到白沙有了显著的变化。据说明代的儒学直到他才变得精微，但其学风似乎唯心地贯彻了周子和陆门杨慈湖的主静之学。从他使心学精微这点来看，他像陆学流派的学者，但在以主静的工夫为本这一点上，却违背了陆学的本旨。因为陆学的唯心论以动态的心为本，在探索其动性的根原上，有从陆学到明学展开的样子。从这一点来看，他不是建立明学的王阳明的先驱者。在心学这一点上，白沙可能是阳明的先驱者，但阳明并没有提到白沙。《明儒学案》的作者黄宗羲对此抱有疑惑，但这种疑惑是错误的。如果一定要找出王学的源流，毋宁说是在一斋。白沙之学至其门下的湛甘泉为之一变，另一方面却因阳明的出现而不振。我想这从明代的风气看来是理所当然的。

在阳明以前出现的明朝学者中，并未形成一派，其中称得上醇儒的是一名叫蔡虚斋的学者。他虽然也遵循宋学，但其学说带有陆学的风气。其他一般的诸儒之说也基本上不出宋儒之说，但也有重视心，建立在一元论观点上的地方。在这里也可以看到陆学风气浸润的痕迹。因此，可以说阳明以前的明代儒学大致是陆学式的朱子学。但是表面上，时代风潮倾向于尊重朱子学。当时即使想要高度评价陆学，也需要很大的勇气。就连继承陆学的阳明也对提倡陆学感到困难。如果知道他写《朱子晚年定论》的动机，就可以推测出这一点。阳明以前，明初程篁墩著有《道一编》，为赵东山的朱陆早异晚同说提供了确证，试图将陆学的价值毫无保留地推向社会，但遭到了朱子学一派的攻击。但是阳明出现后，陆学的价值得到了认可。也可以认为《朱子晚年定论》是提倡陆学的改头换面之书。

明中叶出现的大儒是王阳明、湛甘泉以及罗整庵。对比三儒之学来说，阳明是陆学派，甘泉是陆学式的朱子学派，整庵是朱子学派。阳明发扬了陆学的本质，建立了独创性的心学；甘泉是继承了程明道学风的儒者，概观的话，可以说他是以朱子学为本，吸收了陆学的体验，建立了独特的学风；整庵大体上信奉朱子学。甘泉将随处体认天理作为学问的宗旨，试图挽救朱子学派陷入知的穿凿的流弊。阳明以致良知作为学问宗旨，发扬了陆子心即理的本体，很好地把握了其易简之学的精髓，发挥了独创性。他还阐明了本体工夫之所以一体，明确指出了心学的头脑。他晚年的知行合一论、拔本塞源论（万物一体论）、良知的真诚恻怛论摆脱了陆学的粗笨，使其心学变得精微广大。阳明出现以后，湛学也不怎么兴盛，湛学派中出现了出入王学的情况。罗整庵著有《困知记》，把阳明之学作为禅极力排斥，但未能阻止王学隆盛的势头。接着陈清澜出来著有《学蔀通辨》，在明辨朱、陆之别的同时将陆学作为禅加以排斥。虽然他也努力对继承陆学的王学加以排斥，但也未能阻止王学的流行。此外，虽然当时有排斥王学的其他儒者，但是应该注意的是，以整庵为首的这些人大多抱有理气一元论的思想。阳明以后的诸儒或者信奉程、朱或者出入王学，一般来说有一元论、心学的倾向。其中也有像吴廷翰等持有唯气一元论思想的人。吴廷翰著有《吉斋漫录》，提倡理、气、心、性一元论，批判了王学，但对程、朱的二元论也进行了详细的批判论驳。

阳明之后的心学分为王龙溪、王心斋的现成派，邹东廓、欧阳南野的修证派，聂双江、罗念庵的归寂派。归寂派以阳明初期的主静说为本，想要探求良知的本体；修证派认为良知的本体是可以通过工夫得到的；现成派把阳明晚年的现成论说法作为致良知说的究极和本质，专门阐述了本体的直悟。三派之中，修证派可以说得到了阳明的真传，归寂派有一种将明学回归到宋学的倾向。在三派中，最盛大的是现成派，这是因为这一派的学问最适合当时的风气。

阳明虽然在晚年达到了相信良知现成的境界，但那是他千辛万苦的经验所赐。因此，阳明对于想要通过讨论现成一举悟入有无一体之处的王龙溪，虽然不认为这是错误的，但还是有期待他慎重的地方。这一点，我们看一下他在征讨思、田二州时，给王龙溪和钱绪山的告诫就知道了。当时阳明认为，讨论现成以顿悟为宗旨，在天资颖悟的上根之人中是可能的。从另一方面来看，龙溪的现成论可以说很好地说明了阳明致良知说的终极所在。但是，如果才力不足的人讲这个，就会带来以流于情识、任凭私意作为致良知的弊端。因此龙溪的现成论对老师阳明之学的阐发可谓功过参半。陆门杨慈湖违背老师象山而讲述了本心。龙溪进一步推进了老师阳明的说法而走过头了。两人都以心之本体为有无一体来寻求悟入，慈湖想要将有摄于无，悟入有无一体之处，龙溪则想要将无摄于有，悟入有无一体之处。前者容易伴随着陷入虚静的弊端，后者容易伴随着流于猖狂的弊端。现成派的末流中就产生了这后一种弊端。

这是命中注定的。因为当时的风气助长了现成思想。当时陶瓷器也变得浓穆猥琐，另外，读了《金瓶梅》也能知道，有讴歌人本能的地方，这就是当时的风气。因此，具有上述特色的现成思想流行也是理所当然的。现成思想在龙溪还在世的时候，在其学说流行的江右有像东廓、南野这样的修证派醇儒，所以其流弊并不太严重。只是出自王心斋的现成派繁荣起来了。心斋虽然力量不及龙溪，学说也不像龙溪那么生动，但由于其学手法极其易简直截，所以变得繁荣了。而且从罗近溪到周海门，现成派也越来越兴盛。本来，现成论是以良知为现成，所以认为当下即是，认为本体即工夫，以性体（心体）的顿悟为事，以任万化之流行，因此使人相信自身本来就是圣人，以相信自心作为学问的出发点，从而使人得到自恃的力量。

说到现成派的巨匠，当属龙溪和近溪。据说龙溪笔胜过舌，近溪舌胜过笔，都有着使无识之人直下承当性体的妙手。但是他们的现成论，鼓动着佛、老，直至产生了与它们融为一体的流弊。尤其是作为龙溪之末流的李卓吾之徒更是极端，他认为"酒色财气，一切不碍菩提路"，以扬雄之徒为圣人，诽谤古圣贤。这样一来，现成派的末流逐渐陷入任情肆意、虚妄猖狂，产生了以任侠为事的风气，甚至连阳明所提出的良知也迷失了，最终产生了败坏名教纲纪的弊病。清代张武承著《王学质疑》，将其罪归于阳明。虽然这是夸张的说法，但王学末流的弊端是无法掩盖的。对于现成论，修证派和归寂派的学者都是批判的，但看到其末流弊病的严重，对其批判攻击也变得十分强烈。出自王门而自成一派的李见罗就是其中之一。他提出知止说、修身说，试图拯救归寂的陷空和现成的任肆之弊。归根结底，可以说是想要导入宋学之风，以矫正王学末流的弊病吧。

为纠正明末现成派的流弊而最竭尽全力的，是明末的东林派、湛学派以及汲取东林派的蕺山派。东林派是从顾宪成发端、至高忠宪而大成的学派。宪成、忠宪大体上信奉程、朱，对良知现成论加以批判，但也受到王学的影响。因此，可以说他们的朱子学是王学式的朱子学。他们纠正了王学末流的弊病，恢复了失坠的名教，以维持国家纲纪，挽救明朝危亡。但是，由于该派的人对当时的政治有非议之处，无论喜不喜欢都陷入了党派斗争的漩涡中，很多人都遭遇了悲惨的命运。他们相信道义的严正，以建立在此基础之上的人性为善，提倡性善说，遵奉朱子学，但又有着依存自己心的头脑寻求行的安定、通过体验寻求心的信任的倾向。也就是说，在遵从朱子学的道义精神的同时，也有想要依存于倡导良知的阳明心学的地方。

从这样的立场出发，他们首先主张性善说，排斥了王龙溪一派的无善说（四无说），认为没有不要工夫的本体，对专门说本体的现成派主张加以批判。他们认为本体是工夫的本体，因此没有不要修的悟，批判了只讲本体不讲工夫、只讲悟不讲修的现成派。本来本体工夫一体论萌芽于陆学而到阳明的时候被揭示出来，直到其亚流才盛行起来，但是现成派却专门从事于本体之悟而无视工夫，认为如果领悟了本体的话，本体工夫就一齐具备了，却忽略了识悟之后工夫的重要性。东林派毋宁说强调了这一点的重要性，认为没有不要工夫的本体，没有不要修的悟。即使要讲工夫，也可以说只有在识悟之后，工夫才是真的。如此一来，也可以说没有不要本体的工夫，没有不要悟的修。因此，东林派认为本体工夫、修悟必须是一体的。东林派也不得不承认这一点，但是把重点放在了工夫和修上。因为他们看到了现成派末流的弊病，而信奉朱子学。另外，东林派当然也攻击了现成派的当下即是论。东林派批判了现成派说当下即是而以任现在的情识为致良知，因此陷入任情肆意，明确了当下是作为可能形态的现在，强调了工夫的必要。

东林派到了孙淇澳，学风稍有改变，陆王学的倾向增强，虽然也有贯彻一元论的地方，但从踏着义一步也不退缩来看，他也是不辱东林派名声的学者。

活跃在明末的湛学者是冯少墟。他与东林的宪成、忠宪等人一起为匡救王学末流的弊病立下了很大的功绩。汲取东林流风的刘念台是所谓蕺山派的开山学者。他虽然是矫正王学之错误的学者，但在暗地里汲取阳明的知行合一之旨，开创了独创性的见解。他虽然从程、朱严格的居敬切入，但不久在慎独说上建立了与程、朱不同的学说的同时，逐渐认同了王学。但是他在晚年提出了自己的诚意说。这一学说是根据阳明知行合一的旨意得来的，但他批判说阳明的致良知说会陷入禅。他和宪成、忠宪、少墟等人一样，对王学末流进行了批判。他重视工夫和修行，通过这些来树立成为真正的人的证据，也就是证人。而且，他还改变了从生成论上阐述人的存在的宋周濂溪的说法，从存在论上论述了人。这可以说是明末儒学的特色。以人为中心的思想是明末的风潮，这从明末文学中提倡性灵说也可以窥见一斑。念台很好地吸取了东林的道义精神，只是在东林这里，有变得过激的倾向。这样一来，他们所提倡的清议之论反而会陷入申韩的刻薄之中，与朱子学的精神背道而驰。念台看穿了东林包藏的这一弊端，很早就预见了这一弊病的产生。念台继承了东林严肃的道义精神，其学却没有这种弊端。这也许是因为他将朱子学的道义精神活用到了王学的诚意之中。

念台的诚意说，也许是以这样的精神为背景产生的。一直以来，虽然大家都说诚意，但那都是以意为已发。朱子也一样。但是，念台却将其作为未发。也就是说，将这种未发之意作为心体。因此，他把阳明的良知作为第二义的东西。朱子所说的心体，与阳明所说的动态心体相对，是静态的。在动态这一点上，念台的心体也和阳明一样。念台的诚意之说是基于阳明知行合一之旨中的心体生命、晚年阳明所说的良知的真诚恻怛之旨而形成的，从这个意义上说，念台的这个说法可以说是很好地揭示了阳明动态的心体的本质。但因为以意为未发，所以可以认为其中充满了朱子静态的心体面貌。这样一来，念台可以说是融合了朱、王两学，调和了宋明学的学者。念台就像刚才所说的那样，可以说是开启阳明心学内涵的学者，但是其中充满了朱子学的精神。这可以从他论及义利一关，将明学之祖推给守节、殉义的方孝孺来推测。念台把这种精神很好地运用到了阳明所说的万物一体之情中。这就是他为为君、为国土献身的根本原因。他的这一殉节，可以说是最好地发挥了朱子学式的王学精神。他是足以装点明末思想界的大儒。

尽管东林学者和刘念台等人为了纠正明末现成派末流的弊病而竭尽全力，但时代的潮流却是人力所无法改变的。这也正如张伯行所说的是气数使然。

附录二　明末儒教的动向

《明儒学案》的作者黄宗羲在该书的"发凡"中写道："有明文章事功，皆不及前代，独于理学，前代之所不及也。牛毛茧丝，无不辨晰，真能发先儒之所未发。"明代儒者的学问在中叶以后，这种感觉尤为深刻。他们或信奉程、朱之学，或以陆、王之学为宗，其中也有直接回归古学、尖锐批判程、朱、陆、王之学的人，明里暗里各学派思想交错，进行了细致的讨论。大概以程、朱为中心的宋学与充满静态深刻知思的宋代精神文化及社会思潮相融合，以阳明为中心的明学与喜欢动态丰润情感的明代精神文化及社会思潮相融合，这从两代的文艺作品、文人的兴趣及其生活态度等来看，是很容易知道的。在明末，可能是因为想要遵从自己内在敏锐的道德感知，通过扩充之而期待实现德业、简而切、切而简的阳明心学，比起从至高至纯的理想出发严格面对现实的朱子性学，有更适应时代精神和社会思想的缘故，极大地流行于世。其影响，如性灵说，广泛涉及文艺。但是，在其末流中，在产生《金瓶梅》的社会风潮中，尤其是尊重人类朴素自然性情的现成派末流的思想呈现出在各地广泛流传的状况。

本来，现成论是由阳明门人浙中王龙溪和泰州王心斋所提倡的，龙溪的理论是，良知本来是无的，因此有即是无，即是现成的，排除了工夫的效验和积累，以直下悟入这个绝对无的体，也就是所谓悬崖撒手、不犯手之法为宗旨。这样的手法，原本是阳明只允许上根之人使用的，但是龙溪却认为这是下根之人也能使用的绝对唯一的方法。只是在他那里，这种本体上的工夫，也就是顿悟，除了天禀的英发之外，还有在没有工夫的地方用工夫以使悟变得真实的苦心。但经过泰州何心隐传到李卓吾，产生了强烈相信本体的现成而蔑视工夫的倾向。虽然卓吾是以佛学为宗的学者，但从现成论来看，我的空无是贯穿天人、体用的绝对。所以世间法即出世间法，出世间法即世间法。作为儒教宗旨的伦物不被佛、老所断弃，佛、老的空无也以儒教为本体，在道上本来就没有儒、老、佛的区别，其别名是本于后学亚流的邪说。卓吾提倡三教一致，并且私淑龙溪，将其作为三教的宗师来钦仰。但是他的现成论，说当下即是，积极肯定了人朴素的自然性情、主观心情等，专门任凭这个以直接作为本体本性，进行了纵横无尽的辩论以及毫不顾忌人的耳目的放肆行为，对于程、朱一派严肃的伦理思想，道学家的教条主义、划一主义，抱着强烈的反感而对其加以攻击，并以狂狷异端自任。他的思想和时代潮流相适应，在社会上流行起来，但与此同时却走向了猖狂一路，直至产生了败坏社会名教纲纪的弊病。

心斋的现成论既有机锋，又有很多富于践履的地方，因此比龙溪的理论更为易简直截。这一亚流中，出现了能以赤手搏龙蛇之辈，或摆弄禅的机锋，或使用事功术策，或以气骨任侠为事，有以名教、格式道理为拘束，以用功为障道而欲排除之的风气。心斋之学一传为罗近溪之学，再传为周海门之学，与此同时，现成论也产生了阔略肤浅的倾向。近溪认为将有摄于无、在本体上着工夫的慈湖式的端本静澄之悟是错误的，以将无摄于有、在本体上着工夫的龙溪式的通融之悟为宗旨。与龙溪一样，他认为当下即现成，主张直下的承当、一切放下，但提出了不学不虑的"赤子之心"而指出良知的现成，强调"当下之信"，并以此作为透悟的要点，还使用了立谈瞬目之间使人直下悟入的手法，因此其现成论更为易简直截。与龙溪之学相比，近溪之学稍稍任凭知解伶俐，陷于见解，因而在使悟成为真的工夫上有些缺乏切磋，并且其学不无粗大无统的嫌疑。然而近溪以这种通悟为宗旨，其实是因为本来浑沦到底，以充长本体的生机、万物一体的生机的缘故，但其晚年以实地为要，求之于日用的平实、人情的田地，所以在孝悌慈及其推开上约束心性之精微，将六经、《语》、《孟》之学会归于此而催责实学。据他说，这是朱、王学还没有达到的境界。

近溪的实学思想在耿天台那里变得更为切至。天台虽然也重视心的生机、万物一体的生机，但也有私淑王门邹东廓的地方。他痛感佛、老的陷空、现成派末流卓吾一派的知见浮气、自肆猖狂的弊病，以伦理和用功为切要，并且在人伦的实事实修中寻求此生机的归宿，直至认为龙溪的本体上的工夫是错误的。这就是天台以"庸言庸行""反身循省""敦伦尽分"作为学问宗旨的原因。他为了知道儒道精微的原因，而假托佛、老的妙道，婉曲之中也显示出切要的辟异崇正的微意，但从上述主旨出发，最终还是将儒、佛之别归到伦理的实修与否，即其

"尽"与"不尽"上。然而，天台也是泰州派的一位儒者，他虽然论述了实事实修的切要，但认为如果不依靠心性之真机的话，就会拘泥于行检而陷入逐物支离；又论述了当下即本体的信的必要，并阐述了平易的现成论。他高度评价心斋、近溪之悟的理由之一就在这里。结果，他的实学思想堕入平浅，在本源上也不是没有失去清楚的嫌疑。

龙溪与近溪的现成论，到了周海门，变得更加易简直截。海门在对话的时候，也有让人直下悟入的妙手。本来明末现成派末流排除了钱绪山对阳明四句宗旨的解释，即四有说、有善说，信奉龙溪的四无说、无善说，即无善无恶说。这种说法在当时的流行，很大程度也归功于海门。他和以有善说为宗的湛门派的许敬庵争论，并大力倡导此说。但他之所以奉行无善无恶说而批判有善说，是因为痛感执于有善而产生的着相陷私的弊病，将其视为方便说、相对说，并从现成论出发，将无善上的用功、本体上的悟入作为通于根之上下的直下默识、自身的受用，认为这才是阳明的四句宗旨、圣学的要领。大概海门现成论的特征在于强调自我的现成这点上。也就是说，以当下的自我为现成，以此直接作为宇宙的实在，天地的万端、宇宙的妙用以及造化的卷舒，全都能托付于此自我，而仁、义、礼、智也不过是此自我的题目。因此，他阐述了自我现成的直信与直下的自知自得的要点，在此期间，也不承认一刻的拟议推开的余地。陆、王的自我自立，或者说自慊的思想，直到他才有达到其极致的感觉。然而，在这种现成论中，其所到之处，不能说没有轻视人伦而夹杂佛、老，忽视实践而陷入空见、流于纵情的忧虑。

王门有一派主张归寂论。如果将现成派视为左派的话，这派应该被称为右派。此说虽为聂双江所倡导，但经罗念庵、刘两峰到王塘南，变得越来越透彻。归寂派将良知分为虚寂之体和感应之用，树立内之体，使外之用成为体之自然而纯粹的发露，论述了这是致良知说的本旨，将主静归寂以达发用，所谓立体达用作为学之宗旨，作为圣学的正法眼藏，这就是双江的归寂论。但是，这是将本来以动态的心为本体的阳明之学还原为静态的心，所以有明显接近朱子学的倾向。因此，双江的说法遭到王门诸士的强烈谴责，因此处于被他们孤立的境地。但在得到了念庵和两峰的信奉后，在他们那里看到了归寂说的进一步进展。

念庵立足于体用浑一处，以虚寂之体的自得为要，两峰则以虚寂为生生之体，指出其生机，两人都致力于矫正双江学说中偏于静寂的弊病。接着到了塘南，更加重视这一点，其学之主旨是对虚寂性体的深刻透悟。根据塘南的说法，虚寂之体是寂而感、感而寂，倒不如说是两者双泯的绝对，也就是所谓"混沌未凿之初""洪蒙未判之初"，是完全杜绝了拟议操执、趋向思议的"无思无为之体"或者"太虚"。这可以说是与庄子的混沌、佛氏的空寂相似，而其实不同的东西。因为，正如"虚而生三字尽"所揭示的，虚寂之体是常生常寂，生而无生，即自然而永远纯粹的生生之体。

因此，他在阐述虚寂时，特别提出"生几"二字来阐述"研几"的要点。简而言之，其目的就是为了拯救那些误以为虚寂的本旨而着相，将体和用、空和有分开，陷入沉空守寂的人。然而，塘南深深忧虑于说体用一源、动静一体的人，这些人只是以体和用、动和静的混淆作为真的浑一，因此任凭情识知解而缺乏对心体的深刻体认和自得之功，从而陷入人为安排导致间断真体的生生之机的过误。所以，他不得不将性体分成先天和后天，以主静收敛为本，以深入透悟先天之性作为学问的宗旨。而且，这样一来，如果能很好地体认自得虚寂的真体，便能即感而超感，即寂而超寂，即生几而超生几，不说工夫而自然工夫行，有无两泯，悟修两绝，消除动与静、感与寂、本体与工夫的分别，并且都成为真性的用事，且没有真性的执念而真性存。塘南说，到了这里，不仅是性情体用，连透悟也成了剩语。这是抛弃了他年轻时信奉的高举"不起意"、追求体之清澄的慈湖之学，而体认两峰的归寂之旨，并经过长年的讲学与切至的反躬体认的结果、到达的地方。他深刻的静功和透悟在当时受到诸儒的敬仰，但比起新朱子学者，也不是没有被评价为倾向无而存在"遗事弃物"的一面。

王门左右两派，或发王学之秘蕴，或探其本源，各有发扬其精神之功，但也有或流于动，或沉于静，反而有远离其本来精神的倾向。在此期间，有致力于纠正这种流弊，并应对朱子学者对王学的论难，大体上传承王学正统而无误的人。王门邹东廓、欧阳南野和钱绪山等一派即是如此。此正统派的思想，随着现成派末流的弊端越来越严重，越发有接近朱子学的倾向。

不过，这个萌芽已经在东廓、南野等人的思想中附着产生了。之所以这么说，是因为他们把阳明所说的良知，即心作为学问的宗旨，很好地传达了其本体工夫合一的主旨，但他们更注意性和理，也有重视工夫的倾向。

到了东廓的门人李见罗，这种倾向又进一步发展，朱、王两学反而受到批判。他严格区分性心，虽然主张性宗而认为心宗之学是错误的，但把阳明的致良知说、朱子的格物致知说等都作为心宗之说加以排除。性是用功致用的命脉宗趣、性命经纶的统会枢纽，而心不过是性之所发，是电光石火、隐现无常的存在。所以很难收拾它，其存养只能停留在本源之性上。见罗认为，即使心即理，知是德性之知，如果不归宗于性而归宗于心的话，就会一过即化而产生间断，或陷入杂驳而丧失纯正，最终也不得不支离外驰、空疏肆恣。这是他提出"摄知归性"之语，并且以《大学》的"知止""止善"为归性之地的原因。但是，见罗所说的性是体用一源、性命经纶浑成的，所以他所说的止法如果不通过日用人伦而直接达到性命工夫的话，反而不得不变成沉空。因此，作为止法的实地归宿，他提出"修身"，并以"止修两双"作为学问的宗旨。他的止修说的特征是，不以"知止"作为学之终事，而是以之为始事，不止于以"修身"作为经世的枢纽，而且以之为透性的工夫，把知修分成主意和工夫。虽然这有重视主意的倾向，但也将两者作为一条线的两件事。所以可以说自程、朱、陆、王以来，《大学》修身说在他那里得到了新的发展。在见罗的止修说中，主张性的严正的朱子学精神、在学问中尊重头脑的王学精神交错着，不过，总的来说，这开创了王门正统派的别派。另外，他的修身说虽然扬弃了《大学》的修身之道，但因为是以实地的工夫为切要的，因此有助于拯救当时现成派末流空荡放肆的弊病。但是他的止修说，比起以严肃的朱子学工夫为宗的儒者来说，也不是没有欠缺一些切己悫实的体认而陷入空疏的倾向。

当时，湛甘泉一派的诸儒也致力于拯救现成派末流的弊病。本来，甘泉以心性为浑一，以其体认作为学之要，与归性于心而讲述心性浑一之要的阳明一起，想要拯救当时朱子学末流支离外驰的弊病，但与阳明探寻象山心学的本源而发明其体相对，继承明道的学风而以性之体认为宗旨。两人晚年互相批判对方，形成了相对峙的形势，但由于其学问又有相通之处，所以在其弟子中，有很多人是出入两家而卒业的。但是湛门派却不怎么兴盛，其亚流中反而有很多人吸收了王学而谋求调解两学。在属于这一派的儒者中，最具代表性的应该是许敬庵及其门人冯少墟。

敬庵继承了甘泉的学风，大致说明了性与气、性与心的浑然一体，但也说"剥尽形骸之累，独全性命之真"，还有像"当下斩钉截铁"那样的评论，认为如果不通过彻底廓清主观的利己欲望，即气质的障蔽，扫尽知解之弊端的克己工夫，所谓复性之功，就难以期待恢复纯粹而客观的性之真体，所以提出"克己"作为学问的大本。他之所以迫切主张这样坚苦的工夫，是因为他认为性只是一性而无外乎天理，比起程、朱更想要坚持性的客观性和纯粹性。他像伊川和朱子那样将气质归于性，认为像明道那样将恶也作为性的说法是错误的理由就在这里。他的克己虽然是严苦的工夫，但却是端本澄源、人我两忘、心与神明相通、以天下为一脉的东西，是事理相通达，超越德行之大事也超越了人为，使其成为自然之用的东西。这样的话，克己虽然是工夫，但也可以认为是超越了工夫的本体，即本体工夫合一的地方。总之，在他的克己说中，可以说浑然蕴含着程、朱以居敬为宗旨，濂溪、白沙以主静端本为要，阳明说本体工夫之合一的精神。敬庵原本是属于朱子学派的儒者，但也有承认阳明学的地方，说明其本体与工夫合一的原因。只是他将以克己这种严肃的实修为要的工夫作为学问的宗旨。当时，现成派末流根据安易的现成论，讲述低俗朴素的己我的现成，认为没有应该克治的己私，其结果只提出"复礼"而将"克己"视为无用，徒然任凭知解高玄，成了"愈担当，愈猖狂"。这是因为其失去了深造自得之道，下面疏阔了行履而产生了严重的弊病。尽管他承认阳明的致良知和四句宗旨是以本于天理的性善为宗旨的，但还是尖锐地批判了现成派末流信奉的龙溪的四无说，即无善无恶说，并与当时倡导这一说法的海门进行辩论。这也是因为他特别担心这一点吧。

敬庵对于先儒之学，毋宁排除门户之见，以"取长舍短"为宗旨。因此，他认为致力于心性之隐秘和学问之宗旨的解说，或讲论学术异同，或从事异端的辩难都是错误的，专门以实修为切要。到了少墟，鉴于当时现成派末流的猖狂自肆、俗学的功利客气、时人的讲学蔑视等弊端显著，他切论天理和性善，阐述了讲学讲论的紧要，以尽对异端的辩难为"明学觉心"。他说阳明的致良知说是讲天理的，认为这和朱子的格物穷理之论意思相同，特别切论天理，称为了说明心而论理是吾儒之道，以理之一字作为辨别儒、佛的骨子。他对以往诸儒为了说明儒、佛的区别，以下学与上达、渐修与顿悟、经世主宰与明心见性、用与体来区别儒、佛感到不满，并以在本源本体，即宗旨上辨别异端为己任，对两者的心性论、生性论、有无论、本体工夫论等逐一阐明了其宗旨的异同。总而言之，他认为佛之所以成为异端，在于不得吾儒之体，也就是天理。而据他说，天理与人欲不能两立，因此"中间无路"，那样的话使理化为无的佛氏的空空无无之论，最终不得不陷入纵欲。因此，佛氏此论不过是投向世俗的"好利败名"来伸张其辩，其流祸有不可挽救者。

切论理之要的少墟，又提出性善说，致力于现成派"无善无恶说"的辩难。他详细论述了持这种观点的人的所谓性善说使本体、工夫都陷入相对的这种指责的论据的矛盾，以及这一观点的流弊，并对此进行了尖锐地驳斥。总之，现成派的无善无恶说为了使善成为无而带来了自身容忍恶的结果，因为他们不理解工夫是回归本体的根据，于是徒然着意于本体而忽视了工夫，反而陷入了自我助长的弊病。少墟因此将其断定为佛氏的改头换面。他的辩难，能够明决骨髓，极尽精微，其理论对于防止无善无恶说的蔓延起到了很大的作用。少墟也和敬庵一样，对于阳明的四句宗旨，认为第一句是错误的，但认为第二句以下是正确的。他认为这第一句中的"无",不仅是本体,更是工夫的本然,洞察到以本体、工夫都以为无的无善无恶说之所以流行于世而使学术变得不明,总之是因为对本体和工夫的辨析不明确。而鉴于主张这一说法的人,产生了误将本体作为工夫,或误将工夫作为本体的弊病,少墟首先明辨两者而说明了本体和工夫的本质,然后以精切的理论来详细论述两者浑然一体的原因。然而,少墟之学毕竟首先强调静养透悟,即静时,在本体上透彻,而后在动时,时时加以点检。只是他的学问,尽管论辩清晰,但没有伴随之深刻的体认,并不是没有遗憾的。

敬庵与少墟之学概括来说是通过王学的新朱子学,而当时有一派对陆王、佛老和朱子学坚持尖锐地批判立场,其思想直接或间接影响了明末清初的儒学或我国(日本)古学派的思想。其中,陈清澜和冯贞白,只是大体上强调了朱子学的特色,对陆、王、佛、老进行了尖锐地批判,吴廷翰则创立了新思想并对其进行了批判,而到了郝楚望,回归古学,彻底批判了宋明的理学。

清澜著有《学蔀通辨》,对陆王及佛老之学进行了最激烈的辩难。他揭示了宋胡致堂以下诸儒的异端辩难的特色,并指出其不完备之处,探究陆王,尤其是陆学的底蕴并加以辨析,以突入异端的骨髓。据他说,在德性上求心之本体的是圣学,朱子学遵循之;专门追求气的灵妙,即神的是庄、列、禅,陆王一派的心学遵循之。这是因为他把后两者都视为异端,将其学断定为"养神一路"的缘故。在书里,清澜特别详细论述了禅、陆养神一路的体段、其下手的工夫及其患害,并对其内容的变化面貌进行了历史性的说明，给予了尖锐地辩难。也就是说，佛学从罪福轮回，经过识心见性之说而呈现出改头换面的面貌，受此影响的儒学经过贱儒崇佛、儒佛本同末异、儒佛同归之说，变成了陆学的改头换面。受陆学影响的朱子学，经过朱陆早异晚同的说法，成为王学的阳朱阴陆等。清澜追寻异端的本源，探索其流派，从民族主义的立场论述其弊病，并将激烈的批判论公布于世。接着贞白出来著《求是编》，列举了《传习录》诸条，一一辩难阳明之论。其间也论及陆学一派及禅学，加以批判。据他说，树立本末精粗、先后缓急之别而穷尽事物之理的朱子学，是真正合内外、一体用的致用实用之学，而在动态的心中寻求其合一的王学，反而混淆偏枯，因而失去了真正的浑一，最终陷入无忌惮。虽然他对王学进行了尖锐地批判，但对陆学却承认是王门别派，因此对这一派的学问的批评是缓和的。

　　清澜与贞白之学没有值得特别讨论的创意，而廷翰和楚望之学则有值得关注的独创性。据廷翰说，气为理之实，因此如果不明示气，则理成为空，阴阳之道也就对天地万物的运行发育无用，仁义也将归于寂而无感、静而无动，即无为，因此天人分化，失去具有万物生化、经纶裁成之妙用的全体该备的大道。因此，理是气之理，离开气就没有理。这就是他说"愚敢断然以气为理"，将程、朱的理气说作为分言来排斥的原因。不得不说，这种理气一元论和以理为中心来论述的明道之说不同，其特色在于以气为中心。性气的问题也一样，他认为离开气质就没有义理之性，说程、朱的性陷入义理和气质的二元论，对此加以了批判。以气为性的廷翰，自然将善、不善归于其全与偏，而不得不以其不偏不倚、无过不及的中为极则。因此，他评论宋儒以性直接作为仁义、以道心直接作为天理，将道心与人心、天理与人欲分言，指出这一论调最终不得不陷入遗弃人伦庶物的佛氏空道。大概廷翰之所以将性和理归于气，如前所述，是因为它必须是覆盖人伦庶物的全体该备的实在，但论心性；又因为心不过是性的一个所发，所以比不上贯穿心和物，即内外的性之广大。因此，如果不以性为宗而以心为宗的话，就会陷入佛氏的空道。在以性心之辨来论述儒、佛之别的同时，他评价陆子的心学不足以发明性，阳明的心学则是佛学的改头换面。

而且，廷翰认为天下之理虽具备于我心，但散在万事之中，因此如果不在事物、言行上下工夫，就会陷入佛学的悬空，并以《大学》的格物致知，《论语》的忠、信、恭、敬，以及读书讲学作为学问的要点。关于格物说，他特别指出物的包容的、实然的、浑一的方面，对阳明的唯心格物说及以物为理、以格物直接作为穷理的朱子格物说加以批判。在知行论中，他认为从知到行的各种工夫虽用工不同，但其本是一，知行异用而一本，所以不是支离，并在此基础上论述了圣学的全体归一之道。从这一立场出发，他认为以行直接作为知的阳明知行合一论，反而陷入了知行分言，尖锐地批判了其矛盾。那么，廷翰为什么把从知到行的工夫视为全体归一呢？这是因为敬的存养工夫是建立在贯穿其始终的前提下的。这是他说明敬之必要的理由。以敬作为学之要的廷翰，认为阳明以致良知为本，论述其不必要的说法是错误的，根据敬的有无来论述儒、佛之别。

廷翰的气一元论，到了更加积极地承认气的实在性的楚望，愈加精切的同时，又实现了新的展开。根据他的说法，天命道理、性心情才都只是气变化的名目。因为气是贯穿有无内外、动静虚实全一的存在，它上支撑心性道理的隐微，下引导经纶裁成的实用，是真正能够成就德业、生生不息的实在，即生德。这就是他以养气为存性养心之本，从心气二者生成的先后、内外、生死以及公私上论述其价值，提出气先心后说的原因。由此，他不仅将宋儒的理气和性气作为二元论加以排斥，还批评宋明诸儒的性理学、心学，认为其专为养心之法，因此不得不陷入佛学的空道，赞赏孟子的养气说，认为"正救明心见性之偏"。

但他未必完全不需要心法本身。这一点，从他阐述诚敬之要一事也可以推测出来。他之所以认为宋明诸儒的心法是错误的，是因为痛感单举偏用的弊病，换句话说，偏重上一截，即上达而轻视下一截，即下学之害。对此他提出宋明诸儒的格致诚正论、格物穷理论、诚敬论以及主静未发论等，一一证明了这一点。根据他的见解，从《论语》到《孟子》、从《孟子》到《大学》《中庸》，上达的境界变得更加明显了，但在《孟子》《大学》《中庸》中，仍不失下学即上达的《论语》的主旨；后世的佛学只偏举剽窃上达而成论，宋儒之论高于《中庸》，阳明之论高于宋儒。因此阳明之论离开了下学，走向上达，最终陷入佛氏异端。总而言之，佛学因"上达而下学"而陷入空灭，宋明理学因"先上达后下学"而不得不走向佛道。这是楚望之所以说下学即上达、以《论语》的"下学而上达"作为学问正宗的原因。只是他鉴于佛学及宋明理学的弊端，不得不在下学与上达之间设置先后的次序。大概楚望所说的养气，如果脱离了实事实修，就很难摆脱陷空沦寂的弊病。他认为心性的隐微不在实事实修的显现之外，把日用作为存性养心，把民物作为尽性尽心的亲切处。他论述了事即理、行即知、先行后知，高举"温故知新""时习新知"之语，又论述了理通于事而敦儒业，道自和于世俗而持伦教，以"时中""执中"作为学之要。此外他将《大学》的格致诚正会归于修身，重视《大学》《中庸》作为礼书的原因，无非是想要阐明这一主旨。

在以上所述的批判论中，对明末清初朱子学影响最大的是清澜的观点。明末东林派信奉朱子学，也不能说没有其影响。东林儒者，摒弃了求理于浑然之心的陆王心学，而遵循严正地存立心之体，即作为理之内在的性，严正地保持伦理的朱子学。大概这在维持国家、纲纪世道的人伦由于现成派末流而被破坏，国家都濒临危殆的当时，也不是没有理由的。东林派诸儒，切论伦理的严正，鉴于时弊，主张清议之论、是非之辨，以及气节事功之要。但由于在其末流中出现了任血气而张言之的人，因此自身产生了陷入申韩之刻薄的风气，立门户与世抗争，也不是没有致使误将东林视为党名的流弊。但是作为该派中心的顾宪成、高忠宪之学，本来以门户立论的斗争为非，以性与天理的体认躬行、静定自得作为学之要，指出不那样的话，清议是非、气节事功也会陷入争论拘执、相对着相的弊病中，其绝对性、真实性就会丧失，并致力于阐明东林作为讲学名目的理由，即其本来面目。

东林的朱子学因其创始人宪成之学发源于王学的关系，是以陆王学为媒介并通过它而形成的新朱子学，但是宪成和忠宪之学在体认的深度上非常出色。因此，他们即使阐述朱子学严肃的格物穷理之要，也未必固守其旧，而是探寻心与理、知与行、本体与工夫妙结的精微处，以主静体认的深造自得为宗旨。因此，自然产生了重视朱子学中的居敬涵养，扬弃并扩充之的倾向。从宪成到忠宪，这一立场变得更加精切，甚至格物穷理越来越被认为是体认的浑一工夫。他们认为，这样不仅能拯救现成派末流的猖狂，也能拯救朱子学亚流支离的弊病。他们把天理作为纯粹严正的东西，明确指出性有定体、与善成为一体，因而具有有无全一的绝对性，复兴了性善说，由此与少墟一起，致力于辩难当时世上流行的无善无恶说。特别是宪成，遵循排除了陆学顿悟和陈学功利的朱子的异端辨辟主旨，看穿了提倡这种学识的人，专门以浑一的性为宗旨，巧妙地融合了玄机和功利而玩弄诡辩，直至因此产生了明显的弊端，他论证了分别的性之所以为必要、分别与浑然之所以为一体的理由，对其进行了精切的辩难。另外，宪成看清了现成派末流之所以以浑一的性为宗旨而任情合污，以至变得猖狂，在于认为当下即现成，专任本体之悟而无视工夫。他在说明本体与工夫合一的理由的同时，论述了工夫即本体或是当下不应直接作为现成，并论证了如果不通过透过源头、勘过关头的工夫，就难以期待其停当着落，对现成派末流的当下论给予了尖锐地批判，以竭力挽救其流弊。

在东林诸儒中，忠宪的朱子学是极其深切的，其学真正让我们深切地体会到"山穷水尽"的本源上的深造自得。接着又出现了敬庵的门人刘念台，明末的思想界更是因其大放光辉。他对朱、王两学都有批判的地方，其学大体上可以说是经过了朱子学的新王学。之所以这么说，是因为敬庵、少墟、宪成、忠宪等明末新朱子学者所宗的本体是静态的，而念台所宗的本体是动态的。他特别重视阳明思想中流动着的血脉生命，建立了具有独创的学问。他把本体的血脉生命作为切要，即使是说性，也要结合心、情来叙述，比起定立性来提出其题目，更把这个作为心体来说明。那是因为他认为，如果不那样的话，性就会坠入相对里面，失去有无全一、一源无间、流通无碍之体，使其血脉生命陷入支离空荡。因此，以空说性的佛氏、以玄说性的老子之学自不必说，就连为了对抗佛、老之学而提出理之定名的宋儒之论他也加以批判，说他们排斥佛、老的同时，自身反而陷入了佛、老。他在评价以未发说性的朱子的观点时，曾说"逃空堕幻"，这也足以理解这一主旨。根据念台的说法，拥有血脉生命的心体是不允许分言的。以这样的心体为宗的是孔子之学，而孟子以下到阳明的诸儒之论，难免以分言为事反而丧失了孔子的本旨。

念台所说的心体，是作为心的存主，即心的主宰的意。在他看来，意是好善恶恶的。因此，意虽有两用也是一机，作用相反也是一机，也就是所谓两在一机、存发一机的至善之体。因此排斥了以意作为心的发动处、善恶相杂处的程、朱之说，提倡意与念的区别，切论了意之所以成为心体的原因。总之，无外乎因为与道德价值相对的好恶之情中，有道德法则、善恶判断的知，保持心的定向，不沦于无的虚寂，不流于有的放荡，得一源无间的机微，才有作为真的主宰，即贯穿宇宙人生、性命经纶的本体的面目。据他说，如果不把意作为体，而像朱子那样把理作为体，像阳明那样把知作为体的话，就难免陷入虚见而成为支离。念台以诚意作为学问立命之符，其批判朱、王两学的理由就在这里。依他看来，他所主张的学问宗旨是发扬了阳明的好恶论，特别是以行为主的知行合一论的微旨，并探寻其本源而得出的。因此，对于切论一念之萌动也为行、一念之不善也要从心中彻底铲除之要的阳明的知行合一论中的立言宗旨，他评价为"如此说知行合一，真是丝丝见血"，并探求阳明作为知之真切笃实处的行之本源，以此为诚，以诚作为"心髓入微处"，将其作为知行合一的本体，甚至将阳明所说的良知，作为诚的发窍，因而是第二义的东西。

念台认为通过以意作为心体、以诚作为学问宗旨，阳明所说的良知才能保持其血脉生命，直至致良知得到归宿之地。从他的慎独论、喜怒哀乐论、中气论可以看出，他原本在心性上重视血脉生命，是在他中年的时候，但到晚年提倡诚意论的时候，才达到其究极。在这里，他认为先儒作为要点的慎独、居敬、格致、诚正、思等工夫，也可以通过诚意自己得到头脑，工夫也可以直接成为本体。他也论述了本体与工夫、悟与修一体的原因，但鉴于时弊，认为工夫即本体、修即悟。但是，他以诚意作为学之头脑，在下工夫的同时超越了工夫，这一点更恰当地表现了出来。总之，以动态的心体为本的阳明思想，到了念台可以说有了新的发展。

综上所述，现成派末流思想风靡的明末思想界，忘记了阳明所宗的心本来是伦理的源泉，只是任凭安易浅薄之情，以致产生了蔑视伦理的流弊。在此期间，虽然出现了竭力匡救这一流弊的儒者，他们或重新开发程、朱、陆、王之学，或回归古学，阐明了作为人类生活支柱的伦理必须通过静肃之心、或是主宰之心、或是笃实的日常实事实修来维持这一点，但气数的趋向却让他们怎么也难有作为，他们的苦心也尚未达到防止这股横流的程度。心本来是动态的，但如果只是随波逐流的话，反而会失去其本性。明末流行的现成派末流的思想，虽然依存于心，却给人一种丧失心的感觉。所谓"静中有动"或"动中有静"的精神，在当时还没有达到发挥力量的程度。

[附记] 本稿是由美国洛克菲勒财团对九州大学文学部教授楠本正继博士的"宋明思想研究"的研究经费资助付梓的。谨记下来向老师的盛情表示感谢。

昭和三十五年（1960）三月二十日

附录三　明代思想的动向

一

一言以蔽之，从二元论到一元论，从理智主义到抒情主义，这就是从宋代思想到明代思想的发展态势。明代提倡以情为中心的理情一致主义，比起技法更重视兴趣的感兴主义，比起客观更强调主观的主观主义、尊重人的自然性情的自然主义、主张人的自由和从传统解放的自由主义，甚至能从其中看到近代革新思想的抬头。在儒学方面，性理学衰落而心学盛行，经学衰落而对古典进行了自由的解释，提倡儒、道、佛三教体用相同的三教合一论，并且流行了可称为民间道德宗教书的劝善惩恶之书，即善书。在文学方面，排除模拟，重视性灵。在艺术方面，比起技艺，更崇尚感兴，以富有个性、新奇而自由的表现为宗旨的文人画和书法繁荣。不过，作为例外，基督教传入后，虽然它受到了批判，但另一方面也出现了与中国传统思想相调和的东西。由于西方科学的输入，明末出现了重视技术、崇尚实用的风潮。

宋代精神文化的特色在于内在性和知思性。例如，画山水时多留白，从赋予其深意的马远、夏圭的画和画着静静地凝视幽远他方的鸟的徽宗皇帝的画中，都能看出来。他们的画不管怎么说，都是比起情趣更想表现自己的主观和哲理，所以特别注重气韵。因此，即使画花卉也不会陷入装饰性的外在形式中，而是重视灵活的宇宙大生命和气韵的生动。总之，这可以说是一种抛弃外表的华丽和多彩的繁琐，即装饰性的美丽，想要表现内心深处的精神。这种倾向在宋瓷等方面也充分表现出来。如果看宋代的白瓷、青瓷、青白瓷等就容易理解了。这种倾向在工艺上也看得到，冈田让先生在题为《宋代无文漆器》的一篇文章中这样说道：

> 值得注意的是，被视为宋代遗物的器物仅限于黑漆或朱漆的无文器物，这也可以看作是宋代漆器的一种倾向。这与定窑白瓷、景德镇青白瓷中无文瓷的流行，以及四川省德阳县出土银器中含有大量无文器物的事实所说明的宋朝金属工艺的倾向可以说是一脉相承的。这也体现了宋代工艺的特色，即从唐代工艺的多彩装饰之美转变为清新简洁之美。（《博物馆》第一七四期）

但是到了明代，这种宋代内在的、知思的倾向变得稀薄，逐渐转向了抒情的。以瓷器为例，明瓷没有宋瓷所见的那种知性严格的造型追求，姿态自然，没有作为的痕迹。倒不如说，心思集中在浓穆而丰润的染付和赤绘等富有感情的装饰性上，其笔致畅达，表现自由，飘逸奔放。宋代的白瓷、青瓷、青白瓷与明代的万历赤绘、天启染付相比较，两者的差异一看便知。但不可否认的是，明代还残留着宋代的东西。将明朝陶瓷与专门追求外表华美的清代陶瓷相比较的话，就不难理解了。

那么，为什么在宋明两种精神文化之间产生了这样的差异呢？虽然有各种各样的原因，而当时承担这些的社会阶级的差异也是一个重要的原因。据我看来，宋代精神文化适合官僚知识阶级的趣味爱好，而明代精神文化则适合庶民阶级的趣味爱好。从宋末到元初，官僚知识阶级大多下野隐居在草莽中，所以一直以来官僚知识阶级所维持的精神文化也逐渐变化为适合庶民阶级的趣味爱好，这又成为了庶民精神文化兴起的一个原因。而且建立元朝的蒙古族是北方蛮族，所以元代产生了从来没有过的独特的庶民文化。元朝灭亡后又到了汉民族的明朝时代，尤其是明中叶以后，庶民的经济生活水平突然提高了，和我国（日本）的江户时代一样，绚烂的庶民文化之花绽放，其结果，适合官僚知识阶级的知思性精神文化衰退了，适合庶民阶级的情绪性精神文化开始繁荣起来。

如前所述，宋代的精神文化是知思性的，因此，其中弥漫着一种静深而严肃的气氛。总之，这无非是宋代人试图提出高远的理想、坚持纯粹性和客观性的结果。以朱子学为中心的宋学就是在这样的风潮中产生的。大概朱子学也可以被认为是以禅学，尤其是宣扬理事无碍法界的华严，以及老庄为媒介，弘扬传统儒教的人伦主义而出现的。例如，朱子提倡性理学，主张具有二元论思维构造的理气论和性气论这一事实可以说很好地传达了这个信息。然而到了明代，宋代人从崇高的理想立场出发追求的东西却被认为是非现实的、抽象的，不仅是脱离了活生生的人类生命的空虚的东西，反倒是使生命枯竭的东西，到底都应该根据活泼泼的人的现实性情来寻求。明代的精神文化情感丰富，生命洋溢，一言以蔽之，是富有情绪性的文化，原因之一就在这里。以阳明学为中心的明学，是以这样的风潮为背景出现的。王阳明提倡心学，阐述具有一元论思维结构的心性论、理心论，就充分说明了这一点。本来，如果将中国思想与印度思想进行比较，就会发现实践的、现实的性格很强。这一点能从多方面得到证实。接受佛教的中国人，转变具有冥想性和思辨性的佛教，创造出了最富有实践性的、可以说是中国佛教的禅，就充分证明了这一点。从这一点来说，从宋学到明学的发展，呈现出了上述的样貌，或许也源于这种中国式思想的特性。

从中国文化史上来说，宋代是可以与西欧文艺复兴时代相提并论的时代。可以毫不夸张地说，在中国，每个人都明确而强烈地意识到自己是人伦社会乃至宇宙的担当者，这是宋代以后的事情。因此，这个时代重视的是人性，也就是主观。道也好，理也好，其实都是本来的人性，客观其实也存在于人的主观之中。到了明代，这一点得到了进一步的论证和强调，如前所述，重视人直接的性情，即性情的自然流露。明代文人画兴盛的原因就在这里。这种风潮早在元末就已出现。所谓四大家之一的黄公望认为，画之理不在于笔墨，而在于绘画的自然心境，主张打破传统模式，顺应自然心境。倪元镇也说："作画不过写胸中逸气耳。"(恽格《瓯香馆画跋》引) 他认为画竹也只需表现胸中逸气即可，枝的多少、叶的屈直等都不在讨论范围之内。如此一来，比起技艺，性情的自然、心的自然更受尊崇，这种风潮在明代更加盛行。明代文人画之祖沈石田经常画薄墨淡色的文人画，这是基于林良所谓"写意不事工"（中村不折《西洋画及中国画》引）的写意主义。当时顾凝远也说："惟不欲求工而自出新意，则虽拙亦工，虽工亦拙也。"（《画论丛刊》，《画引》）因此，他们都强调感兴的重要性，认为绘画要乘兴才能完成，兴不起来就不能动手。（沈石田《论画山水》。顾凝远《画引》）

这种倾向在明代，特别是在明末的书法、诗文中尤为显著。王世贞在《艺苑卮言》中说，现在的人很重视元代倪元镇、高彦敬等写真意、以气韵为宗旨的画风，宋体因此为之一变。被称为艺林百世之师的董其昌以苏东坡的诗句"诗不求工字不奇，天真烂漫是吾师"（《画禅室随笔》卷四、一）为丹髓，明末性灵派文人袁中郎也说"夫趣得之自然者深，得之学问者浅"（《袁中郎全集》卷十，《叙陈正甫会心集》），强调比起技巧和知识，坦率的内心流露更为重要。据神田喜一郎先生说，明末张瑞图对我国（日本）也有影响，其作诗也有"情动而作，情达而止"（《书道全集》《中国·明清篇》）的风格。就书法而言，据说明末以书法闻名的张瑞图、王铎、倪元璐、傅山的书法奔放自如，随意挥毫，喜欢用连绵草这种字体。（同上）就诗文而言，钟伯敬、徐文长、袁中郎等都是当时的代表性人物，他们都排斥拟古，以性灵为宗旨。钟伯敬是竟陵诗人，曾作《古诗归》和《唐诗归》，据谭元春说，伯敬认为诗法是从笔中自然产生的，诗趣并非强作的，而是产生于造诣之至，诗词产生于情感的迫近，诗才产生于念虑。（《诗归序》）伯敬的主张是"不泥古学,不蹈前良。自然之性,一往奔诣"(《钟伯敬小品》卷一,《先师雷何思太史集序》)。就这样,他阐述了"灵心"的重要性,排斥了古人的模拟。(同上,卷二,《与高孩之观察》)性灵派的中心人物是袁中郎,而中郎属于徐文长的流派。这两个人都排斥了王世贞、李攀龙等人的拟古,说明了性灵的要点。文长虽擅长文人画,但他的画却是破天荒的,画花卉也完全打破常规。那是因为比起形式更注重感兴,比起传统更注重创意。也就是说重视所谓"精神"。对此,他是这样说的:

> 故笔死物也,手之支节亦死物也。所运者全在气,而气之精而熟者为神。故气不精则杂,杂则驰,而不杂不驰则精,常精为熟,斯则神矣。以精神运死物,则死物始活。(杉村勇造《徐文长、石涛、赵文谦》引《玄抄类稿自序》)

袁中郎讲述自己弟弟中道的作诗态度时说:"大都独抒性灵不拘格套,非从自己胸臆流出不肯下笔。"(《袁中郎全集》卷十,《叙小修诗》)这里所说的性灵是中郎作为自身宗旨的东西。中郎在文章中还以"新奇"为贵,如说"无定格式,只要发人所不能发,句法、字法、调法一一从自己胸中流出,此真新奇也"(同上,卷二三,《答李元善》),总之认为这无非是从自己胸中流出的东西,也就是性灵的流露。袁中郎对家国之事无所谓,只因对不能随心所欲地生活感到不满,而他所谓的性灵说与这样的生活态度有一系列的关系。

上述风潮在当时的思想界也当然存在。就禅而言，在明代，以去除烦恼、然后才能进入悟境的如来禅衰退了，遵从人心现在的性情、根据时机进入悟境的祖师禅开始流行，并且在禅的经典中也流行主张尊重人性的立场的《楞严经》。就儒学而言，例如罗近溪提出了孟子所谓"赤子之心"，认为这种心是人人具备的良知良能、不学不虑的人情平易之处，而这种人情平易处正是天命之切、神圣之处。李卓吾也提出了"童心"，以此作为绝假的真心。

像这样，在明代，虽然强调心的自然、性情的自然，但是并不是放任不管地承认这一点；另一方面也承认有将其导向正确、加以限制的理法、法则、规范，并说明了工夫的要点。但是，当时最重要的是，这些东西都被认为是本来自然之心、自然的性情中自身具备的东西，换句话说就是自然之心、性情的流露。因此，徐文长认为自然常觉醒，常凝聚工夫，常有超越自身进展的灵活性。（《徐文长文集》卷三十，《读龙惕书》）袁中郎认为，说性和情本来就不是分离的，所以规范和生命不可分离，主张理情一致。从这样的观点来看，宋人的立场是落入冰冷的理中，而回溯到理性一致的自然上。（《袁中郎全集》卷十，《浮山九带叙》）但是，这里所说的自然并不是指单纯朴素的自然，而是主张在情和理一致的地方才有自然的本色，由此才能产生真正的技艺。（同上，《瓶史》《鲜花》）提倡童心的李卓吾也说，技艺与心的契合中有妙技。（《李氏焚书》卷五，《诗画》）卓吾痛斥儒者的礼，但据他说，真正的礼本来是从自然的性情中自然流露出来的，所以不能因人为安排而歪曲。为

此，必须要下工夫，这样才能保持真正的自然性情。(《李氏焚书》卷三,《四勿说》《读律肤说》)

以上所述的明末文人诸儒都崇尚心的自然、性情的自然，其中不乏敢于提出怪异之论、玩弄奇行、故意追求新奇以任自然的人。李卓吾就是其突出者。他同竹林七贤之一的嵇康一样，骂所谓儒者严肃的伦理主义、教条主义及其道统意识，痛斥这些都是束缚人自然性情的东西；他们用这样的虚文来装饰而缺乏实用，并将其作为供自己获取荣华富贵的工具。卓吾看到当时的当政者有这种弊病，对此加以尖锐地批判，剥去其伪善的面皮，揭露其隐情，敢于放任对时势的暴怒，以此作为性情的自然，顺从他所说的"童心"。卓吾的言行多被当时的人们视为怪异奇行，虽然其中也不是没有人承认他内心的正直，并高度评价他的思想，但一般来说，他因为任情肆意、猖狂无忌惮而受到当时有识之士的谴责。对于性灵派的自然主义，也有像我国(日本)的山本北山那样高度评价它的人，但尾藤二洲在其著作《正学指掌》中，认为它失去了本应风雅的自然本色，如下谴责道：

> 徐文长、袁中郎等人用笔随意，多伤大雅之调。但文长古质典重者也不少。(中略)明文多故意求奇而失自然之色。嘉隆以前，明诗接近自然。虽然是空同一流，但也不像嘉隆以后那样。沧溟弇州之徒伤于模拟，公安竟陵派之徒伤于奇辟。都是故意做出来的家风，非常缺乏自然的气象。(中略)剽窃涂抹，自谓街谈巷语。这些都完全失去了风雅的情趣。

不难想象，这样的自然主义发展到后来会达到诱导极端地强调个人自我的地步。明末的文人诸儒中，有一些人对传统的儒教伦理怀有强烈的憎恨。钟伯敬蔑视儒教伦理，徐文长也不喜欢礼法之士。其中尤甚者如前所述是李卓吾。这种倾向在晋清谈者流和清末思想界也是常见的现象，例如竹林七贤之一的阮籍认为君子的礼法是残贼、乱危、死亡之术，清末民初的鲁迅说传统的儒教伦理吃人，即杀人。但是前者的理论来自道家的自然主义，后者来自西欧的民主主义。

明末的自然主义思想家中，也有将传统的儒教伦理中最基本的孝、悌、慈作为人类自然性情的流露而催责其实践的人，还出现了像李卓吾那样，主张人的自由、男女平等，提倡维护庶民生活权的人，还有像何心隐那样尊崇侠义精神，虽然是小规模的，但也建立了符合近代社会政策设施的人。他们可以说是近代革新思想的先驱。

二

《明史·儒林传》序中述说了这样的意思：明初诸儒都是朱子门人的支流余裔，学术之分始自陈献章、王守仁。阳明之学，创立与朱子相背驰的宗旨，其门徒遍天下，其教风靡天下，其弊病也最大。嘉靖隆庆以后，笃信程、朱而不迁者无复几人。总之，明儒不过是敷衍伊洛的绪言，即使探究性命的奥旨，也远离了儒教的指归。经学也没有值得看的东西。但是《明儒学案》

的作者黄宗羲在其凡例中写道：明代的文章事功都不及前代，唯独理学有前代所不及之处。牛毛茧丝也能讲得很清楚，真正发明了先儒没有发明的地方。论者或说，明学不过是尝宋学之糟粕，此论是否得当？

从宋学到明学，如前所述是从理学到心学的展开。从心学这一点来说，可以说明学始于陈白沙、王阳明。更严格地说，明学应该是起源于阳明。因为王学是经由陆学上溯孟子的心学而发展起来的。陈学虽然继承了吴康斋之学而深化了心学，但却有与背离以具体的、动态的心为宗旨的陆学而与以静虚为宗旨的杨慈湖之学相通的地方，因而也不是没有通于具有静态倾向的程朱学，所谓宋学的地方。只是从重视心这一点来看，陈学是王学的先驱。但是，重视心的倾向已经在明初出现，如果硬要追溯的话，可以远溯到宋末。明朝开国文臣宋景濂以及王子充的学问有着重视心的倾向。此外，从其后的学者薛文清、胡敬斋等人的学问来看，虽说遵奉了朱子学，但朱子学中所体现的二元论倾向，或使用缜密的思维、追求广博知识的倾向变得稀薄，一元论的倾向增强，其结果，把心的存养作为学之要点的风潮变强了。这也可以说是受陆学影响的结果。另外，像陆学那样喜好心之易简直截的风气在明初的禅中也存在，当时，在扬眉瞬目之间已经省悟的念佛禅也流行起来了，这也说明了这一点。

在宋末的朱子学中，有玩弄知识、议论概念而忽视真切体认的倾向，但也有学者认为朱子强调了心的重要性。可以说，这一系统的朱子学具有与陆学相结合的要素。所谓朱陆同异论，便是由此而来。此论起于元，由明初程篁墩大体总结。阳明的心学可以说是经由这个使陆学和孟子的心学展开了。这一点可以从阳明曾著有被陈清澜指责为程篁墩《道一编》之辅车的著作《朱子晚年定论》中推测出来。阳明的心学在嘉靖隆庆以后风靡一代，不得不说他以良知为本体的心学比陆学的心即理说更加真切。本来阳明所说的良知，是敏锐的道德感知，即道德法则，是与好恶之情浑然一体、真正有而无、无而有的真生命，可以说很好地发明了陆学中心体的秘蕴。另外，陆学的心即理说，因为其线索不明，往往容易陷入逐光景的弊病。而阳明的致良知说，因为学有头脑，线索清楚，因而其工夫更加易简而切至，切至而易简。具有这种特色的阳明思想，因适合时代的情趣而大为兴盛，其影响甚至波及到了文艺。明末的文人画家或暗或都明受到其影响。阳明的心学，在其晚年不再有像著《朱子晚年定论》时那样阿谀朱子学的风貌，而是将致良知作为学问的宗旨，形成了自己独特的思想，随着年龄的增长，致良知之学愈加高明精微，达到了圆熟的境界，直至包摄了程明道的万物一体思想、张横渠的太虚思想、杨慈湖的静虑思想以及其他禅仙的思想，并从良知的立场来说明这些。同样，阳明的古典解释富有独创性，与其说是对古典的正确解释，不如说古典只是我思想表达的一种方便，其解释是自由的。如前所述，这也说明了明代经学的特征。

　　阳明之后，其心学分为右派、正统派、左派三派。右派即归寂派，正统派即修证派，左派即现成派。归寂派认为，阳明所说的良知有虚寂之体与感发之用的分别，正如阳明所说的培养根本而达之于枝叶那样，归寂派以立体达用的阳明致良知说的本旨，由此才能符合程子所谓体用一源、显微无间的主旨。这一派一开始难免有偏于静的地方，但后来也出现了很好地体认到动静一体的虚寂之体的人。但是，在归寂说中，不得不说有远离王学充满生命的动态心学，而向宋学的静态性理学接近的倾向。修证派很好地认识到了阳明所说的良知就是道德法则这一点，又很好地体会到了阳明本体即工夫、工夫即本体的真精神，得其中正而不误，致力于矫正归寂派的静偏、现成派的流荡的弊病。但是，在修证派那里也有接近说理、重工夫的宋学的倾向。归寂派和修证派，即右派和正统派，有这么多接近宋学的因素，不能不说，这与王学的本质、发展方向和时代风潮是背道而驰的。

然而，左派，即现成派与其他两派相反，把王学又往前推进了一步，由于其所讲很适合时代风潮，所以这一派终于风靡天下。现成派认为阳明所说的良知是现成的，说当下即现成。因此，当时在他们中间流行"个个人心有仲尼"的说法，也不是没有理由的。因此，他们认为，良知是有而无，如果不领悟到有即是无，就无法领悟良知的真体，提出了直下的承当、直下的真、一了百当等顿悟的要点，这是一种专门以与本体相即作为工夫的立场。在这其中也不是没有无视工夫、蔑视伦理、只任凭我朴素单纯的性情，认为遵从我的意见就是领悟本体，从而陷入任情恣肆的危险。

　　明末社会纲纪的紊乱，多可归咎于这一派的末流。当时，现成论不仅在儒学中流行，也在禅学中流行，两者融为一体而产生了猖狂的弊病。智旭看到当时的禅者说有见地者就有行、有行者必无见地，自负狂解而荡德丧检，感叹道"呜呼痛哉"（《智旭随笔》,《梵室偶谈》）。看到这种流弊，儒者中也有人加以尖锐地批判。陈清澜就是其中之一，其批判对明末清初的思想界产生了很大影响。他把朱子学作为性学、陆学作为心学来严格区分两者，认为心学都是异端的禅，并从民族主义的立场上予以痛斥。但其中还有人不仅对王学、陆学，甚至涉及程朱学，对整个宋明的理学都进行了全面地批判。吴苏原、郝楚望就是这样。他们提倡理气一元论、性气一元论，批判了宋代的性理学、明代的心学，总之，认为宋明理学最终陷入了佛、老的空寂。大概程朱学教导我们，只有立足于个别事理，才能正确对待一切事情，陆王学教导我们在那个时候心的重要性，而吴苏原、郝楚望的批判论则告诉我们具体的实事实践之所以重要的原因。不管怎么说，这种思想影响了我国（日本）的古学派，并发挥了它的价值。明末还有一个学派，在矫正王学的偏弊的同时，吸取其长处、阐述了新的朱子学。湛学派和东林学派就是这样。他们大体上采取了坚持朱子学性理的理想主义立场，在纠正王学偏弊的同时，也承认阐述心的王学的意义并接受了这一点，在动乱的社会中以真切的体认为宗旨而创立了新朱子学。可以说，在他们的手上，朱子学通过王学取得了新的发展。

接着又出现了刘蕺山,他通过朱子学开创了王学的新局面,使明末理学更加放出光彩。他将作为心之主宰的意作为心体,以诚意作为学之头脑,但意不是已发而是未发,因为意是道德好恶不可已的情之体,是善而无善的存发一机处,所以认为以意为宗则不沉于虚寂、不流于任肆,经纶裁制超越人为的安排,由先天纯粹的自然执行,诸儒之学也由此得到了头脑,工夫本体即一的地方也能得到真切的体认。总之,这可以说是启发了重视心体的血脉,即生命的王学的蕴涵。从他的立场来看,程朱的性理学、阳明的良知之学也不免成为支离空荡的禅学、功利变诈的俗学。不管怎么说,在近世思想史上,他可以说是仅次于程、朱、阳明的大儒。他的思想也和东林一样,被我国(日本)幕末维新的儒学所吸收,发挥了其价值。这些新朱子学者、新王学者试图除去王学左派的流弊,纠正社会纲纪,但时势所趋,他们已经无能为力。在明代,好不容易达到开花结果的儒家心学,最终产生猖狂恣情之大弊,从而陷入了不得不用自己的手来结束自己生命的困境。

在这里,我还想谈一谈明代的经学。明代印刷术发达,不论官私都出版了许多书籍,对学问的普及贡献很大,但经学方面值得一看的东西却很少。一般来说,这个时代是经学的衰颓期。这正是古典主义衰败而自由主义兴起的结果。明代有对古典进行自由解释的风潮。朱子的古典解释极富独创性,但那是在借鉴汉唐训诂学的基础上进行的。如前所述,阳明的古典解释,只要读一读《传习录》就很清楚,比较自由。从阳明对古典的态度来看，与其说是遵循古典主义精神，不如说是自由主义精神在起作用。这种态度据说是从王司舆那里得到的，在王司舆和王阳明门人季彭山的古典解释中，可以清楚地看到这一动向。季彭山著有《诗说解颐》四十卷，徐文长在书评中说：此书不泥于旧闻，取通我心之物以供我之用，得孔子之遗意。徐文长对古典的态度是，"凡书之所载，有不可尽知者，不必正为之解。其要在于取吾心之所通以求适于用而已"（《徐文长文集》卷十九，《诗说序（代）》）。

另外，在明代思想界需要注意的现象是儒、道、佛三教合一论的兴起，并在明末盛行。合一是什么意思呢？对此，采取三教归儒立场、被世人称为"三教先生"的林兆恩是这样解释的：也就是说，所谓合一，是合而为一的意思，不是相同的意思。如果把合一当作相同的意思，那么"一"这个字就足够了。合而为一，是指以孔子之儒，合儒、道、佛者之流而为一。当然，在合一的情况下，往往儒家以儒教为中心，道家以道教为中心，佛家以佛教为中心，但林兆恩以儒教为中心，谋求三教合一，阐述"三教一道，归儒宗孔"（《林子全书》，《性命答语》）。在儒者中，站在三教合一论立场的多为王学左派，尤其是王心斋一派，即泰州派。赵大洲、罗汝芳、焦竑、周汝登、陶望龄等是其主要学者。

不管怎么说，在理解合一的意思时，需要注意林兆恩所说的"三教一道"。这并不是把三教作为三道来阐述其兼修的必要。后者也可称为三教调和论、三教混融论，自南朝梁陶弘景以来,盛行于赵宋、元。宋孝宗、方松行秀、李纯甫、径山师范、中峰明本、楚石梵琦是提出这种说法的代表。明代空谷景隆阐述三教兼修的要点,指出:"凡能并修三教圣人之德,则此道近成。欠一圣之教法则化权之道而义不足。"(《尚理编》)这里所说的三教兼修论就是三教合一论,而不是三教调和论或三教混融论。三教当然有异同。然而,正如林兆恩所说的"三教一道"那样,三教合一论的旨趣是,即使教有异同,道也没有异同。所以在三教合一论中,即使教有异同,那也只是程度上的差异,并不意味着质的差异。林兆恩说孔子的三纲五常是立本,老子的修心练性是入门,释迦牟尼的虚空本体是极至,这是三教,即是教而非道,可以说很好地表达了三教合一的意思。(《林子全书》,《性命答语》)所谓一道三教,就是百川是同一水,但江湖沟渠,各有不同。所以李卓吾甚至说在道上本来就没有儒、老、佛的差别,有别名异同是本于后学亚流的邪说。(《李氏焚书》卷一,《答邓石阳》。《李氏说书》卷八)黄绾说:"三教之言性皆同,而作用不同,今之为禅学者,欲并作用而同之。"(《明道编》卷一)三教合一论如这里所说,在体用上都是相同的。因此,在三教合一论者中,有人认为,从来往往被儒者评价为有体无用的佛教也和儒教一样是有用之学。正如林兆恩所说的"释氏(佛教)乃有体有用之学也"(《林子全书》,《三教会篇八》)。紫柏达观认为,如果贯彻无所得空观,就能消除我相,彼我的差别就会消失,就能以百姓的饥寒为饥寒。(《紫柏老人集》卷二三,《与李君实节推》)这无疑是在阐述佛教有用论。另外,在明末的三教合一论中,值得注意的是对佛教没有异端意识。

这一时期，儒者注佛书、佛者注儒书，还有文人注佛书的风气很流行，这当然是因为三教合一论的流行使然。当时有名的文人中，有很多人兼修三教，如徐文长、屠鸿巷、袁中郎兄弟、钟伯敬等。

明末三教合一论流行也许是时势使然，但明太祖的政策也对其产生了影响。太祖以儒教为阳，以道教和佛教为阴，以此来补充儒教的阳，从三教归儒的立场来说明三教合一。因此，也从道者佛者中寻求天下的人才，如果他们中有精通儒学的人，就与官僚同等对待，让他们参与天下的政教。(参见酒井忠夫先生的《中国善书研究》)明末的三教合一论者，例如据管东溟、杨复所之所传，李卓吾有《三教品》之著作，也有人将其作为伪书，但这姑且不论，在其自序中，卓吾在三教圣人中列举了(明)圣祖、太祖，与之相反的是不遵从圣言谟训的反古背上的大戮之民。

像这样，明末流行诸教融合之风。佛教内部也流行以禅为中心的念佛参禅一致论、禅净习合论。《智旭随笔》和《梵室偶谈》中有念佛参禅一致论，李卓吾也说："念佛一门简易直截，信佛为华严初住法门。即心即佛，即为最上一乘、极好之事。"

(《李氏续焚书》卷四。《李温陵外纪》二)云栖袾宏在《阿弥陀经疏钞》中说:"往生净土后,始悟自心佛。"又称:"自性处是心之净。"从李卓吾的话中也可以看出,这也正是喜欢来自自然主义的简易直截的心法的时代风潮使然。

明代思想界的另一个特色如前所述是善书的流行。酒井忠夫将善书定义为惩恶扬善的民族道德之书(参见《中国善书研究》),明末发行了特别多的善书,出现了袁了凡这样著名的善书家。善书的作者多为三教思想家,因此也将善书和三教进行了结合。袾宏有一本讲述佛家功过格的《自知录》,就是一个例子。当然,明代善书的流行,出版技术的发达、庶民文化的提高等是其原因之一,但明太祖《六谕》的普及似乎也对其产生了影响。

在明代思想界中必须注意的是基督教的传入,伴随而来的是西方科学的输入。当时对基督教有赞成和反对两种意见,但也出现了像徐光启那样,试图将其和传统的天的思想相调和的人。当时还出现了科学技术方面的书籍,这当然是受到了西方科学输入的影响,而作为吸收和受用的基础,无疑是朱子学。就这样,明末兴起了实用之学,出版了技术书籍。但是,这对中国的近代化起到了怎样的作用,还需要进一步讨论。

译者的话

一、本书的内容结构

本书是日本著名中国学家、儒学家冈田武彦（1909—2004）先生的学术专著《宋明哲学の本質》（东京木耳社1984年初版）的首个中译本。冈田先生以阳明学、东亚儒学等领域的学术研究及其对东亚文化精神的阐发和践履在国际上享有盛誉。冈田先生著作等身，其中已有多部著作被翻译为中文出版（如《王阳明与明末儒学》《王阳明大传：知行合一的心学智慧》《王阳明纪行》《明代哲学的本质》《简素：日本文化的根本》《日本人与阳明学》《〈孙子兵法〉新解：王阳明兵学智慧的源头》《崇物·简素·兼和——冈田武彦与张岱年的世纪对话》等）。冈田先生的全部著作已经结集为《冈田武彦全集》，自2003年以来在东京明德出版社陆续出版（已出版24册共16种著作，尚未出完）。《宋明哲学の本質》收入2008年出版的《冈田武彦全集》第17册。本书即据此版本翻译。需要特别提醒读者注意的是，本书是与山东人民出版社已出版的焦堃翻译、收录冈田先生研究明代儒学的论文集——《明代哲学的本质》完全不同的另一部专著。焦堃翻译的《明代哲学的本质》系对《冈田武彦全集》第18册的翻译。

本书共分8章，另有附录3篇。从内容结构上可以分为3个大的部分：

第1部分从第1章至第3章，主要是对唐、宋、元、明时代文化精神的阐发。第1章从社会政治环境的发展变化出发探讨了唐、宋、元、明四代的时代精神及其形成原因。第2章主要是以陶瓷器为中心，根据"因器以知政"的指导思想，考察了唐、宋、元、明四代的陶瓷器特色及其所反映的时代精神。第3章结合思想文化的各个领域，从内观、格物、简素、古拙、藏五个方面出发，深入系统地总结了贯穿整个宋明时代思想文化的精神主旨。

第2部分从第4章至第8章，是从哲学史与思想史相融合的视域出发，对宋明儒学中的经学、实学、理学、心学、气学等不同学术形态、流派及其发展脉络、思想主旨的分析。其中第4章系统梳理了从汉唐到宋明的经学发展历程，尤其关注从宋代经学（朱子学为代表）的新古典主义到明代经学（阳明学为代表）的自由主义的范式转变及其旨趣。第5章以虚实之辨为线索，探讨了中国思想史上儒、释、道三教之间的复杂纠葛，以及宋明理学的实学及其内部朱子学、阳明学、事功派和唯气派的实学思想演变。第6章系统梳理了宋学（即程朱理学、朱子学）的发展脉络及其思想主旨，包括北宋五子、程门及其后学、湖南学派、朱子之父与师、朱子、朱子讲友（附事功学派）、宋末朱子学派、元代朱子学派、明代朱子学派。第7章系统梳理了明学（即陆王心学、阳明学）的发展脉络及其思想主旨，包括陆学先驱、陆九渊、陆门、朱陆异同、明初心学、王阳明、现成派（阳明后学左派）、归寂派（阳明后学右派）、修证派（阳明后学正统派）、刘宗周。第8章系统梳理了反宋明学（复古学、唯气学）的发展脉络及其思想主旨，包括唯气论的源流及明代唯气派的代表人物王廷相、吴廷翰、郝敬。

第3部分，即最后附录中的三篇文章，包括《明代儒学的展望》、《明末儒教的动向》和《明代思想的动向》，是对明代思想发展脉络及其精神主旨的概括总结。

二、本书的主要观点

（一）宋明时代精神的概观

外观、包容和具有充满温暖而丰富情感的豁达是唐代精神的特色。从发散到收敛，从外向到内向，这就是从唐代精神向宋代精神的发展脉络。一言以蔽之，宋代精神是内观的。在宋元交替之际，宋朝的知识分子、文化人大多不得不下野，所以知思性的宋代精神也不得不自我转为野逸性。宋代的知思精神转变为抒情倾向，这成为明代精神形成的先驱。虽然明代精神与宋代精神并不是完全相反，但从另一种观点来看，它可以说是南宋精神经过了庶民化的元代精神发展而来的，也可以说是通过了宋代精神的唐代外观精神的再现。

（二）陶瓷器的精神

通过陶瓷等具体艺术形式不仅可以了解不同时代的政治形势和人心动向，而且它也成为了解时代精神的有力线索，甚至可以通过它了解民族性和该民族的精神文化特色。通过考察陶瓷背后所体现的精神可知，宋代精神是理智的、知思的，其中荡漾着静深严肃的气象。这是因为宋代人提出了高远的理想，对事物的纯粹性和客观性有着严格的追求。在绘画上也一样，比起情趣更重视哲理，宋代水墨画试图表现宇宙大生命和气韵等静深严肃的形而上精神。经过元代，到了明代，这种宋代精神变得稀薄，转向抒情、流动、充满生命的东西，比起理智更注重理情一致，所以形成了重视感兴、重视主观的倾向。这是因为，明代人认为宋代人高远的理想主义是压迫人生命的东西，使人的生命枯萎，而理想必须立足于人本来的性情去追求。

（三）宋明学的精神

内观。所谓内观的精神，是指与认为事物的存在本身具有价值和意义的外观精神相反，认为只有在使其存在成立的内在本质，即宋儒所谓理的基础上，才有其价值和意义的思考方式。要想体会这种精神，必须沉潜于身心，静虑深思。因此，内观的精神也可称为内在的精神。内观的精神，从内观这一点来说，是主观的，而且是贯穿主客体的更高层次的东西，但其中宋代的东西，无论如何都是客观的。然而，经过元代，到了明代，它变得主观起来。

格物。宋儒的格物论是唯理的、客观的，明儒的格物论是唯心的、主观的。因此前者是理智的，后者是情意的。格物思想不仅存在于宋明儒学之中，只要仔细理解其根本精神，就会发现它也构成了当时文艺思想的基础，尤其体现在绘画方面。一方面，宋代画坛的主流是以院体派为中心的理智、客观的写实派；另一方面，所谓文人画和禅理画的兴起，出现了抒情、主观的写意派。写实派与写意派的关系，可以比作主张唯理、客观哲学思想的朱子与主张唯心、主观哲学思想的陆子之间的关系。

简素。崇尚简素的精神孕育了水墨画。宋代人把水墨画作为画道的第一义，是因为比起外观的世界更注重其深处的内观世界，即比起现象界更注重本体界的表现。简素化就是技术上的单纯化。虽说是简素化，但如果里面没有复杂深远的精神性，那也是没有价值的。

古拙。宋代以后，思想界和文艺界开始谈论"拙"。拙是与巧相对的词，从作为古人之道这一点来说，称之为拙古、古拙；从以质朴为本这一点来说，称之为朴拙；从稚拙这一点来说，称之为生拙。拙是一种与技巧主义相对的遵从精神主义的态度。拙的思想源于老、庄、列子。但道家所说的拙，主要是以超验主义为根本的贵生养生为目的。宋儒则将其升华发扬为理想主义。

藏。宋代的文人艺术家认为，与其追求表现描写的完整，不如极力抑制。因为他们知道，在他们理想中的广阔深渊的精神世界中，越是想在形式上完全表现出来，就越会失去真意。他们排斥呈露的原因就在这里。如果一切都暴露了，那就失去了韵致，也就没有了余韵。朱子提出"智藏"说，也是出于同样的旨趣。朱子所说的智藏，若能显露出来，便是阳明的良知。宋代以藏为要，明代以露为要。这也适用于这两个时代的文艺工艺。

(四) 经学中的新古典主义与自由主义

唐代承袭南朝之风，喜华丽，好外饰，自玄宗起，去华就实，崇尚发扬个性的风气逐渐兴起。这可以说是文艺复兴在中国的前兆。这时开始对传统进行反省和批判。这种风潮也反映在经学上。宋儒之所以批评经传、注疏，是痛感汉唐训诂之学所带来的弊端，而是直接恢复古经，明辨其真义，以致产生改删经、移易经文成为己说的风潮。其中，以道问学为宗旨、强调读书穷理的朱子，虽然不轻视训诂，但他把义理的终极归结于心性，所以有时会离开经文而去讲义理。朱子的经解是在汉唐训诂之学的基础上完成的，可以说兼顾了客观与主观。但到了阳明的时代，这种风潮发生了改变。明代有对古典进行主观自由解释的风气。阳明对待古典的态度，与其说是遵循古典主义，不如说是主观的自由主义，从而导致轻视经学的风潮。尤其明末的王学末流，为了强调良知的现成，纵谈蔑经之论，产生了猖狂的弊病。但总的来看，宋明理学家在经学上的批判精神和自由精神，启发和发扬了儒家精神的蕴意，为其发展做出了巨大贡献。

(五) 宋明的实学

从《论语》到《孟子》，从《孟子》到《中庸》，本来立于实的儒家也开始论及虚，与此同时，其"实"也变得真切精微。不过，虽然论及了虚，但这与佛、老那种舍弃实而专求虚，在本质上是不同的。道、佛二家的道是超越性的存在，所以以虚为本，但同样是虚，道家却没有佛家那么彻底。因为道家比佛家更关心现实生活。道家虚的思想到了魏晋时代，也开始深刻地追求虚的绝对性，结果认为虚必须与各个事物相结合才能得到其绝对性。道家虚的思想，追求其绝对性的结果，是朝着把虚在实中抹去以求进的方向发展。如果极端地说印度的思想和中国的思想不同，那就是前者是冥想的、思辨的、分析的思想，而后者是现实的、实践的、综合的思想。一言以蔽之，两者都以虚为本，但其间却有虚与实的区别。由虚到实，这是由印度佛教向中国佛教展开的样子。宋代的新儒学，以对传统儒家实的思想的自觉和道统意识为基调，超越道家的玄理、佛家的精神性，创造了新的东西，总之，是来自对虚的思想的反动和批判。

宋明实学的实的意义涉及多方面，意指与虚伪虚妄相对的诚实真实、与观念空想相对的现实事实、与无益无用相对的有益实用、与空言虚说相对的实事实得、或者与思辨理论相对的体认实践等。切论儒道是实的，用"实学"这个词来阐明儒学的特色，排斥佛、老，是在宋代以后。在实学中，这些儒者首先强调的是实用之学。实用之学，具体而言，就是对家、国、社会中人类的共同生活有实际帮助的学问。朱子的实学虽然最终归于人道，但由于涉及自然界的必然法则，其中也包含了实证性、合理性的自然科学的学问。在日本的德川时代可以清楚地看到这一点。宋儒所说的实学是以实理为体的学，他们提出实理来排斥异端。实理与实用是体用关系。

明初的朱子学有了新的发展。明初诸儒或将朱子学中的居敬与穷理归于居敬一路，或将朱子学的穷理归于心的静虚存养。明代朱子学者薛瑄、胡居仁将穷理归于居敬，充分体现了朱子以二元论为本的实学精神，旗帜鲜明地以朱子学批判了佛、老及陆学的虚弊。但将穷理归于居敬，可以说是对陆禅超克的结果。王门分为现成（左派）、修证（正统派）、归寂（右派）三派，但由于时代风潮的影响，只有左派的现成派非常兴盛，风靡明朝。现成派以良知为现成，说当下即是，以直下承当，即顿悟为宗旨，但到了末流，以知觉、好恶之情为知性，专以本体为幌子，轻视工夫，因此废除德业，蔑视社会的纲纪，走向了猖狂一路。陆、王的实学也不得不说至此产生了弊端。阳明学的兴盛和流行，给一般的朱子学者带来了反省，结果，也有人想通过超克陆、王的唯心论，或者承认其中一部分而创立新朱子学，以拯救陆王学的流弊。同时，在阳明学亚流中也出现了一个值得注意的现象。那就是虽然以儒教为中心，但从现实性立场出发，提倡儒、道、佛三教合一的李贽、林兆恩等人的出现。他们的三教一致论并非三教调和论，而是遵循了三教本来就是一体的立场。佛、老的虚学和儒教的实学以这种形式融合在一起。

（六）宋学的精神——唯理的思想

周敦颐的伟业之一，是通过老庄、《易》、禅等，升华了传统儒家的天人合一思想。周敦颐的门人程颢、程颐兄弟开始提出理是作为世界的根本实在，由此奠定了宋代理学的基础。二程子认为"性即理"，他们在把性理作为学问宗旨这一点上是一致的。但不得不承认两学之间是有差异的。后学产生了理学派与心学派之别可以说就发源于二程子。程颢有着一元的世界观，因此将《易·系辞传》中说的形而上的道与形而下的器视为不可分割的东西。程颐的世界观则是二元的，这是因为他试图严格坚守道的绝对性、纯粹性。

二程子的讲友邵雍和张载也对理学的兴起有贡献。邵雍以数为本而论及理，张载以气为本而论及理。朱子之学以胡瑗的"明体适用"、周敦颐的"无极太极"、程颐的"体用一源"为轴心，一方面纯粹且全面，扬弃了缺乏社会性的佛、老的虚无思想，一方面现实且实用，扬弃了缺乏纯粹性和包容性的事功之学。与朱子互相切磋的讲友有张南轩、吕东莱、陆象山。如果用一句话来概括这三子学风的话，南轩是深密的，东莱是博杂的，象山是高明的。理学是以道的正派和当为规范为主线，严格指导实事事功的理想型学派，与此相对，事功学派是以实事事功为主线。前者道学倾向强，后者史学倾向强。

最能祖述朱子全体大用思想的，是写了老师行状的黄榦。真德秀遵从朱子主张有体有用之学，将佛、老作为有体无用、事功派作为有用无体之学而加以排斥，特别是排除了前者的虚无，阐述了实学的要点。王应麟之学，渊源于朱子学，而不坚持门户，兼取汉唐之核，两宋之纯，无党同伐异之风，继承和发扬了朱子学中存在的考据方面。吴澄虽排除了道问学和尊德性的偏用，但更重视尊德性，在阐述朱子学的同时也称赞陆学，以朱陆为同归，开启了朱陆同异论的开端。在朱、陆两学的发扬上，元代吴澄之学具有全体大用之盛，明里暗里对后来的朱子学有影响，明代薛瑄、吴与弼二儒也在此潮流之中。因此，在他们的学问中，朱子学博学致知的一面变得稀薄，而涵养践履的一面被强调，使朱子学有了新的进展。明代朱子学由明末东林学派发展为深刻的体认之学，并开创了新生面。这一派的学问可以说是通过了王学的新朱子学。

（七）明学的精神——唯心的思想

重视心的思想不仅有程颢系统的儒者，也有像张九成那样程颐系统的儒者。王苹、林光朝等也如后者一样。朱、陆都以格物穷理之学，即理学为宗，但若论其差异，朱子是二元的、唯理的，且分析的、归纳的、主知的；陆九渊是一元的、唯心的，且综合的、演绎的、直觉的。这是由于两者世界观、人生观、社会观的不同。陆门的沈、舒、袁三家都有与朱子学相折衷的一面，尤其是杨简的心学彻底站在了无的立场上，有离开以具体的实心说本心、说一的陆九渊心学的倾向。比较陆、杨的心学，陆九渊的心学是动态的，杨简的心学是静态的。陆九渊之后，只有杨简的心学繁荣起来，这与宋朝好静的时代精神有关。

宋明两学的差异可以说是唯理论和唯心论、性宗和心宗的区别。从心学的观点来说，明代的心学是从陈献章开始的。陈献章之所以举出天机和端倪，大概是因为担心失去工夫的本来性，即自然性。同样是唯心论，王阳明是汲取孟子、陆子之流的动态，陈献章则是汲取慈湖之流的静态，两者之间有动与静之别，这又是明学与宋学之别。王学后来风靡一时，大概是因为它符合崇尚心灵流动的明末社会风潮。陈献章主静的唯心论，可以说与这种风潮格格不入，反而与崇尚知思、静肃旨趣的宋代社会风潮相通。因此陈学的衰落也不是没有理由的，但它被阳明门下的归寂派和明末新朱子学派的思想所吸收，保持了其余脉。

阳明的致良知说，是从陆子追溯到孟子，开启心即理的心体而获得的，但阳明在以良知之学教导门人的时候，并没有执着于一种教法，而是根据其根机和习气的程度，努力使之长进，矫正其短，不使之陷入一边。因此，比如说讲良知，阳明有时强调其体，有时强调其用，有时强调无的一面，有时强调有的一面，有时强调本体，有时强调工夫。换句话说，阳明有时把体说成用，把无说成有，把本体说成工夫；有时把用说成体，把有说成无，把工夫说成本体。因此阳明门下产生各派也是理所当然的。

如果将阳明后学进行分派，可分为现成派（左派）、归寂派（右派）、修证派（正统派）三派。归寂派认为通过归寂以立体达用是阳明致良知说的本旨，修证派认为作为道德法则的良知的本体是通过工夫才能得到的，现成派把阳明晚年现成论的说法作为致良知说的究极和本质，专门阐述了本体的直悟。三派之中，修证派可以说得到了阳明的真传，致力于矫正归寂派的静偏、现成派的流荡的弊端，但也有接近说理、重工夫的宋学的倾向。归寂派则有将动态的充满生命的明学(心学)回归到静态的宋学(性理学)的倾向。在三派中，最兴盛的是现成派。这是因为这一派的学问最适合当时的风气。明末心学殿军刘宗周虽然对朱、王两学持批评态度，但特别重视阳明思想中的血脉和生命性的东西，开启了王学秘笈并创立了新王学。其学问可以说是经过了朱子学的新王学。

(八) 反宋明学 (复古学) 的精神——唯气的思想

唯气的思想，可以追溯到宋代的张载，发起者则是与阳明同时代的王廷相。接着出现了吴廷翰、郝敬，呈现出活力。这一派排除宋明的理学、心学，以孔孟为宗，排斥新儒学，致力恢复古学。因此，这一派也可称为复古派。明末气的思想，在阳明唯心的思想渐渐产生流弊的时候开始抬头，到了清朝又有所发展，对日本的古学派也产生了影响。

三、本书的研究方法

首先，作者遵循逻辑与历史相统一的原则，以贯穿整个宋明时代的核心精神为纲领，以思想史的发展脉络为线索，一方面通过社会文化史的考察，总结出宋明时代的核心精神，为其思想史的分析定下了基调；一方面又通过哲学思想史的考察，总结出各时代各派各家的思想宗旨及其发展脉络，为宋明时代精神的总结提供了坚实的论证，从而将宏观与微观、理论与诠释、问题意识与具体分析有机地结合了起来。这一点从上述对本书主要观点的归纳中可以很清楚地看出来。

其次，作者广泛运用了比较哲学的方法，包括中西、中日思想的比较，以及中国哲学史内部不同时代、不同派别及其学者之间的思想比较，从而拓宽了研究的视野并使其分析更加深入。尤其冈田先生在本书中介绍了日本江户儒学对宋明理学的发展，以及现代以来日本学者对宋明理学的研究，这些都是国内著作中几乎看不到的，值得我们重视和借鉴。如冈田先生提到了日本山崎暗斋学派学者对朱子"智藏"说的阐发，就说明了日本德川时代对朱子实学思想的受容，指出这是使得日本容易吸收西方科技的原因之一。冈田先生又详细探讨了对日本古学派产生重大影响但在中国影响不大的明代气学派代表人物吴廷翰的思想（中国的宋明哲学史、思想史著作中基本不提吴廷翰）等。

最后，作者将内在的研究和外在的研究结合起来。所谓内在的研究就是对哲学体系、宗旨的把握以及思想史内在发展脉络的分析，这是一般的哲学史、思想史著作都会关注的方面，但是作者跳出了这种纯粹哲学思想史的视野，将目光投向一般的社会史、文化史领域，探讨了哲学思想产生的社会政治背景及贯穿其中的时代文化精神。作者认为这样对于宋明哲学本质的认识才能更加全面深入。因此，该书专门用一章的篇幅来梳理唐、宋、元、明四个时代的陶瓷器特点及其所反映的时代精神，并且附上了图录。此外在行文中随处可见哲学思想与一般社会文化的结合分析。如在第三章论述宋明哲学精神的五个方面，尤其格物论及其背景时结合绘画、书法等文艺来加以分析。总之，作者广泛讨论了陶瓷、绘画、书法等艺术文化领域所反映的时代精神，而这种时代精神同样贯穿于哲学思想之中，从而将哲学、思想、社会、文化等领域的分析结合了起来，为我们理解宋明哲学的历史背景及其精神本质，开辟了一个更为广阔的空间和视野。

四、理论创新和学术价值

本书不同于一般的宋明理学研究著作，既不是对一家一派的个案专题研究，也不是以历史上的一个个哲学家为主体的宋明哲学史、思想史、理学史这样的通史性著作，而是将通论与学派研究结合起来，并从社会史、文化史、哲学史、思想史相融合的视域出发，以宋明时代的核心精神为纲，以思想史的发展作为其具体的展开过程。其结构和内容与一般宋明理学概论著作多有不同，具有高度的理论创新。

近年来中国学界也出现探讨宋明儒学精神及其发展脉络的专著。如华东师范大学方旭东教授在其2019年出版的专著《新儒学义理要诠》中指出，宋明新儒学的根本精神在于"明体见用"，并以体用为基本模式探讨了宋明儒学的理论 (特性、鬼神、穷理、境界、悌道等根本原理)与实践(科举)层面。方著是以体用精神来贯通宋明理学史，基本不涉及哲学思想之外的一般文化。而冈田先生此书则是将宋明时代的一般文化精神与宋明思想史的研究(也贯穿着体用的分析)结合起来。最近，复旦大学吴震教授在其2022年出版的教材兼学术论著《朱子学与阳明学：宋明理学纲要》中，打破了传统哲学史按人头或学派来安排叙述过程的线性处理方式，突出哲学史中的问题源流及义理脉络，以问题空间取代个案人物的线性时间的结构方式，从而凸显宋明新儒学的哲学性。吴著是以哲学体系及其问题来贯通宋明理学史，重在哲学义理及其发展脉络的分析(包括宋明理学的思想史背景、宋明理学的名义特征、宋代新儒学与经典理学化、朱子学与阳明学的思想脉络、理学与心学的哲学基础、宇宙论与本体论、仁学的本体与价值、工夫论、心性论、宋明新儒学的衰落和重振)，总体上可称为一部"宋明理学问题发展史"。相较而言，冈田先生此书可称为一部"宋明哲学精神发展史"。总的来看，冈田先生的这本著作虽然出版至今已近四十年，但到目前为止，海内外学术界还没有一本同类著作能完全超越或取代它。

事实上，本书无论是对宋明理学的整体精神的归纳，还是对各个学派及其哲学家思想主旨，以及不同学派之间的交涉互动的分析，都有其独到之处。其分析和结论在今天看起来仍然没有过时。如冈田先生将宋明时代的文化精神归结为内观、格物、简素、古拙、藏这五个方面，并以之高屋建瓴地分析了宋明的哲学思想，超出了一般哲学研究者的狭隘视野。又如冈田先生将宋明理学总体分为唯理派、唯心派、唯气派，与中国大陆一般分为理学、心学、气学三派相通。其对于宋明实学思想及三教交涉的研究尤其全面深入。还有像冈田先生提出阳明后学分为现成派（左派）、归寂派（右派）、修证派（正统派）的划分更是被海内外研究者所广泛采用。虽然今天有学者提出不同意见，但冈田先生的观点作为重要的一家之言是绕不过去的。又如冈田先生对明末东林学派（通过了王学的新朱子学）、刘宗周思想（经过了朱子学的新王学）的定位也开今天的研究者之先声。全书中类似这样的精彩之处可以说不胜枚举。之所以这样，是因为本书是以作者几十年的个案专题研究为基础的，再加上冈田先生拥有学贯东西、淹通三教的学术素养，同时又具有很高的艺术鉴赏力，所以才能写出这样一部体大思精的著作。事实上，冈田武彦先生在其漫长的学术生涯中，一方面致力于对东亚思想尤其宋明理学的研究，对宋明理学史上各家各派几乎都有专题论文或著作加以精深研究，一方面又致力于发掘东亚传统思想中的核心精神和价值观并使之适用于当下。因此，冈田先生既是著作等身、成就卓越的专业研究者，又是身体力行、积极布道的日本现代新儒家，真正达到了做人与做学问、理论与实践的高度统一，所以他对于宋明理学的切身体认和精神的把握尤其深切。

总之，本书作为冈田武彦先生毕生研究宋明哲学（宋明理学）的总结性著作，其形式新颖、视野开阔、图文并茂、内容丰富、论证深入、见解独到，不愧为学术大师的名著。尤其要指出的是，与上述吴震的著作《朱子学与阳明学：宋明理学纲要》一样，冈田先生这本著作也具有明显的教科书兼学术专著的性质。一方面，本书本来就是冈田先生为了教学而撰写的讲义，在内容上体系完备，篇幅适中，言约意丰，深入浅出，作为讲授宋明理学的通论性教材和辅导资料非常合适。另一方面，本书又是冈田先生毕生研究宋明理学的理论总结，兼有学术论著的性质，具有很高的学术价值。如其中明代儒学部分的内容多是冈田先生的名著《王阳明与明末儒学》的修订和压缩，其他内容也多是冈田先生在此书之前发表或出版的宋明理学研究论著的修订和整合。总之，本书既可供非专业的普通读者作为入门读物来了解宋明理学的精神本质、哲学思想、学派体系及其发展脉络，也可供专业学者的学术研究参考使用。其理论与方法对于宋明理学史的建构与诠释而言具有非常高的学术参考价值。其翻译和出版必将推进中文学界对于宋明理学的研究及其相关知识的普及。

　　这里对本书翻译的情况作一下简要说明。译者博士毕业于冈田先生生前长期任教的日本九州大学中国哲学史专业，专攻宋明理学。近年来，译者围绕着宋明理学研究及日本著名学者论著的翻译及其研究做了一些工作，具体以楠本正继、岛田虔次、冈田武彦等日本学界从事中国哲学及东亚儒学研究的著名学者为中心，翻译其日语论著，并论述其对中国哲学（尤其宋明理学)的研究及东亚儒学的现代性转化所作的贡献。译者此前已经翻译了楠本正继（九州大学中国哲学史专业首任教授、冈田武彦先生的恩师）先生的名著《宋明时代儒学思想之研究》，在此基础上翻译了冈田先生的这本名著。本书中涉及的中外文献资料非常繁复。译者花了很大气力查阅相关文献资料，并对其中引用的各种原典逐一核对了原文。原书中的有些引文经查与原始文献不是完全一致的，可能是冈田先生凭记忆引用或转述的。译者尽量将其还原为原典中的文字。

  本书的翻译虽然经过了逐字逐句地反复推敲琢磨，但仍可能存在一些问题，在语言表述等方面还有更进一步锤炼的余地。恳请海内外读者不吝批评指正！

连凡

2022年7月